INNOVATION CHANGES THE WORLD

创新改变世界

21世纪诺贝尔科学奖的启示

汤书昆/主　编
范　琼　林爱兵/副主编

科 学 出 版 社
北　京

内 容 简 介

本书以重大科学发现的规律探索为定位，提炼了2000年以来诺贝尔物理学奖、化学奖、生理学或医学奖获得者的成长环境、师承路径、科研定位、资源整合、突破发展、成果扩散的信息谱系，构建了研究解析的分析框架与指标体系。本书同时精选了物理学、化学、生理学或医学三大领域27个经典案例进行深度研究，提出对中国当代重大科技发现取得突破性进展的科技决策优化推进的比较经验，以及面向中长期科技政策制定参照的建设思路与建议。

本书适合高等院校师生，研究院所和科技产业机构的科技工作者，各级科技管理、科技政策、科技咨询部门工作人员，科普培训与推广从业人员，科学和发明爱好者阅读与参考。

图书在版编目（CIP）数据

创新改变世界：21世纪诺贝尔科学奖的启示 / 汤书昆主编. —北京：科学出版社，2018.5

ISBN 978-7-03-056860-1

I. ①创… II. ①汤… III. ①诺贝尔奖-科学家-生平事迹-世界-21世纪 IV. ①K811

中国版本图书馆CIP数据核字（2018）第048472号

责任编辑：张　莉　刘巧巧　/ 责任校对：何艳萍
责任印制：徐晓晨　/ 封面设计：有道文化

科学出版社出版
北京东黄城根北街16号
邮政编码：100717
http://www.sciencep.com

北京虎彩文化传播有限公司印刷

科学出版社发行　各地新华书店经销

*

2018年5月第 一 版　开本：720×1000　1/16
2020年5月第三次印刷　印张：19 1/2
字数：320 000

定价：98.00 元

（如有印装质量问题，我社负责调换）

编委会

目 录
Contents

第一章 研究的背景和意义

一、研究背景

21 世纪伊始，科学技术呈现出前所未有的快速发展势头。大科学时代的到来，使得一国综合国力和竞争力的提升更加依赖于科学的发现和技术的引领。如何在纷繁复杂的国际形势中，准确预测前瞻性科技发展的趋势和技术更新路径，在重大科技发现领域尽快取得突破性进展，考验着各国科学决策管理部门和智库研究机构的能力，同时也成为决定国家竞争优势的重要因素。

在这种国际形势下，世界上许多国家都制定了自己的中长期科技发展战略和规划，力争掌握科技发展的先机。对未来一个中长时段内的先进科学和前瞻性技术的发展做出预测和规划，进而对前瞻性科技资源与竞争要素进行战略性培育和布局，这既是世界优势发展国家和跨越赶超型国家的科技管理事业所必需的顶层设计，也是当前中国智慧地把握科技发展的趋势、培育具有引领性的国际竞争力、建设国际科技强国的必然选择。

二、研究意义

随着当代科技活动的规模和影响力的扩大，以及科学技术在经济、社会、文化发展版图中的地位日益重要，政府、科技共同体及产业界不仅需要对未来的科技发展趋势做出科学的预测，还应统筹科技进步、政策制定与社会发展模式的匹配度，考量科技发展的各要素、机制在社会形态演变中的培育情况。

中国正经历着从“科技大国”向“科技强国”跨越的历史性赶超阶段，此时培育放眼世界、面向中长期进步目标的科技引领力至关重要。在此情况下，寻求具有路径与机制成长模式意义的借鉴对象是较为迫切的任务。本书拟在综合考量政治、经济、文化、社会、科技等各方面要素的前提下，对 21 世纪以来在国际科学界处于引领地位的诺贝尔科学奖获奖成果的培育情况进行研究，通过对获奖者和获奖成果进行案例分析，了解奖项在不同领域、行业的分布，以及培育这些成果的基础研究环境、支撑体系建构、原始创新氛围、应用转化机制和成果领先度等情况，期待能为推进中国重大科技发现取得突破性进展提供有益的比较经验，进而为中长期的科技政策制定提供建设性思想与建议。希望为中国的中长期科技政策设计提供智力服务，促进有利于原创性研究与技术产业创新的生态环境的营造，促使具有国际引领力的科研成果和优质科技人才不断涌现，以促成向科技强国转变的内涵式跨越。

第二章 研究分析的指标体系及说明

诺贝尔自然科学奖（以下简称诺贝尔奖）是科学上杰出成就的最高象征，获得诺贝尔奖的发现堪当科学界的标杆，举世瞩目。因此，对获得诺贝尔奖的发现成果本身及获奖者得以获奖的种种可能要素开展研究都极具价值。

为了全面了解2000～2017年诺贝尔奖获得者的基本情况，探究其成功的可能因素和可资借鉴的经验路径，本书设计了开展实证研究分析的指标体系，作为开展基本信息统计分析和深度案例分析的框架依据。指标体系由获奖信息、个人因素和环境因素三个主要维度构成。

一、获奖信息

获奖信息是与获奖相关的基本状况，包括获奖者的姓名、国籍及族裔分布、获奖年份、获奖时年龄、标志性成果取得年份、成果检验期、标志性成果取得时年龄、获奖原因、成果所属领域、研究类型、研究开展形式、获奖时所属研究机构、机构的学科专业排名、机构现有 / 历史上获得诺贝尔奖的人数、标志性成果获得其他重要奖项情况等测量指标。对其中部分指标说明如下。

（1）成果检验期。由“获奖年份－标志性成果取得年份”计算得到，考察不同学科、不同研究类型成果的检验周期差异。诺贝尔奖的评选遵守同行评议制度，其获奖者的产生，在提名、入选、审议、评定等流程，都遵循极为严格的程序，因此奠定了其至高无上的权威性。通常，科学研究成果都要经过一番实践检验和同行评议之后才能得以扩散，为大众所接受。因此，诺贝尔奖的同行评议本质上是一种对科学家所取得的科学研究成果的社会确认，需要经历一个社会过程，即获奖者从取得标志性研究成果到获得诺贝尔奖需要经历一个间隔期，称之为成果检验期。通常，诺贝尔奖的成果检验期都较长，少则六七年，多则 50 余年，这说明真正原创的科学研究绝非急功近利，而需要有足够的耐心，等待科学研究成果所蕴含的价值和意义接受长期的实践检验并得到社会确认。

（2）标志性成果取得时年龄。考察不同学科诺贝尔奖获得者取得成果时的最佳年龄峰值，可以为国家制定科研资助政策提供决策参考依据。科学家在一生的科研周期中，其科研状态一般有高低起伏，中青年时期往往是开展科研工作的巅峰时期。了解诺贝尔奖获得者取得标志性成果时的一般年龄，即可估算标志性成果取得之前的若干年为科学家从事科研工作的黄金期。对于处在科研黄金期的科研人员，国家在科研经费和政策上应给予更大力度的扶持。

（3）研究类型。将诺贝尔奖获得者的研究工作进行归类，看它是属于经典领域研究还是创新领域研究，是属于理论研究还是实验（或技术）研究，以便考察不同类型的研究在成果检验周期方面所呈现的差异。

（4）研究开展形式。了解诺贝尔奖获得者是进行独立研究还是开展合作研究。科学无边界、科学无国界，越来越多的科研人员开展不同国别、不同领域、不同行业的研究合作，以实现优势互补、强强联合，这成为大势所趋。

（5）获奖时所属研究机构。了解历年诺贝尔奖获得者获奖时隶属于哪个研究机构，进行总体量化统计研究，即可获知世界上哪些高校科研机构是诺贝尔奖获得者的聚集高地。据统计，截至 2017 年，美国的哈佛大学（157 人）、英国的剑桥大学（116 人）、加利福尼亚大学伯克利分校（104 人）是诺贝尔奖获得者最多的三大研究机构。各高校诺贝尔奖获得者的数量从一定层面上体现了该校的学术实力和其在世界学术界的地位。这些高校在培育一流的科研文化氛围、科研生态和科研项目资助模式等方面有何特色和可取之处都非常值得一探究竟。

二、个人因素

从经验来看，诺贝尔奖获得者的成功与其个人的特质性因素是密切相关的。个人因素属于微观的、相对客观的、内在的因素，从以下两部分来考察。

1. 成长路径

成长路径即个人学习、成长、社会化和投身科研事业当中的关键性历程，包括家庭背景、兴趣爱好、受教育经历和工作经历。

（1）家庭背景。了解诺贝尔奖获得者的家庭状况和其幼年成长状况，如父母的受教育程度和职业类型，这往往对子女的个性和品质形塑起到重要的启蒙和引导作用。

（2）兴趣爱好。了解诺贝尔奖获得者在文学、艺术等方面的兴趣爱好，这往往与科学研究形成相得益彰的交融关系，可能有益于激发科研的灵感与激情。科学与人文艺术并非泾渭分明，看似无交集的平行线也具有共通共融的特质，如神秘而有趣的东西、易激发无限的好奇心和探究的激情。不少诺贝尔奖获得者在接受采访时曾表示，艺术给予了自己从事科研的灵感与激情，使自己在科学与艺术之间找到了共振与共鸣。这对树立科学与人文艺术并重的人才培养理念是很好的启发。

（3）受教育经历。主要梳理诺贝尔奖获得者在学士、硕士、博士、博士后等阶段的学习研究经历。

（4）工作经历。主要梳理诺贝尔奖获得者供职过的机构，探究其取得突破性科研进展的关键节点和助力平台。

受教育经历和工作经历是奠定获奖者个人学术修养、科研能力、科研方向选择判断力及获得可能的关键性科研成果的基石和关键历程，对获奖者的成功起着至关重要的作用。

2. 科研关系网络

科研关系网络涉及获奖者的人脉资源和组织性保障资源关系网络，将直接影响获奖者的科研工作和协作能否顺利开展。科研关系网络主要从学术职务、行政职务、师承关系和团队合作状况四个指标来考察，下面仅对师承关系和团队合作状况加以说明。

（1）师承关系。一项对 1948 ～ 2008 年诺贝尔物理学奖获得者间师承关系的实证研究表明，存在师承关系的诺贝尔奖获得者人数占诺贝尔奖获得者总人数的 22% 左右，这充分显示了一位优秀的导师对学生的成长、成才所起到的至关重要的作用。本指标在于了解诺贝尔奖获得者的成功是否有师承关系的因素，进而探究“名师如何出高徒”的内在规律，以及独到的科学人才培养和教育方式。

（2）团队合作状况。世界上越来越多的科学家正在摆脱地域、组织和技术特长的限制，开展各式各样的团队协作科研攻关。本指标考察诺贝尔奖获得者在关键性科研工作中是否开展过团队合作，相互间如何借力和补足，探究在人、财、物等多方面行之有效的团队合作模式。

三、环境因素

诺贝尔奖获得者的成功除了得益于其个人优秀的特质因素之外，也离不开良好的外部环境所提供的有效支持。环境属于相对宏观的、外在的因素，主要包括以下几个方面。

1. 研究经费资助来源

充足的研究经费是保障科学研究得以顺利持续开展的必要后盾。考察各国政府、各类研究机构、公益性第三方组织、产业界的多元科研经费资助来源及资助模式，探究成功的科研项目筛选和资助机制，以资借鉴，反观并改善我国当前科研项目的资助政策、环境和资助模式中存在的不足之处。

2. 工作平台和科研氛围

如果说个人的禀赋和科研能力是基础和前提，充足的研究经费是必要保障，那么，良好的工作平台和科研氛围就是让科研产出更上一层楼的助力加速器。诺贝尔奖获得者所在的机构提供了哪些有利的工作平台支持和保障，工作平台在培育良好的科研文化和学术氛围方面有何独到之处，以及如何有效地助力科研创新工作等，这些都非常值得深入探究和分析。

3. 政策导向

科研政策导向集合了一国当前与未来的、短期与长期的科研需求和战略规划部署，且直接关联科研经费走向，因此往往对一国一段时期内的科研方向具有至关重要的引领作用。重点考察频频获得诺贝尔奖的国家，探究它们在国家、区域、行业等多层面的政策导向及其对获奖者的科研方向有何引领作用。

4. 成果扩散

诺贝尔奖获得者的研究成果不断扩散乃至实现产业化应用，才能更大范围地造福社会和人类。因此，有必要考察诺贝尔奖的获奖成果向应用性、产业化转移、转化的情况。

环境因素这部分指标主要用于案例研究，就某些重要的专题研究进行有深度的、针对性的探析。整个研究分析的具体指标体系结构如图 2-1 所示。

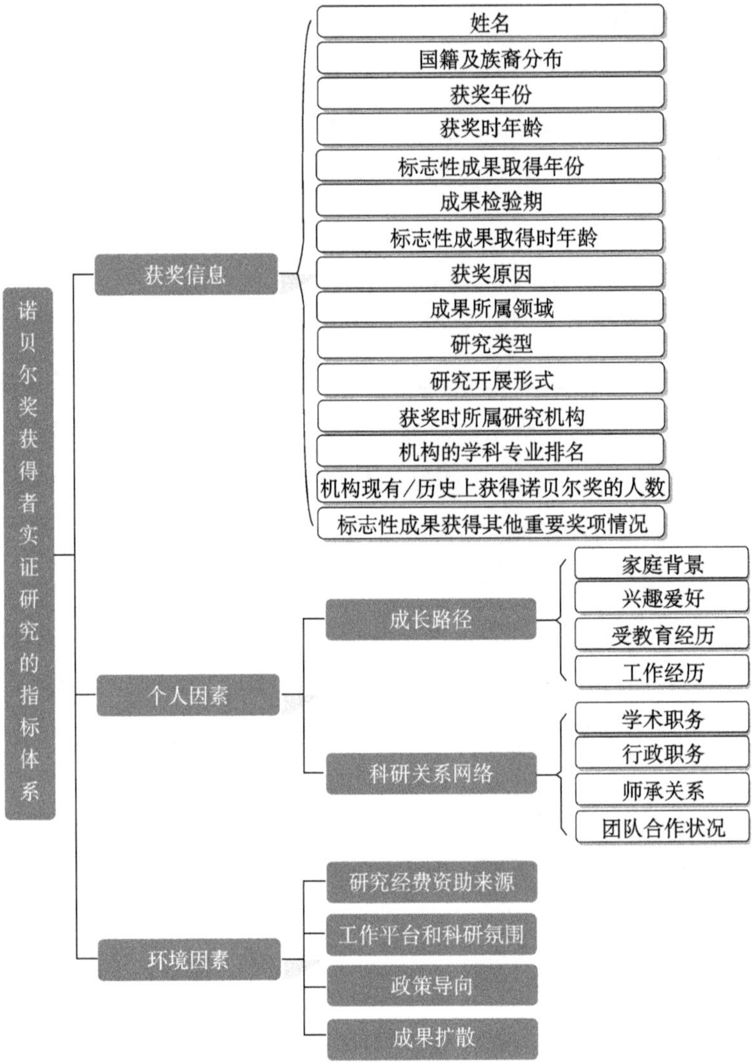

图 2-1　诺贝尔奖获得者实证研究分析的指标体系

第三章 2000～2017年诺贝尔奖获得者基本信息统计资料汇总

一、2000～2016年诺贝尔物理学奖获得者基本情况汇总

获奖年份	获奖者	获奖时年龄/岁	获奖原因	受教育经历	工作经历	学术任职	学科背景	标志性成果取得年份	成果检验期/年	获奖时所属研究机构	机构现有/历史上获得诺贝尔奖的人数/人	研究开展形式
2000	若尔斯·阿尔费罗夫（1930—，男，俄罗斯）	70	发展了用于高速电子学和光电子学的半导体异质结构	1947年，毕业于明斯克第42高中；1952年，毕业于列宁格勒V. I.乌里亚诺夫电子技术学院；1970年，获艾奥费物理技术学院物理学和数学博士学位	从1953年起，为苏联科学院艾奥费物理技术学院科研人员	1990年，当选为苏联科学院（后改名为俄罗斯科学院）副院长	应用物理	1966	34	艾奥费物理技术学院	1	合作
	赫伯特·克勒默（1928—，男，美籍德裔）	72		1947年中学毕业后，在耶拿大学学习物理学；在哥廷根大学完成了关于晶体管中热电子效应的理论物理学研究和博士论文，1952年获物理学博士学位	1954年前往美国，供职于普林斯顿大学和帕罗奥图的多家研究机构；1968～1976年，任科罗拉多大学博尔得分校物理学教授；1976年以后，供职于加利福尼亚大学圣塔芭芭拉分校的电子和计算机工程系	—	晶体管中热电子效应的理论物理	20世纪50年代中期	45	加利福尼亚大学圣塔芭芭拉分校	5	独立
	杰克·基尔比（1923—2005，男，美国）	77	在发明集成电路中所做的贡献	1947年，伊利诺伊大学电子工程专业本科毕业；1950年，于威斯康星大学密尔沃基分校获电子工程硕士学位	1947～1958年在位于威斯康星州密尔沃基的中央实验室工作；1958～1970年供职于得克萨斯州达拉斯市的得州仪器公司；1970年11月从得州仪器公司离职，但继续为其担任兼职顾问；1978～1984年任得克萨斯农工大学电机工程学特聘教授	—	电子工程	1958	42	美国得克萨斯农工大学	5	独立

续表

获奖年份	获奖者	获奖时年龄/岁	获奖原因	受教育经历	工作经历	学术任职	学科背景	标志性成果取得年份	成果检验期/年	获奖时所属研究机构	机构现有/历史上获得诺贝尔奖的人数/人	研究开展形式
2001	埃里克·康奈尔（1961—，男，美国）	40	在碱性原子稀薄气体的玻色-爱因斯坦凝聚态方面取得的成就，以及凝聚态物质属性质的早期基础性研究	1985年，本科毕业于斯坦福大学；1990年，获麻省理工学院博士学位；1990～1992年在科罗拉多大学博尔得分校从事两年的博士后研究	供职于美国国家标准与技术研究院和科罗拉多大学合办的JILA研究所	—	实验物理	1995	6	美国科罗拉多大学	5	独立
2001	卡尔·威曼（1951—，男，美国）	60	在碱性原子稀薄气体的玻色-爱因斯坦凝聚态方面取得的成就，以及凝聚态物质属性质的早期基础性研究	1973和1977年，分别获斯坦福大学科学学士学位和博士学位	1977～2007年，加入科罗拉多大学；2007年，加入不列颠哥伦比亚大学；2013年，担任斯坦福大学双聘教授	美国科学工程节咨询委员会成员；2010年提名为白宫科技政策办公室科学副主任	凝聚态物理	1995	6	美国科罗拉多大学	5	独立
2001	沃尔夫冈·克特勒（1957—，男，德国）	44	在碱性原子稀薄气体的玻色-爱因斯坦凝聚态方面取得的成就，以及凝聚态物质属性质的早期基础性研究	1976年，开始在海德堡大学学习物理学，两年后转入慕尼黑工业大学，专业方向是理论物理学；1982年硕士毕业；此后前往马克斯·普朗克量子光学研究所和慕尼黑大学研究实验分子光谱学，1986年获物理学博士学位	1990年，移居美国，在麻省理工学院的电子研究实验室工作，并将工作领域转换到激光冷却；1993年，加入麻省理工学院物理系；1998年成为教授	2006年，被任命为麻省理工学院电子研究实验室副主任，并任麻省理工学院超冷原子中心主任	理论物理	1995	6	美国麻省理工学院	78	独立

续表

获奖年份	获奖者	获奖时年龄 / 岁	获奖原因	受教育经历	工作经历	学术任职	学科背景	标志性成果取得年份	成果检验期 / 年	获奖时所属研究机构	机构现有 / 历史上获得诺贝尔奖的人数 / 人	研究开展形式
2002	雷蒙德·戴维斯（1914—2006，男，美国）	88	在天体物理学领域做出的先驱性贡献，尤其是探测宇宙中微子	1938 年，于马里兰大学获学士学位；后于马里兰大学获硕士学位；1942 年，获美国耶鲁大学化学博士学位	1946 年，加入孟山都公司实验室；1948 年，加入布鲁克海文国家实验室；担任宾夕法尼亚大学物理学和天文学系名誉教授	—	化学	20 世纪 50 年代	47	美国宾夕法尼亚大学	18	独立
	小柴昌俊（1926—，男，日本）	76		1951 年，毕业于东京大学理学部物理学专业；1955 年，获美国罗彻斯特大学物理学博士学位	1955 ～ 1958 年，芝加哥大学助理研究员；1958 ～ 1963 年，芝加哥大学副教授；1963 年，东京大学副教授；1970 年，东京大学教授；1987 年成为东京大学荣誉教授；2005 年任东京大学国际基本粒子物理中心高级顾问	东京大学国际基本粒子物理中心高级顾问、东京大学荣誉教授、神冈实验室资深学术顾问	天体物理学	1987	15	日本东京大学	4	独立
	里卡尔多·贾科尼（1931—，男，美籍意大利裔）	71	在天体物理学领域做出的先驱性贡献，这些研究导致了宇宙 X 射线源的发现	1954 年，获米兰大学物理学博士学位	1956 年，加入印第安纳大学；1959 年，加入麻省研究公司“美国科学与工程学公司”；1973 年，进入哈佛 - 史密松天体物理中心；1981 ～ 1993 年，担任空间望远镜研究所的首任所长；1982～1997年，在约翰·霍普金斯大学担任天文和物理学教授；1993 ～ 1997 年，在欧洲南方天文台任职；1999 年，成为美国国家射电天文台台长及联合大学公司主席	1981～1993 年，担任空间望远镜研究所的首任所长；1999 年，成为美国国家射电天文台台长及联合大学公司主席	天体物理学	1962	40	美国国家射电天文台	1	独立

续表

获奖年份	获奖者	获奖时年龄/岁	获奖原因	受教育经历	工作经历	学术任职	学科背景	标志性成果取得年份	成果检验期/年	获奖时所属研究机构	机构现有/历史上获得诺贝尔奖的人数/人	研究开展形式
2003	阿列克谢·阿布里科索夫（1928—2017，男，美国、俄罗斯双重国籍，俄罗斯裔）	75	对超导体和超流体理论做出的先驱性贡献	1948年，从莫斯科国立大学毕业；1951年，莫斯科物理问题研究所物理学博士学位	1948～1965年，莫斯科物理问题研究所；1966年起兼任莫斯科大学教授；1987年，当选为苏联科学院院士；1991年起任职于美国阿贡实验室材料科学部凝聚态物理研究组	1965年任苏联科学院朗道理论物理研究所研究室主任	理论物理	1957	46	美国阿尔贡国家实验室	1	独立
	维塔利·金茨堡（1916—2009，男，俄罗斯）	87		1938年，毕业于莫斯科大学物理系；1942年，获莫斯科大学物理学博士学位	从1940年起，在莫斯科列别杰夫物理研究所任职至2009年，曾任该研究所理论室主任	莫斯科列别杰夫物理研究所理论室主任	理论物理	1950	53	莫斯科列别杰夫物理研究所	1	合作
	安东尼·莱格特（1938—，男，英国、美国双重国籍，英裔）	65		1964年，获牛津大学物理学博士学位；1965年，在美国伊利诺伊大学厄巴纳-香槟分校做物理学博士后研究	1966年，在日本京都大学参与雄原武雄的团队进行研究；1967～1981年任职于苏塞克斯大学；1982年起任职于伊利诺伊大学厄巴纳-香槟分校	凝聚态理论研究所首席科学家	理论物理	1967	36	美国伊利诺伊大学厄巴纳-香槟分校	24	独立
2004	戴维·格罗斯（1941—，男，美国）	63	发现强相互作用理论中的渐近自由	1962年，在希伯来大学获学士与硕士学位；1966年，在加利福尼亚大学伯克利分校获物理学博士学位	1966年后，在哈佛大学和普林斯顿大学工作；1972年被普林斯顿大学聘为教授；1997年担任加利福尼亚大学圣塔芭芭拉分校的卡夫利理论物理研究所所长	担任加利福尼亚大学圣塔芭芭拉分校的卡夫利理论物理研究所所长	理论物理	1973	31	美国加利福尼亚大学圣塔芭芭拉分校	5	合作

续表

获奖年份	获奖者	获奖时年龄 / 岁	获奖原因	受教育经历	工作经历	学术任职	学科背景	标志性成果取得年份	成果检验期 / 年	获奖时所属研究机构	机构现有 / 历史上获得诺贝尔奖的人数 / 人	研究开展形式
2004	戴维·波利策（1949—，男，美国）	55	发现强相互作用理论中的渐近自由	1969 年，获密歇根大学学士学位；1974 年，获哈佛大学物理学博士学位	1974 ～ 1977 年，哈佛大学研究员协会初级研究员；1978 年至今，在加利福尼亚理工学院担任理论物理学教授	—	理论物理	1973	31	美国加利福尼亚理工学院	35	合作
	弗朗克·韦尔切克（1951—，男，美国）	53		1970 年，在芝加哥大学获数学学士学位；1972 年，在普林斯顿大学获数学硕士学位；1974 年，获物理学博士学位	曾工作于普林斯顿大学高等研究院和加利福尼亚大学圣塔芭芭拉分校理论物理研究所，现为美国麻省理工学院理论物理学教授	—	理论物理	1973	31	美国麻省理工学院	87	合作
2005	罗伊·格劳伯（1925—，男，美国）	80	对光学相干的量子理论的贡献	1941 年，毕业于布朗克斯科学高中；1949 年，在哈佛大学获物理学博士学位	1943 ～ 1945 年参加曼哈顿计划，加入洛斯·阿拉莫斯国家实验室；哈佛大学物理学教授和亚利桑那大学光学科学学院兼职教授	—	量子物理（理论物理）	1963	42	美国哈佛大学	49	独立
	约翰·霍尔（1934—，男，美国）	71	对包括光频梳技术在内的基于激光的精密光谱学发展做出的贡献	在卡内基技术大学获得了三个学位，分别是理学学士（1956 年）、理学硕士（1958 年）和哲学博士（1961 年），并在美国国家标准与技术研究院完成了博士后研究	1962 ～ 2004 年，在美国国家标准与技术研究院工作；1967 年起开始担任科罗拉多大学讲师	—	物理学、哲学	1963	42	美国实验天体物理联合研究所	3	合作

续表

获奖年份	获奖者	获奖时年龄 / 岁	获奖原因	受教育经历	工作经历	学术任职	学科背景	标志性成果取得年份	成果检验期 / 年	获奖时所属研究机构	机构现有 / 历史上获得诺贝尔奖的人数 / 人	研究开展形式
2005	特奥多尔·亨施（1941—，男，德国）	64	对包括光频梳技术在内的基于激光的精密光谱学发展做出的贡献	1969 年，获物理学博士学位	1975 ～ 1986 年，在斯坦福大学任教授；1986 年，主持马克斯·普朗克量子光学研究所	—	量子光学	1963	42	德国马克斯·普朗克科学促进学会	33	合作
2006	约翰·马瑟（1946—，男，美国）	60	发现宇宙微波背景辐射的黑体形式和各向异性	1968 年，获史瓦斯摩学院物理学学士学位；1974 年，获加利福尼亚大学伯克利分校物理学博士学位	1974 ～ 1976 年，哥伦比亚大学戈达德空间研究所；1985 年至今，美国国家航空航天局戈达德航天中心高级天体物理学家	COBE 卫星科学项目的首席科学家	天体物理学、宇宙学	1992	14	美国国家航空航天局戈达德航天中心	—	合作
	乔治·斯穆特（1945—，男，美国）	61		1966 年，获麻省理工学院双学士学位（数学和物理学）；1970 年，获麻省理工学院粒子物理学博士学位	1970 年，在美国加利福尼亚大学伯克利分校任大学物理学教授；工作于劳伦斯伯克利国家实验室	—	天体物理学、宇宙学	1992	14	美国加利福尼亚大学伯克利分校	47	合作
2007	艾尔伯·费尔（1938—，男，法国）	69	发现巨磁电阻现象	1970 年，获在南巴黎大学物理学博士学位	1976 年开始担任南巴黎大学教授	2004 年为当选为法国科学院院士	物理	1988	19	法国国家科学研究中心	21	合作
	彼得·格林贝格尔（1939—，男，德国）	68		1969 年，获达姆施塔特技术大学物理学博士学位	1972 年开始担任德国尤里希研究中心教授；1992 年在科隆大学兼任教授	—	物理	1988	19	德国尤里希研究中心	1	合作

续表

获奖年份	获奖者	获奖时年龄 / 岁	获奖原因	受教育经历	工作经历	学术任职	学科背景	标志性成果取得年份	成果检验期 / 年	获奖时所属研究机构	机构现有 / 历史上获得诺贝尔奖的人数 / 人	研究开展形式
2008	益川敏英（1940—，男，日本）	68	发现对称性破缺的来源，并预测了至少三大类夸克在自然界中的存在	1962 年，获名古屋大学学士学位；1967 年，获名古屋大学物理学博士学位	1976 年，任东京大学原子核研究所助教授；2003 年至今，为名古屋大学特聘教授；2009 年开始担任名古屋大学粒子和宇宙起源小林益川研究所主任	1997～2003 年，任汤川理论物理研究所所长；现任小林－益川研究所所长	高能物理、理论物理	1973	35	日本京都大学	5	合作
	小林诚（1944—，男，日本）	64		1967 年，名古屋大学毕业；1972 年 3 月，获名古屋大学理学院研究所理学博士学位	1959～2006 年，任高能加速器研究机构名誉教授；2007 年，独立行政法人日本学术振兴会理事及财团法人国际高等研究所研究员；2009 年至今被聘为名古屋大学教授；2010 年至今任名古屋大学粒子和宇宙起源小林益川研究所顾问委员会主席	名古屋大学教授；名大屋大学粒子和宇宙起源小林益川研究所顾问委员会主席	理论物理	1973	35	日本财团法人国际高等研究所	1	合作
	南部阳一郎（1921—，男，美籍日裔）	87	发现亚原子物理学的自发对称性破缺机制	1942 年和 1952 年，分别获东京帝国大学理学部物理系学士和博士学位	1949 年，在大阪市立大学做副教授，次年升为教授，当时年仅 29 岁；1952 年，到普林斯顿高等研究院进行访问研究；1956 年起，任芝加哥大学副教授；1958 年升任教授；1991 年，芝加哥大学物理系及恩里科·费米研究所名誉退休教授	美国国家科学院院士；1974～1977 年，任芝加哥大学物理系系主任	量子色动力学、粒子物理学、凝聚态物理	1986	22	美国芝加哥大学	87	独立

续表

获奖年份	获奖者	获奖时年龄/岁	获奖原因	受教育经历	工作经历	学术任职	学科背景	标志性成果取得年份	成果检验期/年	获奖时所属研究机构	机构现有/历史上获得诺贝尔奖的人数/人	研究开展形式
2009	高锟（1933—，男，英国、美国双重国籍，华裔）	76	发明石英玻璃，制造出世界上第一根光导纤维	1957年，取得英国伦敦大学学院电子工程理学学士学位；1965年，任职国际电话电报公司时取得伦敦大学学院电机工程哲学博士学位	1957年进入国际电话电报公司；1960～1970年进入欧洲中央研究机构——标准电信实验有限公司工作；1974年返回国际电话电报公司工作，任工程主任；1985～1986年于德国SEL研究中心工作	1970～1974年于香港中文大学任电子系教授与讲座教授；1985年任耶鲁大学特朗布尔学院兼职教授及研究员；1987～1996年任香港中文大学第三任校长；1989年英国皇家工程科学院院士；1990年美国国家工程院院士；1997年英国皇家学会会员	光纤通信电机工程	1966	43	国际电话电报公司	1	—
	威拉德·博伊尔（1924—，男，加拿大）	85	发明数码相机图像感应器——“感光半导体电荷耦合器件”（CCD）	1947年、1948年和1950年分别在麦吉尔大学取得理学学士学位、理学硕士学位和博士学位	1962年，参加阿波罗计划；1964年，回到美国贝尔实验室工作；1950年，在加拿大辐射实验室工作；1951年，在加拿大皇家军事学院教授物理；1953年，加入美国贝尔实验室	—	物理学	1969	40	美国贝尔实验室	8	—

续表

获奖年份	获奖者	获奖时年龄／岁	获奖原因	受教育经历	工作经历	学术任职	学科背景	标志性成果取得年份	成果检验期／年	获奖时所属研究机构	机构现有／历史上获得诺贝尔奖的人数／人	研究开展形式
2009	乔治·史密斯（1930—，男，美国）	79	发明数码相机图像感应器——“感光半导体电荷耦合器件”（CCD）	1955 年，获宾夕法尼亚大学理学学士学位，1959 年，获芝加哥大学物理学硕士和博士学位	1959 年，加入美国贝尔实验室	—	—	1969	40	美国贝尔实验室	8	—
2010	安德烈·海姆（1958—，男，荷兰、英国）	52	在二维空间材料石墨烯方面的开创性实验	1987 年，在俄罗斯科学院固体物理学研究院获博士学位	1994 年，在荷兰奈梅亨大学担任副教授；2001 年，在英国曼彻斯特大学任物理学教授	—	固体物理学	2004	6	英国曼彻斯特大学	25	独立
	康斯坦丁·诺沃肖洛夫（1974—，男，俄罗斯、英国）	36		2004 年，在荷兰奈梅亨大学获物理学博士学位	2008 年，英国曼彻斯特大学研究员；2014 年至今，英国曼彻斯特大学皇家学会研究员	2014 年至今，领导曼彻斯特大学介观研究小组	固体物理学	2004	6	英国曼彻斯特大学	25	独立
2011	索尔·珀尔马特（1959—，男，美国）	52	透过观测遥距超新星而发现宇宙加速膨胀	1981 年，从哈佛大学毕业；1986 年，在加利福尼亚大学伯克利分校获物理学博士学位	1988 年开始在劳伦斯伯克利国家实验室工作	1988 年，劳伦斯伯克利国家实验室超新星宇宙学项目负责人	天体物理学	1998	13	加利福尼亚大学伯克利分校	69	独立

续表

获奖年份	获奖者	获奖时年龄/岁	获奖原因	受教育经历	工作经历	学术任职	学科背景	标志性成果取得年份	成果检验期/年	获奖时所属研究机构	机构现有/历史上获得诺贝尔奖的人数/人	研究开展形式
2011	布赖恩·保罗·施密特（1967—，男，美国、澳大利亚）	44	透过观测遥距超新星而发现宇宙加速膨胀	1989年，亚利桑那大学物理学和天文学学士；1992年，获哈佛大学硕士学位；1993年，获哈佛大学博士学位	1993～1994年，任哈佛-史密松天体物理中心博士后研究员；1995年，在澳大利亚国立大学斯特朗洛山天文台上班	1998年领导高红移超新星搜索队	天体物理	1998	13	澳大利亚国立大学	6	合作
2011	亚当·盖伊·里斯（1969—，男，美国）	42	透过观测遥距超新星而发现宇宙加速膨胀	1992年，麻省理工学院物理学与历史学学士；1996年，获哈佛大学天体物理学博士学位	1997～1999年，加利福尼亚大学伯克利分校；1999～2005年，空间望远镜研究所；2005年，任职于约翰·霍普金斯大学，2016年任约翰·霍普金斯大学教授	1998年领导高红移超新星搜索队	天体物理	1998	13	美国约翰·霍普金斯大学	37	合作
2012	塞尔日·阿罗什（1944—，男，法国）	68	能够量度和操控个体量子系统的突破性实验手法	1971年，获巴黎第六大学物理学博士学位	1967～1975年，法国国家科学研究中心；1972～1973年，斯坦福大学博士后；1973～1984年，洛桑联邦理工学院；1981年，哈佛大学；1984～1993年，耶鲁大学；1994年，巴黎高等师范学院	2012年，任法兰西公学院量子物理学会主席	原子分子与光物理	1977	35	法国巴黎高等师范学院	11	独立
2012	戴维·瓦恩兰（1944—，男，美国）	68	能够量度和操控个体量子系统的突破性实验手法	1965年，获加利福尼亚大学伯克利分校学士学位；1970年，获哈佛大学博士学位	1970年，华盛顿大学博士后(1989年诺贝尔奖获得者汉斯·德默尔特团队)；1975年，供职于美国国家标准与技术研究院和科罗拉多大学博尔得分校	美国物理学会会士，美国光学学会会士，1992年起为美国国家科学院院士	原子分子与光物理	1971	41	美国国家标准与技术研究院、科罗拉多大学博尔得分校	11	独立

续表

获奖年份	获奖者	获奖时年龄/岁	获奖原因	受教育经历	工作经历	学术任职	学科背景	标志性成果取得年份	成果检验期/年	获奖时所属研究机构	机构现有/历史上获得诺贝尔奖的人数/人	研究开展形式
2013	弗朗索瓦·恩格勒（1932—，男，比利时）	81	预测希格斯玻色子的存在，此发现促进了人类对这方面的理解，并且最近由CERN属下大型强子对撞机的超环面仪器及紧凑μ子线圈探测器发现的基本粒子证实	1955年，在布鲁塞尔自由大学获电机工程学学士学位；1959年，获物理学博士学位	1959年，在康奈尔大学担任副研究员；1964年，在布鲁塞尔自由大学担任正教授	—	粒子物理学	1964	49	布鲁塞尔自由大学	3	合作
	彼得·威尔·希格斯（1929—，男，英国）	84		1950年，获伦敦国王学院学士学位；1952年，获该校硕士学位；1954年，获该校博士学位	1960年在爱丁堡大学担任讲师；1980年成为爱丁堡大学教授；1983年成为英国皇家学会会员；1991年成为英国物理学会会员；1996年爱丁堡大学荣誉教授	—	理论物理	1964	49	英国爱丁堡大学	2	独立
2014	赤崎勇（1929—，男，日本）	85	发明了高效的蓝色发光二极管	1952年，本科毕业于京都大学理学部；1964年，在名古屋大学获工学博士学位	1952年在神户工业公司工作；1959～1963年历任名古屋大学助手、讲师、助教授；1964年就任松下电器产业东京研究所基础研究室长；1981年起任日本名古屋大学教授；1992年起任日本名城大学教授	—	半导体物理	1992	22	日本名城大学	1	合作

续表

获奖年份	获奖者	获奖时年龄/岁	获奖原因	受教育经历	工作经历	学术任职	学科背景	标志性成果取得年份	成果检验期/年	获奖时所属研究机构	机构现有/历史上获得诺贝尔奖的人数/人	研究开展形式
2014	天野浩(1960—，男，日本)	54	发明了高效的蓝色发光二极管	1983年，日本名古屋大学工学部电子工学科本科毕业；1989年，获日本名古屋大学工学博士学位	1992年，任日本名城大学理工学部讲师；1998年，任日本名城大学助教授；2002年，任日本名城大学教授；2010年，任日本名古屋大学教授	—	电子工程学	1992	22	日本名古屋大学	6	合作
	中村修二(1954—，男，美籍日裔)	60		1977年，获日本德岛大学工学院电子工程学士学位；1979年，获日本德岛大学电子工程硕士学位；1987年，佛罗里达大学电子工学部留学一年；1994年，获日本德岛大学电气工程博士学位	1979年，在日亚化学工业株式会社工作；1999年离开日亚化学工业株氏会社；2000年，任美国加利福尼亚大学圣塔芭芭拉分校材料物性工学部教授；2002年，任信州大学客座教授一职；2006年，任爱媛大学客座教授一职	—	天体物理	1993	21	加利福尼亚大学圣塔芭芭拉分校	6	独立
2015	梶田隆章(1959—，男，日本)	56	发现基本粒子中微子存在质量	1981年，从埼玉大学理学部物理学科毕业；1986年，获东京大学物理学博士学位	1986年，担任东京大学理学部助手；历任东京大学宇宙射线研究所助手（1988年）、副教授（1992年）、教授（1999年）；2008年，任东京大学宇宙射线研究所所长	2008年至今任东京大学宇宙射线研究所所长；1999年至今任同研究所附属宇宙中微子观测信息融合中心负责人	天体物理	1996	19	日本东京大学	10	独立

续表

获奖年份	获奖者	获奖时年龄 / 岁	获奖原因	受教育经历	工作经历	学术任职	学科背景	标志性成果取得年份	成果检验期 / 年	获奖时所属研究机构	机构现有 / 历史上获得诺贝尔奖的人数 / 人	研究开展形式
2015	阿瑟·麦克唐纳（1943—，男，加拿大）	72	发现基本粒子中微子存在质量	1964 年，获达尔豪西大学物理学学士学位；1965 年，获硕士学位；1969 年，于加州理工学院获物理学博士学位	1969 ～ 1982 年任乔克·里弗核实验室研究员；1982 ～ 1989 年在普林斯顿大学任物理学教授；后加入加拿大女王大学（1989 ～ 2013 年）	2002 ～ 2006 年，任加拿大女王大学大学研究主席	中微子研究	2001	14	加拿大女王大学	1	独立
2016	戴维·索利斯（1934—，男，英国、美国）	82	在拓扑相变和拓扑材料方面的理论发现	1947 年，就读于温切斯特公学；1955 年，在剑桥大学三一学院获学士学位；1958 年，在康奈尔大学获理论物理学博士学位	1958 ～ 1959 年，在加利福尼亚大学伯克利分校从事博士后研究；1961 ～ 1965 年，任剑桥大学丘吉尔学院第一任研究主任；1965 ～ 1978 年，任伯明翰大学数学物理学教授；1979 ～ 1980 年，任耶鲁大学应用科学教授；1980 年起任华盛顿大学物理学教授	美国华盛顿大学物理学教授、伯明翰大学数学物理学教授	凝聚态物理	1973	43	美国华盛顿大学	13	独立
	邓肯·霍尔丹（1951—，男，英国）	65		1970 年，毕业于伦敦圣保罗中学；1973 和 1978 年，分别获剑桥大学基督学院硕士及博士学位	1977 ～ 1981 年，朗之万研究所；1981 ～ 1985 年，南加利福尼亚大学；1985 ～ 1988 年，贝尔实验室；1987 ～ 1990 年，加利福尼亚大学圣迭哥分校；1990 年至今，普林斯顿大学	美国普林斯顿大学物理学教授	理论物理学	1988	28	美国普林斯顿大学	41	独立

续表

获奖年份	获奖者	获奖时年龄 / 岁	获奖原因	受教育经历	工作经历	学术任职	学科背景	标志性成果取得年份	成果检验期 / 年	获奖时所属研究机构	机构现有 / 历史上获得诺贝尔奖的人数 / 人	研究开展形式
2016	迈克尔·科斯特利茨（1943—，男，英国、美国双重国籍）	74	在拓扑相变和拓扑材料方面的理论发现	1965 年，获剑桥大学冈维尔与凯斯学院文学学士及硕士学位；1969 年，获牛津大学布雷齐诺斯学院博士学位	1970 年，在伯明翰大学及康奈尔大学等校担任博士后研究员；1974 年，成为伯明翰大学的教员；1982 年，成为布朗大学的物理学教授；目前是芬兰阿尔托大学的访问学者；2016 年，任韩国高等研究院特聘教授	1982 年任布朗大学物理学教授；1993 年后，任美国物理学会会士	凝聚态物理	1981	35	美国布朗大学	5	独立
2017	雷纳·韦斯（1932—，）男，德国	85	在 LIGO 探测器和引力波观测方面的决定性贡献	1955 年，获麻省理工学院学士学位：1962 年，获麻省理工学院博士学位：1962 ～ 1964 年，在普林斯顿大学于物理学家罗伯特·迪克的指导下做博士后，致力于引力的实验验证	1960 ～ 1962 年，执教于美国塔夫茨大学；1964 年加入麻省理工学院；1973 ～ 2001 年，担任麻省理工学院物理学教授；2001 年起任名誉教授	1976 年，美国国家航空航天局宇宙背景探测器卫星项目科学工作组负责人	物理学	1974	43	美国麻省理工学院	91	独立
	巴里·巴里什（1936—，男，美车	81		1957 年，获物理学学士学位；1962 年，获加州大学伯克利分校实验高能物理博士学位	1963 年，加入加州理工学院，担任物理系林德教授	1997 ～ 2006 年，担任 LIGO 项目主管	实验物理	1997	20	美国加州理工学院	104	合作
	基普·索恩（1940—，男，美国	77		1962 年，获加州理工学院学士学位；1965 年，获普林斯顿大学博士学位	1967 年，担任加州理工学院副教授，1970 年，获教授职位；1981 年起，担任威廉·科南教授；1991 年起，担任费曼理论物理学教授	—	理论物理	1984	33	美国加州理工学院	104	合作

二、2000～2017年诺贝尔化学奖获奖者基本情况汇总

获奖年份	获奖者	获奖时年龄/岁	获奖原因	受教育经历	工作经历	学术任职	学科背景	标志性成果取得年份	成果检验期/年	获奖时所属研究机构	机构现有/历史获得诺贝尔奖的人数/人	研究开展形式
2000	艾伦·黑格（1936—，男，美国）	64	发现和发展了导电聚合物	1957年，毕业于内布拉斯加大学物理系，获物理学学士学位；1961年，获加利福尼亚大学伯克利分校物理学博士学位	1962～1982年，任职于美国宾夕法尼亚大学；1982年，于加利福尼亚大学圣塔芭芭拉分校物理系和材料系任教授；1982年起，任美国加利福尼亚大学圣塔芭芭拉分校物理系教授	—	物理	1976	24	美国加利福尼亚大学圣塔芭芭拉分校、尤尼艾克斯公司	2	合作
	艾伦·G. 马克迪尔米德（1927—2007，男，美国、新西兰）	73		1953年，获美国威斯康星大学化学博士学位；1955年，获英国剑桥大学化学博士学位	1964年至今，在美国宾夕法尼亚大学担任教授	美国宾夕法尼亚大学教授	化学	1973	27	美国宾夕法尼亚大学	16	合作
	白川英树（1936—，男，日本）	64		1961年，获日本东京工业大学聚合体化学专业学士学位；1963年，获日本东京工业大学聚合体化学专业硕士学位；1966年，获日本东京工业大学聚合体化学专业工学博士学位	1982～2000年，筑波大学材料科学学院教授；1991～1993年，筑波大学研究生院科学与工程学位委员会主席；1994～1997年，筑波大学第三学群教务长；2001～2002年，日本内阁科技政策理事会成员	—	化学	1973	27	日本筑波大学	1	合作

续表

获奖年份	获奖者	获奖时年龄/岁	获奖原因	受教育经历	工作经历	学术任职	学科背景	标志性成果取得年份	成果检验期/年	获奖时所属研究机构	机构现有/历史获得诺贝尔奖的人数/人	研究开展形式
2001	威廉·诺尔斯（1917—，男，美国）	84	对手性催化氧化反应的研究	1942 年，获美国哥伦比亚大学博士学位	1942 ～ 1986 年，供职于孟山都托马斯和霍克瓦尔特实验室	1940 年，当选为美国化学会会士；2004 年，当选为美国国家科学院院士	化学	1968	33	美国孟山都公司	1	合作
	野依良治（1938—，男，日本）	63		1961 年，毕业于京都大学工学部；1963 年，毕业于京都大学工学研究科；1969 ～ 1970 年，在美国哈佛大学进行博士后研究	1963 年，在京都大学担任助教；1968 年，被名古屋大学理学院聘为副教授；1972 年至今，为名古屋大学教授	1972 年，在名古屋大学担任教授至今，并同时担任名古屋大学理学研究科的主任	有机化学	1968	33	日本名古屋大学	1	合作
	巴里·夏普莱斯（1941—，男，美国）	60		1968 年，获斯坦福大学博士学位	1990 年，担任美国斯克利普斯研究所化学系教授	美国斯克利普斯研究所化学系教授	化学	1980	21	美国斯克利普斯研究所	1	合作
2002	约翰·芬恩（1917—2010，男，美国）	85	发展了对生物大分子进行鉴定和结构分析的方法，建立了软解析电离法对生物大分子进行质谱分析	1940 年，获耶鲁大学化学博士学位	毕业后在孟山都公司磷酸盐部门工作，生产多氯联苯，1943 年辞职；1967 ～ 1987 年任耶鲁大学教授；1987 年起被聘为耶鲁大学名誉教授；1994 年起任弗吉尼亚联邦大学教授	—	化学	1980	22	美国弗吉尼亚联邦大学	1	合作

续表

获奖年份	获奖者	获奖时年龄/岁	获奖原因	受教育经历	工作经历	学术任职	学科背景	标志性成果取得年份	成果检验期/年	获奖时所属研究机构	机构现有/历史获得诺贝尔奖的人数/人	研究开展形式
2002	田中耕一（1959—，男，日本）	43	发展了对生物大分子进行鉴定和结构分析的方法，建立了软解析电离法对生物大分子进行质谱分析	1983年，获日本东北大学工学部电气工学系学士学位	1983至今，任京都市岛津制作所研发工程师	—	电气	1985	17	日本岛津制作所	1	合作
	库尔特·维特里希（1938—，男，瑞士）	64	发展了对生物大分子进行鉴定和结构分析的方法，建立了利用核磁共振谱学来解析溶液中生物大分子三维结构的方法	1964年，获瑞士巴塞尔大学无机化学博士学位	1980年起，担任瑞士苏黎世联邦理工学院的分子生物物理学教授，还担任斯克利普斯研究所客座教授	—	化学	1977	25	瑞士巴塞尔大学	3	合作
2003	彼得·阿格雷（1949—，男，美国）	54	对细胞膜中的离子通道的研究，发现了水通道	1974年，获约翰·霍普金斯大学医学院医学博士学位	1974年至今，在约翰·霍普金斯大学医学院任生物化学教授和医学教授	2004年，任杜克大学医学院副院长	化学、医学	1988	15	约翰·霍普金斯大学医学院	21	合作
	罗德里克·麦金农（1956—，男，美国）	47	对细胞膜中的离子通道的研究，对离子通道结构和机理的研究	1982年，获塔夫茨大学医学院医学博士学位	1986年，布兰迪斯大学研究员；1996年起，任洛克菲勒大学分子神经生物学和生物物理学教授	洛克菲勒大学分子神经生物学和生物物理学教授	医学	1988	15	美国洛克菲勒大学	24	合作

续表

获奖年份	获奖者	获奖时年龄/岁	获奖原因	受教育经历	工作经历	学术任职	学科背景	标志性成果取得年份	成果检验期/年	获奖时所属研究机构	机构现有/历史获得诺贝尔奖的人数/人	研究开展形式
2004	阿龙·切哈诺沃（1947—，男，以色列）	57	发现了泛素介导的蛋白质降解	1981年，在以色列海法理工学院获医学博士学位；1984年，在麻省理工学院从事博士后研究	以色列理工学院医学科学研究所教授	2004年，当选为以色列人文和自然科学院院士、美国国家科学院外籍院士	医学	1980	24	以色列理工学院	3	合作
	阿弗拉姆·赫什科（1937—，男，以色列）	67		1969年，获耶路撒冷希伯来大学哈达萨赫医学院授予的医学博士学位	2000年，以色列理工学院拉帕波特医学研究学院教授	2011年，当选为中国科学院外籍院士	医学	1980		以色列理工学院	3	合作
	欧文·罗斯（1926—2015，男，美国）	78		1952年，获芝加哥大学生物化学博士学位	1995年退休后，担任加利福尼亚大学欧文分校专家	1963～1995年，曾主持福克斯·蔡斯癌症研究中心的工作	医学	1980		美国加利福尼亚大学欧文分校	2	合作
2005	伊夫·肖万（1930—，男，法国）	75	发展了有机合成中的复分解法	—	2005年，任法国石油研究院教授	—	化学	1971	34	法国石油研究院	1	独立
	罗伯特·格拉布（1942—，男，美国）	63		1965年，获美国佛罗里达大学化学系硕士学位；1968年，获哥伦比亚大学物理有机化学博士学位	1969～1978年，在密歇根州立大学担任助理教授、副教授	1978～2016年，在加州理工学院担任化学系教授	化学	1992	13	美国加州理工学院	36	合作

续表

获奖年份	获奖者	获奖时年龄/岁	获奖原因	受教育经历	工作经历	学术任职	学科背景	标志性成果取得年份	成果检验期/年	获奖时所属研究机构	机构现有/历史获得诺贝尔奖的人数/人	研究开展形式
2005	理查德·施罗克（1945—，男，美国）	60	发展了有机合成中的复分解法	1967 年，毕业于加利福尼亚大学；1971 年，获哈佛大学无机化学博士学位	1972 年，在剑桥大学为美国国家卫生基金会做博士后研究；1972 ～ 1975 年，受雇于杜邦公司研发中心	1975 年加入麻省理工学院，1980 年升为教授；1989 年，获弗雷德里克·G. 凯斯荣誉教授称号	化学	1990	15	美国麻省理工学院	11	合作
2006	罗杰·科恩伯格（1947—，男，美国）	59	对真核转录的分子基础的研究	1967 年，获哈佛大学学士学位；1972 年，获斯坦福大学生物学博士学位	1972 ～ 1975 年，在剑桥大学英国医学研究理事会分子生物学实验室做博士后研究；在担任斯坦福大学教授之前，任教于哈佛大学医学院生物化学系	斯坦福大学结构生物学教授；美国国家科学院和美国艺术与科学研究院院士	生物学	2001	5	美国斯坦福大学医学院	64	独立
2007	格哈德·埃特尔（1936—，男，德国）	71	对固体表面化学过程的研究	1965 年，获慕尼黑大学物理化学博士学位	1973 ～ 1986 年，担任路德维希-马克西米利安-慕尼黑大学教授及该校物理化学研究所所长	1986 ～ 2004 年，出任德国马克斯·普朗克科学促进学会弗里茨·哈伯研究所所长	化学	1965	22	马克斯·普朗克科学促进学会弗里茨·哈伯研究所	33	独立

续表

获奖年份	获奖者	获奖时年龄/岁	获奖原因	受教育经历	工作经历	学术任职	学科背景	标志性成果取得年份	成果检验期/年	获奖时所属研究机构	机构现有/历史获得诺贝尔奖的人数/人	研究开展形式
2008	下村修（1928—，男，日本）	80	发现和改造了绿色荧光蛋白	1951年，毕业于长崎医科大学药学专科部；1960年，获名古屋大学有机化学博士学位；1960年，到美国普林斯顿大学约翰逊实验室从事博士后研究	1980～2001年，到麻省海洋生物学研究所工作，并任波士顿大学兼职教授	波士顿大学兼职教授	化学	1974	34	美国普林斯顿大学	20	合作
	马丁·莎尔菲（1947—，男，美国）	61		1977年，获哈佛大学神经生物学博士学位	1982年以来，任哥伦比亚大学生物学教授	哥伦比亚大学生物学教授	生物	1994	14	美国哥伦比亚大学	98	合作
	钱永健（1952—2016，男，美籍华裔）	56		1968年，进入哈佛大学；1972年，获哈佛大学化学和物理学学士学位；1977年，获剑桥大学（生理学）博士学位后在剑桥大学从事博士后研究	1981～1989年，任加利福尼亚大学伯克利分校大学教授；1989年，实验室搬到加利福尼亚大学圣迭戈分校，担任该校的药理学教授及化学与生物化学教授	1995年，当选为美国国家医学研究院院士；1998年，当选为美国国家科学院院士和美国艺术与科学院院士	化学、物理学	1994	14	美国加利福尼亚大学圣迭戈分校	20	合作
2009	文卡特拉曼·拉马克里希南（1952—，男，英国）	57	对核糖体结构和功能方面的研究	1971年，获印度巴罗达大学物理学学位；1976年，获美国俄亥俄大学物理学博士学位；1978～1982年，在美国耶鲁大学化学系做博士后研究	1995～1999年，任美国犹他大学生物化学系教授；2008年起，任英国剑桥大学三一学院研究员	英国医学研究理事会剑桥分子生物学实验室的资深科学家	结构生物学	1978	31	英国医学研究理事会剑桥分子生物学实验室	29	独立

续表

获奖年份	获奖者	获奖时年龄/岁	获奖原因	受教育经历	工作经历	学术任职	学科背景	标志性成果取得年份	成果检验期/年	获奖时所属研究机构	机构现有/历史获得诺贝尔奖的人数/人	研究开展形式
2009	托马斯·施泰茨（1940—，男，美国）	69	对核糖体结构和功能方面的研究	1966年，获哈佛大学分子生物学和生物化学博士学位；1967～1970年，在英国剑桥大学医学研究理事会分子生物学实验室从事博士后研究	1970年至今，在耶鲁大学工作	耶鲁大学分子生物物理学和生物化学系教授	生物化学	1970	39	美国耶鲁大学、霍华德·休斯医学研究所	57	独立
	阿达·约纳特（1939—，女，以色列）	70		1962年，获希伯来大学化学理学学士学位；1964年，获希伯来大学生物化学硕士学位；1968年，获以色列魏茨曼科学研究所X射线晶体学博士学位	1974～1983年，任以色列魏茨曼科学研究所结构化学系资深科学家；1984～1988年，任副教授；1988年，任以色列魏茨曼科学研究所结构生物系教授	以色列魏茨曼科学研究所结构生物系教授	化学	1989	20	德国马克斯·普朗克科学促进学会、以色列魏茨曼科学研究所	35	独立
2010	理查德·赫克（1931—，男，美国）	79	对有机合成中的钯催化交叉偶联反应的研究	1952年和1954年，分别在加利福尼亚大学洛杉矶分校取得理学学士和博士学位	1957年，在威尔明顿的赫克力士公司工作；1971～1989年，在特拉华大学的化学与生物化学系就职	特拉华大学化学与生物化学系名誉教授	生物化学	1972	38	美国特拉华大学	1	独立

续表

获奖年份	获奖者	获奖时年龄/岁	获奖原因	受教育经历	工作经历	学术任职	学科背景	标志性成果取得年份	成果检验期/年	获奖时所属研究机构	机构现有/历史获得诺贝尔奖的人数/人	研究开展形式
2010	根岸英一（1935—，男，日本）	75	对有机合成中的钯催化交叉偶联反应的研究	1953年，在东京大学工学部应用化学科就读；1958年，从东京大学毕业后进入帝人公司；1963年，在美国宾夕法尼亚大学获得博士学位	1966年，成为美国普渡大学的博士研究员；1968年，成为普渡大学助教；1972年，成为雪城大学助教；1976年，成为普渡大学助教授；1979年，就任普渡大学教授	普渡大学教授	化学	1977	33	美国雪城大学、普渡大学	13	独立
2010	铃木章(1930—，男，日本）	80	对有机合成中的钯催化交叉偶联反应的研究	1954年，毕业于北海道大学理学部化学科；1959年，获北海道大学理学研究科化学专业博士学位；1963～1965年，在普渡大学完成博士后研究	1961～1962年，先后在北海道大学、冈山理科大学、仓敷艺术科学大学执教	北海道大学荣誉教授；美国普渡大学特邀教授	化学	1979	31	日本北海道大学	1	独立
2011	达尼埃尔·谢赫特曼（1941—，男，以色列）	70	准晶体的发现	1966年，在以色列理工学院取得机械工程学士学位；1968年和1972年，取得材料科学硕士与博士学位	1996年，当选为以色列科学院院士；任以色列理工学院菲利普托比亚斯材料科学教授，艾奥瓦州立大学材料科学教授，以色列科学技术研究所教授	美国能源部埃姆斯实验室助理	材料科学	1982	29	以色列理工学院	2	独立

续表

获奖年份	获奖者	获奖时年龄/岁	获奖原因	受教育经历	工作经历	学术任职	学科背景	标志性成果取得年份	成果检验期/年	获奖时所属研究机构	机构现有/历史获得诺贝尔奖的人数/人	研究开展形式
2012	罗伯特·莱夫科维茨（1943—，男，美国）	69	对G蛋白偶联受体的研究	1966年，获哥伦比亚大学医学博士学位	美国霍华德·休斯医学研究所研究人员；美国杜克大学医学中心医学教授、生物化学教授	美国杜克大学医学中心医学教授、生物化学教授	医学	1973	39	美国霍华德·休斯医学研究所、杜克大学	13	合作
	布莱恩·科比尔卡（1955—，男，美国）	57		1981年，获耶鲁大学医学院医学博士学位	斯坦福大学医学院医学教授、分子与细胞学教授	斯坦福大学医学院医学教授、分子与细胞学教授；2011年，当选为美国国家科学院院士	医学	1982	30	美国斯坦福大学	56	合作
2013	马丁·卡普拉斯（1930—，男，奥地利、美国）	83	给复杂化学体系设计了多尺度模型	1950年，获哈佛大学文学学士学位；1953年，获加州理工学院博士学位	1979年开始担任哈佛大学的西奥多·威廉·理查兹化学教授	哈佛大学的西奥多·威廉·理查兹化学教授	核磁共振谱学、化学动态学、量子化学	1970	38	美国哈佛大学	151	独立
	迈克尔·莱维特（1947—，男，美国、英国双重国籍）	66		1971年，获英国剑桥大学博士学位	美国斯坦福大学医学院癌症研究所教授；1993～2003年曾任犹他州州长；2005～2009年，任美国卫生与公众服务部部长	斯坦福医学院癌症研究所罗伯特及维维安·卡希尔冠名教授	生物物理			美国斯坦福大学	56	独立

续表

获奖年份	获奖者	获奖时年龄/岁	获奖原因	受教育经历	工作经历	学术任职	学科背景	标志性成果取得年份	成果检验期/年	获奖时所属研究机构	机构现有/历史获得诺贝尔奖的人数/人	研究开展形式
2013	阿里耶·瓦谢勒（1940—，男，美国、以色列双重国籍）	73	给复杂化学体系设计了多尺度模型	1969年，获以色列魏兹曼科学研究所博士学位	1972～1976年，回到以色列魏兹曼科学研究所，在英国剑桥的实验室工作	1976年，在南加利福尼亚大学化学系任教	化学生物	1970	38	美国南加利福尼亚大学	4	独立
2014	埃里克·白兹格（1960—，男，美国）	54	在超分辨率荧光显微技术领域取得的成就	1988年，获美国康奈尔大学博士学位	霍华德·休斯医学研究所珍莉亚农场研究园区研究组长	—	神经科学、应用物理	2006	8	美国贝尔实验室	6	独立
	斯特凡·W.赫尔（1962—，男，德国）	52		1990年，获海德堡大学物理学博士学位	德国癌症研究中心部门负责人	1997年成为马克斯·普朗克科学促进学会生物物理化学研究所主任	物理学	2000	14	马克斯·普朗克科学促进学会生物物理化学研究所	15	独立
	威廉姆·艾斯科·莫尔纳尔（1953—，男，美国）	61		1978年，获康奈尔大学物理学硕士学位；1982年，获康奈尔大学物理学博士学位	斯坦福大学哈里·莫舍化学教授和应用物理学兼职教授	斯坦福大学哈里·莫舍化学教授、应用物理学兼职教授	单分子光谱和荧光光谱	—	—	美国斯坦福大学	57	独立

续表

获奖年份	获奖者	获奖时年龄/岁	获奖原因	受教育经历	工作经历	学术任职	学科背景	标志性成果取得年份	成果检验期/年	获奖时所属研究机构	机构现有/历史获得诺贝尔奖的人数/人	研究开展形式
2015	托马斯·林达尔（1938—，男，瑞典、英国）	77	绘制出了细胞如何完成DNA修复及保护遗传信息	1970年，获卡罗林斯卡医学院医学博士学位，随后去普林斯顿大学和洛克菲勒大学做博士后研究	1981年，加入英国帝国癌症研究基金会（现在的英国癌症研究中心）做研究	在获得博士学位后，到普林斯顿大学和洛克菲勒大学做博士后研究；移居英国后，于1981年加入英国帝国癌症研究基金会做研究	生物医学	1974	41	美国洛克菲勒大学	24	独立
	保罗·莫德里奇（1946—，男，美国）	69		1968年，获麻省理工学院学士学位；1973年，获斯坦福大学生物学博士学位	杜克大学生物化学教授；霍华德·休斯医学研究所研究员	1976年，担任杜克大学生物化学教授；杜克大学、霍华德·休斯医学研究所研究员	生物化学	1989	26	美国杜克大学	2	独立
	阿齐兹·桑贾尔（1946—，男，土耳其、美国双重国籍）	69		1969年，获伊斯坦布尔大学医学博士学位；1977年，获得克萨斯大学达拉斯分校分子生物学博士学位	1979年，在耶鲁大学担任实验室技术员，开始从事核苷酸切除修复方面的研究	北卡罗来纳大学教堂山分校生物化学与生物物理系莎拉·格雷厄姆·凯南生物化学教授	生物化学、分子生物学	1983	32	美国耶鲁大学	52	独立

续表

获奖年份	获奖者	获奖时年龄/岁	获奖原因	受教育经历	工作经历	学术任职	学科背景	标志性成果取得年份	成果检验期/年	获奖时所属研究机构	机构现有/历史获得诺贝尔奖的人数/人	研究开展形式
2016	詹姆斯·弗雷泽·司徒塔特（1942—，男，英国）	74	设计并制造出分子机器	1970年，毕业于皇后大学；1990年，毕业于谢菲尔德大学；1997年，毕业于伯明翰大学	自2008年起，在美国的西北大学化学系任职	2008年至今任教于美国西北大学；2017年11月，当选为中国科学院外籍院士	超分子化学	1983	33	美国西北大学	11	独立
	让-皮埃尔·索瓦（1944—，男，法国）	72		1971年，获斯特拉斯堡大学博士学位	1971年后跟随马尔康姆·格林从事博士后研究；之后回到斯特拉斯堡大学并长期在此任教；现为斯特拉斯堡大学荣休教授	1971年后跟随马尔康姆·格林从事博士后研究；之后回到斯特拉斯堡大学并长期在此任教；2016年为斯特拉斯堡大学荣誉退休教授	超分子化学	1991	25	法国斯特拉斯堡大学	7	独立
	伯纳德·费灵格（1951—，男，荷兰）	65		1978年，获格罗宁根大学化学博士学位	1979～1984年，任职于荷兰皇家壳牌集团	1984年，回母校格罗宁根大学担任讲师；1988年起任全职教授	有机化学、材料科学、纳米技术、光化学	1999	17	荷兰格罗宁根大学	1	独立

续表

获奖年份	获奖者	获奖时年龄/岁	获奖原因	受教育经历	工作经历	学术任职	学科背景	标志性成果取得年份	成果检验期/年	获奖时所属研究机构	机构现有/历史获得诺贝尔奖的人数/人	研究开展形式
2017	雅克·杜波谢（1942—，男，瑞士）	75	发展了冷冻电子显微镜技术	1948～1955 年在瓦莱和洛桑学习实验科学；1967 年在洛桑大学学习物理学；1973 年，在日内瓦大学和瑞士巴塞尔大学学习生物物理	1987 年，任洛桑大学超结构分析系教授；1998 年，任生物分部主席；2007 年退休	1978 年，欧洲分子生物学实验室小组领头人	生物物理学	1984	33	瑞士洛桑大学	5	独立
	阿希姆·弗兰克（1940—，男，德国）	77		1960～1963 年，就读于德国弗莱堡大学；1963～1967 年，就读于德国慕尼黑大学，获物理学硕士学位；1970 年，获慕尼黑工业大学博士学位	1975 年，加入沃兹沃斯中心；2008 年至今为哥伦比亚大学生物化学与分子生物物理学和生物科学教授	2006 年，当选为美国艺术与科学学院、美国国家科学院院士	生物物理学	1986	31	美国哥伦比亚大学	95	独立
	理查德·亨德森（1945—，男，英国）	72		1962～1966，获爱丁堡大学物理学学士学位；1969 年，获英国剑桥大学博士学位；1973 年，耶鲁大学博士后	1973 年加入剑桥大学，现为剑桥大学教授	—	分子生物学、生物物理学	1990	27	英国剑桥大学	116	独立

三、2000～2017年诺贝尔生理学或医学奖获奖者基本情况汇总

获奖年份	获奖者	获奖时年龄/岁	获奖原因	受教育经历	工作经历	学术任职	学科背景	标志性成果取得年份	成果检验期/年	获奖时所属研究机构	机构现有/历史上获得诺贝尔奖的人数/人	研究开展形式
2000	阿尔维德·卡尔森（1923—，男，瑞典）	77	发现神经系统中的信号传导	1941年，进入瑞典隆德大学学习医学；1951年，获瑞典隆德大学医学与哲学博士学位	1944年，任瑞典隆德大学药理学研究助理；1951年，任瑞典隆德大学助理教授；1956年，任瑞典隆德大学副教授；1959年，任瑞典哥德堡大学药理学教授（1959～1989年担任院长）；1989年退休；1955～1956年，担任美国心脏研究所化学药理学实验室访问学者	瑞典加特伯格大学药理学教授；苏黎世大学兼免疫学研究所所长	临床医学、化学、药理学	1957	43	瑞典哥德堡大学	1	独立
	保罗·格林加德（1925—，男，美国）	75		1948年，获汉密尔顿学院数学物理学学士学位；1953年，获美国约翰·霍普金斯大学医学博士学位	1953～1959年，分别在伦敦大学、剑桥大学、英国国家医学研究所、美国国立卫生研究院进行博士后工作；1959～1967年，纽约阿德斯雷市Geigy研究实验室生物化学部主任；1961～1970年，纽约爱因斯坦医学院药理学访问副教授和教授；1968～1983年，耶鲁大学医学院药理学和精神病学教授；1983年，洛克菲勒大学分子与细胞神经科学实验室教授兼主任	洛克菲勒大学分子与细胞神经科学实验室主任兼教授	数学物理学、生物化学	1972	28	美国洛克菲勒大学	24	独立

续表

获奖年份	获奖者	获奖时年龄/岁	获奖原因	受教育经历	工作经历	学术任职	学科背景	标志性成果取得年份	成果检验期/年	获奖时所属研究机构	机构现有/历史上获得诺贝尔奖的人数/人	研究开展形式
2000	艾瑞克·坎德尔（1929—，男，美国）	71	发现神经系统中的信号传导	1944 年，在哈佛大学主修历史与文学；1956 年，获纽约大学医学院医学博士学位	1960～1964 年，哈佛大学医学院神经病科住院医生；1964～1965 年，哈佛大学医学院员工心理医生；1965～1974 年，纽约大学生理和精神病学副教授；1974 年，哥伦比亚大学生理和精神病学教授；1992 年，哥伦比亚大学生物化学和分子生物物理学教授；1974～1983 年，哥伦比亚大学神经生物学和行为中心主任；1983 年，哥伦比亚大学教授；1984 年，哥伦比亚大学、霍华德·休斯医学研究所高级研究员	哥伦比亚大学教授、高级研究员；霍华德·休斯医学研究所高级研究员	历史与文学、临床医学	1962	38	美国哥伦比亚大学	101	独立
2001	利兰·哈特韦尔（1939—，男，美国）	62	发现细胞周期的关键调节因子	1961 年，获加州理工学院理学学士学位；1964 年，获麻省理工学院医学博士学位	1965～1968 年，任加利福尼亚大学副教授；1968 年，任华盛顿大学副教授和正教授；1997 年，任弗雷德·哈钦森癌症研究中心主席及主任	弗雷德·哈钦森癌症研究中心主席及主任	物理学、生物化学、化学、遗传学	1971	30	美国弗雷德·哈钦森癌症研究中心	1	独立
	蒂姆·亨特（1943—，男，英国）	58		1964 年，获剑桥大学文学学士，1968 年，获剑桥大学医学博士学位	1991～2010 年，英国帝国癌症研究基金会克莱尔霍尔实验室首席科学家	英国帝国癌症研究基金会克莱尔霍尔实验室首席科学家	生物化学	1982	19	英国帝国癌症研究基金会	2	合作

续表

获奖年份	获奖者	获奖时年龄/岁	获奖原因	受教育经历	工作经历	学术任职	学科背景	标志性成果取得年份	成果检验期/年	获奖时所属研究机构	机构现有/历史上获得诺贝尔奖的人数/人	研究开展形式
2001	保罗·纳斯（1949—，男，英国）	52	发现细胞周期的关键调节因子	1970年，获伯明翰大学生物化学学士学位；1973年，获东英吉利大学博士学位	1984年，加入英国癌症研究中心帝国癌症研究基金会实验室；1988年，牛津大学微生物系主任；1993年，作为研究部主任返回英国帝国癌症研究基金会；1996年，任英国帝国癌症研究基金会主任、细胞周期实验室负责人；2003年，任洛克菲勒大学校长；2010年，成为伦敦弗朗西斯·克里克研究所首任董事兼首席执行官，并担任英国皇家学会会长	洛克菲勒大学校长、英国帝国癌症基金会主任	生物化学	1976	25	英国帝国癌症研究基金会	2	合作
2002	悉尼·布伦纳（1927—，男，南非）	75	发现器官发育和细胞程序性死亡的遗传调控机理	1947年，获南非威特沃特斯兰德大学理学硕士；1951年，获南非威特沃特斯兰德大学医学博士；1954年，获英国牛津大学哲学博士学位	1986～1991年，英国剑桥大学医学研究理事会分子生物学实验室主任；1996年，任分子科学研究所所长首席科学家；2000年，任索尔克生物研究所杰出教授	医学研究理事会分子生物学实验室主任	生物学	1977	25	英国剑桥大学	90	合作
2002	罗伯特·霍维茨（1947—，男，美国）	55		1972年，获哈佛大学生物学硕士学位；1974年，获哈佛大学生物学博士学位	1978年，麻省理工学院助理教授；1981年，麻省理工学院副教授；1986年，麻省理工学院教授；1988年，霍华德·休斯医学研究所研究员；麻省理工学院研究员；社会科学家与公众委托人理事会理事长	麻省理工学院研究员；社会科学家与公众委托人理事会理事长	生物学	1977	25	美国麻省理工学院	83	合作

续表

获奖年份	获奖者	获奖时年龄/岁	获奖原因	受教育经历	工作经历	学术任职	学科背景	标志性成果取得年份	成果检验期/年	获奖时所属研究机构	机构现有/历史上获得诺贝尔奖的人数/人	研究开展形式
2002	约翰·E. 苏尔斯顿（1942—，男，英国）	60	发现器官发育和细胞程序性死亡的遗传调控机理	1963，获剑桥大学学士学位；1966，获剑桥大学博士学位	1966～1969 年，索尔克生物研究所博士后研究员；1969 年，英国医学研究理事会分子生物学实验室科学家；1992～2000 年，英国剑桥桑格中心主任；2012 年，曼彻斯特大学科学-伦理创新研究中心主任	曼彻斯特大学科学-伦理创新研究中心主任	有机化学、分子生物学	1977	25	英国剑桥大学	90	合作
2003	保罗·劳特伯（1929—2007，男，美国）	74	在核磁共振成像方面的发现	1951 年，获凯斯理工学院理学学士学位；1962 年，获匹兹堡大学化学博士学位	1969～1985 年，纽约州立大学石溪分校化学放射学教授；1985～1990 年，伊利诺伊大学医学院教授；1985 年起，任伊利诺伊大学生物医学磁共振实验室教授兼主任	伊利诺伊大学医学院生物医学磁共振实验室教授兼主任	化学	1973	34	伊利诺伊大学厄巴纳-香槟分校	24	独立
	彼得·曼斯菲尔德（1933—，男，英国）	70		1959 年，获伦敦玛丽女王大学理学士学位；1959～1962 年，获伦敦玛丽女王大学物理学博士学位	1962～1964 年，伊利诺伊大学物理学院研究助理；1964 年，诺丁汉大学物理学讲师；1968 年，诺丁汉大学物理学高级讲师；1970 年，诺丁汉大学物理学高级讲师；1972～1973 年，马克斯·普朗克科学促进学会医学研究高级访问学者；1979 年，诺丁汉大学物理学教授；1983～1988 年，医学研究理事会教授研究员；1988～1994 年，恢复在诺丁汉大学的物理学教授职位；1994 年，诺丁汉大学物理学名誉教授	医学研究理事会教授研究员、医学磁共振学会会长	物理学	1977	26	诺丁汉大学	2	独立

续表

获奖年份	获奖者	获奖时年龄/岁	获奖原因	受教育经历	工作经历	学术任职	学科背景	标志性成果取得年份	成果检验期/年	获奖时所属研究机构	机构现有/历史上获得诺贝尔奖的人数/人	研究开展形式
2004	理查德·阿克塞尔（1946—，男，美国）	58	发现嗅觉受体和嗅觉系统的组织方式	1967年，获哥伦比亚大学学士学位；1970年，获约翰·霍普金斯医学研究所医学博士学位	1984年，霍华德·休斯医学研究所研究员；1999年，哥伦比亚大学教授	哥伦比亚大学教授、霍华德·休斯医学研究所研究员	分子生物学、遗传学	1991	13	哥伦比亚大学	101	合作
	琳达·巴克（1947—，女，美国）	57		1975年，获华盛顿大学心理学学士学位；1975年，获华盛顿大学生物学学士学位；1980年，获得克萨斯大学西南医学中心免疫学博士学位	1980～1984年，哥伦比亚大学博士后；1984～1991年，霍华德·休斯医学研究所助教；1991～1996年，哈佛医学院神经生物学助理教授；1994～1997年，霍华德·休斯医学研究所助理研究员；1996～2001年，哈佛医学院神经生物学副教授；1997～2000年，霍华德·休斯医学研究所助理研究员；2001年，霍华德·休斯医学研究所研究员；2001～2002年，哈佛医学院教授；2002年，弗雷德·哈钦森癌症研究中心会员；2003年，华盛顿大学生理学与生物物理学教授	华盛顿大学生理学与生物物理学教授	心理学、微生物学、免疫学	1991	13	美国弗雷德·哈钦森癌症研究中心	2	合作

续表

获奖年份	获奖者	获奖时年龄/岁	获奖原因	受教育经历	工作经历	学术任职	学科背景	标志性成果取得年份	成果检验期/年	获奖时所属研究机构	机构现有/历史上获得诺贝尔奖的人数/人	研究开展形式
2005	巴里·马歇尔（1951—，男，澳大利亚）	54	发现幽门螺杆菌及其在胃炎和胃溃疡中所起的作用	1968～1974年，获西澳大利亚大学医学学士、外科学学士学位	1985～1986年，澳大利亚国家健康与医疗研究委员会研究员，皇家珀斯医院胃肠病学医生；1986～1994年，弗吉尼亚大学研究员、医学教授；1996年，弗吉尼亚大学内科医学教授；1997年，西澳大利亚大学临床教授；1999年，临床微生物学教授；2003年，澳大利亚国家健康与医疗研究委员会高级研究员	澳大利亚国家健康与医疗研究委员会研究员	临床医学	1984	21	西澳大利亚大学、澳大利亚国家健康与医学研究委员会	1	合作
	罗宾·沃伦（1937—，男，澳大利亚）	68		1961年，获阿德莱德大学医学学士、外科学学士学位	1961年，供职于南澳大利亚伍德威尔市伊丽莎白皇后医院；1962年，阿德莱德医学与兽医学研究所注册血液病学和临床病理学医师；1964～1966年，墨尔本皇家医院注册临床病理学医生；1966～1968年，墨尔本皇家医院注册病理学医生；1967年，澳大利亚皇家病理学院研究员；1968～1999年，珀斯皇家医院病理学家；现已退休	澳大利亚皇家病理学院研究员	临床医学	1983	22	澳大利亚皇家阿德莱德医院	1	合作
2006	安德鲁·法尔（1959—，男，美国）	47	发现了RNA干扰——双链RNA引发的沉默现象	1978年，获加利福尼亚大学伯克利分校数学学士；1983年，获麻省理工学院生物学博士学位	1982年，剑桥大学博士后；1989～2003年，华盛顿卡内基研究所科学工作人员；1989～2009年，约翰·霍普金斯大学助理教授、生物学教授（兼任）；2003年至今，斯坦福大学医学院病理学和遗传学教授	斯坦福大学癌症研究所成员	数学、生物学	1998	8	美国斯坦福大学	58	合作

续表

获奖年份	获奖者	获奖时年龄/岁	获奖原因	受教育经历	工作经历	学术任职	学科背景	标志性成果取得年份	成果检验期/年	获奖时所属研究机构	机构现有/历史上获得诺贝尔奖的人数/人	研究开展形式
2006	克雷格·梅洛（1960—，男，美国）	46	发现了RNA干扰——双链RNA引发的沉默现象	1982年，获美国布朗大学生物化学学士；哈佛大学生物学博士	弗雷德·哈钦森癌症研究中心博士后；1994年，马萨诸塞大学医学院分子医学教授	马萨诸塞大学医学院分子医学教授、霍华德·休斯医学研究所研究员、RNA治疗研究所主任	生物化学、分子生物学	1998	8	美国马萨诸塞大学	1	合作
2007	马里奥·卡佩奇（1937—，男，美籍犹太裔）	70	在利用胚胎干细胞引入特异性基因修饰的原理上的发现	1961年，获安提阿大学物理学和化学学士学位；1967年，获哈佛大学生物物理学博士学位	1967～1969年，哈佛大学学者学会初级研究员；1969年，哈佛大学医学院生物化学系助理教授；1971年晋升为副教授；1973年进入犹他大学任教；1988～2011年，霍华德·休斯医学研究所研究员	犹他大学医学部人类遗传学教授、美国国家科学院院士	政治学、分子生物学	1989	18	美国犹他大学	6	独立
	马丁·约翰·埃文斯（1941—，男，英国）	66		1963年，获剑桥大学基督学院文学学士学位；1969年，获伦敦大学学院解剖与胚胎系博士学位	1969年，伦敦大学学院人体解剖及组织胚胎学讲师；1980年，剑桥大学遗传学助理教授；1985年，怀特黑德生物医学研究所访问学者；1990年，剑桥大学圣埃德蒙学院成员；1999～2007年，卡迪夫大学哺乳动物遗传学教授和生物科学学院院长；2009年，卡迪夫大学校长；2017年退休	卡迪夫大学生物科学学院院长、卡迪夫大学校长	化学、动物学、生物化学	1981	26	英国卡迪夫大学	2	独立

续表

获奖年份	获奖者	获奖时年龄 / 岁	获奖原因	受教育经历	工作经历	学术任职	学科背景	标志性成果取得年份	成果检验期 / 年	获奖时所属研究机构	机构现有 / 历史上获得诺贝尔奖的人数 / 人	研究开展形式
2007	奥利弗·史密斯（1925—，男，美国）	82	在利用胚胎干细胞引入特异性基因修饰的原理上的发现	1946 年，获牛津大学生理学学士学位及化学的第二学位；1951 年，获牛津大学贝列尔学院生物化学文学硕士和哲学博士	1953 ～ 1960 年，多伦多大学康诺特医学研究实验室助理研究员；1960 ～ 1988 年，威斯康星大学遗传与医学遗传系助理教授；1988 年，北卡罗来纳大学病理学教授	北卡罗来纳大学病理学教授、美国国家科学院院士、美国艺术与科学院院士	生理学、化学、生物化学	1989	18	美国北卡罗来纳大学	1	独立
2008	哈拉尔德·楚尔·豪森（1936—，男，德国）	72	发现了导致子宫颈癌的人乳头状瘤病毒	1955 年，先后在波恩大学、汉堡大学工作及杜塞尔多夫大学学习医学，并于 1960 年获得杜塞尔多夫大学医学博士学位	1962 年，杜塞尔多夫大学微生物研究所科研助理；1965 年，在美国费城儿童医院病毒实验室工作；随后成为宾夕法尼亚大学助理教授；1969 年，维尔茨堡大学教授，并在病毒学研究所工作；1972 年，执教埃尔朗根－纽伦堡大学；1977 年，执教弗莱堡大学；1983 年，被任命为德国癌症研究中心科学主任；2003 年退休	德国癌症研究中心主席	医学、病毒学	1984	24	德国埃尔朗根–纽伦堡大学	1	独立
	弗朗索瓦丝·巴尔·西诺西（1947—，女，法国）	61	发现人类免疫缺陷病毒（即艾滋病病毒）	1966 年，进入法国巴黎大学学习；1974 年，获病毒学博士学位	1974 年，在法国国家卫生研究院从事逆转录病毒和肿瘤关系的研究；1988 年，获法国巴斯德研究所的教授职位	国际艾滋病协会主席·巴斯德研究所病毒学系“逆转录病毒感染调控”实验室负责人；美国国家科学院院士	病毒学	1983	29	法国巴斯德研究所	10	合作

续表

获奖年份	获奖者	获奖时年龄/岁	获奖原因	受教育经历	工作经历	学术任职	学科背景	标志性成果取得年份	成果检验期/年	获奖时所属研究机构	机构现有/历史上获得诺贝尔奖的人数/人	研究开展形式
2008	吕克·蒙塔尼（1932—，男，法国）	76	发现人类免疫缺陷病毒（即艾滋病病毒）	1953年，获普瓦捷大学自然学科学士学位；1955年，获巴黎大学理学学士学位；1960年，获巴黎大学医学博士学位	1955，索邦大学助理；1982年，应巴黎比夏医院邀请，研究艾滋病毒；1983年，加入罗伯特任组长的研究小组，成功分离出艾滋病病毒；法国巴斯德研究所病毒部教授	巴黎大学教授、法国巴斯德研究所病毒部教授	免疫学、病毒学	1983	29	法国巴斯德研究所病毒部	10	合作
2009	伊丽莎白·布莱克本（1948—，女，澳大利亚、美国双重国籍）	61	发现端粒和端粒酶如何保护染色体	1970年、1972年，分别获墨尔本大学学士和硕士学位；1975年，获英国剑桥大学生物学博士学位	1978～1990年，加利福尼亚大学伯克利分校分子生物学教授；1990～1993年，加利福尼亚大学旧金山分校生物化学、生物物理学、微生物学和免疫学教授；1993～1999年，加利福尼亚大学旧金山分校医学院微生物学和免疫学系主任	美国细胞生物学学会主席、索尔克生物研究所所长	生物学、遗传学	1985	24	美国加利福尼亚大学旧金山分校	1	合作
	卡罗尔·格雷德（1961—，女，美国）	48		1979年，获加利福尼亚大学圣塔芭芭拉分校生物学学士学位；1987年，获加利福尼亚大学伯克利分校博士学位；博士毕业后，在冷泉港实验室开展博士后研究工作	1993年，就职于约翰·霍普金斯大学医学院；2004年，任约翰·霍普金斯大学分子生物学与遗传学系教授兼系主任	约翰·霍普金斯大学分子生物学与遗传学系教授	分子生物学和遗传学	1985	24	美国约翰·霍普金斯大学医学院	36	合作

续表

获奖年份	获奖者	获奖时年龄/岁	获奖原因	受教育经历	工作经历	学术任职	学科背景	标志性成果取得年份	成果检验期/年	获奖时所属研究机构	机构现有/历史上获得诺贝尔奖的人数/人	研究开展形式
2009	杰克·绍斯塔克（1952—，男，美国）	57	发现端粒和端粒酶如何保护染色体	1972 年，获麦吉尔大学细胞生物学学士学位；1977 年，获康奈尔大学生物化学博士学位；1977 ～ 1979 年，在康奈尔大学从事博士后研究	1979 年，就职于哈佛医学院并任丹娜－法伯癌症研究院助理教授；1988 年，哈佛大学医学院教授；2000 年，兼任麻省总医院亚历山大·里奇研究院研究员；1998 ～ 2008 年，霍华德·休斯医学研究所研究员	哈佛医学院、霍华德·休斯医学研究所教授	遗传学	1985	24	美国哈佛大学	151	合作
2010	罗伯特·爱德华兹（1925—2013，男，英国）	85	在试管婴儿方面的研究	1948 年，毕业于班戈大学；1955 年，获爱丁堡大学医学博士学位；1955 ～ 1958 年，在加州理工学院从事博士后研究	1958 年，英国国家医学研究院研究员；1963 年，在英国剑桥大学任职，退休后任剑桥大学名誉教授直至逝世	英国皇家学会会员	生物学、医学	1978	32	英国剑桥大学	90	独立
2011	布鲁斯·巴特勒（1957—，男，美国）	54	对于先天免疫机制激活的发现	1976 年，获加利福尼亚大学圣迭戈分校学士学位；1981 年，获芝加哥大学医学博士学位；1983 ～ 1986 年，洛克菲勒大学助理教授、博士后	1985 年，洛克菲勒大学助理教授；1984 ～ 1986 年，担任洛克菲勒大学助理医师；1986 年，任得克萨斯大学西南医学中心内科部助理教授，霍华德·休斯医学研究所助理研究员；1996 年成为正式教授；2000 年，任斯克利普斯研究所免疫学部教授；2007 年，斯克利普斯研究所遗传学部主席	得克萨斯大学西南医学中心宿主防御遗传学研究中心主任、斯克利普斯研究所教授和遗传学部主席	免疫学、遗传学	1993	18	美国斯克利普斯研究所	1	合作

续表

获奖年份	获奖者	获奖时年龄/岁	获奖原因	受教育经历	工作经历	学术任职	学科背景	标志性成果取得年份	成果检验期/年	获奖时所属研究机构	机构现有/历史上获得诺贝尔奖的人数/人	研究开展形式
2011	朱尔斯·霍夫曼（1941—，男，法国）	70	对于先天免疫机制激活的发现	1969年，获斯特拉斯堡大学生物学博士学位；1973～1974年，在德国马尔堡大学生物化学研究所做博士后研究	1964～1968年，担任法国国家科学研究院助理研究员；1969年成为联合研究员；1974年开始，成为法国国家科学研究院的一名研究主任；1978～2005年，担任法国国家科学研究院昆虫免疫反应与发展联合研究的主任；1993～2005年，担任法国国家科学研究院分子与细胞生物研究所主任	法国斯特拉斯堡大学、法国国家科学研究院研究员	细胞生物学	1993	18	法国斯特拉斯堡大学	17	合作
2011	拉尔夫·斯坦曼（1943—2011，男，加拿大）	68	发现树突细胞和其在获得性免疫中的作用	1963年，获麦吉尔大学科学学士；1968年，获哈佛医学院医学博士学位；1970年，洛克菲勒大学生理学与免疫学实验室博士后	1970年，就职于洛克菲勒大学；1988年，任免疫学教授；1998年，任免疫学和免疫疾病中心主任	美国国家科学院和医学研究所研究员	免疫学、细胞生物学	1973	38	美国洛克菲勒大学	24	独立
2012	约翰·伯特兰·格登（1933—，男，英国）	79	发现成熟细胞可被重写成多功能细胞	1953年，牛津大学基督学院；在牛津大学获得发育生物学博士学位	1971～1983年，剑桥大学英国医学研究理事会分子生物学实验室；1991～1995年，纳菲尔德生命伦理委员会	英国皇家学会院士	动物学	1962	50	英国剑桥大学	90	独立
2012	山中伸弥（1962—，男，日本）	50	发现成熟细胞可被重写成多功能细胞	1987年，获神户大学医学博士学位；1993年，获大阪市立大学药理学博士学位	1996年，大阪市立大学医学院助理教授；1999年，奈良先端科学技术大学院大学副教授；2003年正教授；2004年，在京都大学任教；2008年，京都大学iPS细胞研究与应用中心主任兼教授	京都大学iPS细胞研究与应用中心主任、京都大学再生医科研究所干细胞生物系教授、格拉斯通研究所高级研究员、诱导多能干细胞研究中心主任	遗传学	2006	6	日本京都大学	8	独立

续表

获奖年份	获奖者	获奖时年龄/岁	获奖原因	受教育经历	工作经历	学术任职	学科背景	标志性成果取得年份	成果检验期/年	获奖时所属研究机构	机构现有/历史上获得诺贝尔奖的人数/人	研究开展形式
2013	詹姆斯·罗斯曼（1950—，男，美国）	63	发现了细胞囊泡运输与调节机制	1967 年，获耶鲁大学物理学学士学位；1971 年，获哈佛大学生物化学博士学位	1976 年，麻省理工学院博士后；1978 ～ 1988 年，斯坦福大学生物化学系教授；1988 年，普林斯顿大学分子生物系讲席教授；1991 年，纪念斯隆－凯特琳癌症研究中心副主席，2003 年，哥伦比亚大学生理学教授，哥伦比亚大学生物学中心主任；2008 年，耶鲁大学教授	通用电气医疗集团首席科学顾问、哥伦比亚大学化学生物系主任	物理学、生物化学	1993	20	美国耶鲁大学	52	独立
	兰迪·谢克曼（1948—，男，美国）	65		1971 年，获加利福尼亚大学洛杉矶分校分子科学文学学士；1975 年，获斯坦福大学分子生物学博士学位	1984 ～ 1994 年，斯坦福大学助理教授和教授；1991 年，霍华德·休斯医学研究所和加利福尼亚大学伯克利分校生物化学与分子生物学部、分子与细胞学部研究员和教授	霍华德·休斯医学研究所研究员	分子生物学	1991	22	美国加利福尼亚大学伯克利分校	69	合作
	托马斯·苏德霍夫（1955—，男，德国、美国）	58		1982 年，获哥廷根大学医学和神经化学博士学位	1983 年，在得克萨斯大学西南医学中心做博士后研究；1991 年，霍华德·休斯医学研究所研究员；2008 年，斯坦福大学分子和细胞生理学、精神病学、神经病学教授	斯坦福大学分子和细胞生理学教授	医学、神经化学	1993	20	美国斯坦福大学	58	合作

续表

获奖年份	获奖者	获奖时年龄/岁	获奖原因	受教育经历	工作经历	学术任职	学科背景	标志性成果取得年份	成果检验期/年	获奖时所属研究机构	机构现有/历史上获得诺贝尔奖的人数/人	研究开展形式
2014	约翰·奥基夫（1939—，男，美国、英国）	76	发现构成大脑定位系统的细胞	1963年，获纽约城市大学文学学士学位；1967年，获加拿大麦吉尔大学生理心理学博士学位	1967年，在伦敦大学学院做博士后研究；1987年，任伦敦大学学院认知神经学教授	伦敦大学学院认知神经学教授	生理心理学	1978	36	英国伦敦大学学院	73	独立
	爱德华·莫索尔（1962—，男，挪威）	52		1990年，获奥斯陆大学心理学学士学位；1995年，获奥斯陆大学神经生理学博士学位	1994～1996年，爱丁堡大学神经科学中心博士后，伦敦大学学院访问学者；1996年，挪威科技大学生物心理学助理教授；1998年，挪威科技大学神经学教授；2002年，建立挪威科技大学记忆生物学中心；2007年，挪威科技大学卡夫利系统神经科学研究所和记忆生物学中心创始主任	挪威科技大学卡夫利系统神经科学研究所和记忆生物学中心创始主任	心理学、神经生理学、数学、统计学	1998	16	挪威科技大学	4	合作
	梅·布莱特·莫索尔（1963—，女，挪威）	51		1990年，获奥斯陆大学心理学文学学士学位；1995年，获奥斯陆大学神经生理学博士学位	1994～1996年，爱丁堡大学神经科学中心博士后；1996年，挪威科技大学生物心理学助理教授；2000年，挪威科技大学神经系统学教授；2002年，建立挪威科技大学记忆生物学中心；2007年，挪威科技大学卡夫利系统神经科学研究所	挪威科技大学卡夫利科系统神经科学研究所和记忆生物学中心创始主任	心理学、神经生理学	1998	16	挪威科技大学	4	合作

续表

获奖年份	获奖者	获奖时年龄/岁	获奖原因	受教育经历	工作经历	学术任职	学科背景	标志性成果取得年份	成果检验期/年	获奖时所属研究机构	机构现有/历史上获得诺贝尔奖的人数/人	研究开展形式
2015	威廉·坎贝尔（1930—，男，爱尔兰、美国双重国籍）	85	关于针对蛔虫寄生虫引起的感染的新疗法的发现	1952 年，毕业于爱尔兰都柏林大学圣三一学院；1957 年，获美国威斯康星大学麦迪逊分校博士学位	1957～1990 年，工作于美国默克公司的研究所；1984～1990 年，晋升为该所的首席科学家和研究发展首席分析师；1990～2010 年，为美国新泽西州德鲁大学麦迪逊分校的名誉教授	美国新泽西州德鲁大学麦迪逊分校名誉教授	微生物学	1975	40	美国默克公司	1	合作
	大村智（1935—，男，日本）	80		1968 年，获东京大学药学博士学位；1970 年，获东京理科大学化学博士学位	1975～2007 年，任教于日本北里大学；2008～2012 年，任北里大学研究所名誉主席	美国微生物学士院会员、德国自然科学院院士、美国国家科学院外籍院士、日本学士院院士、法国国家科学研究院外籍院士和中国工程院外籍院士	微生物、微生物制药	1974	41	日本北里大学	1	合作
	屠呦呦（1930—，女，中国）	85	发现治疗疟疾的新疗法	1951 年，考入北京大学，在医学院药学系学习；1955 年，毕业于北京医学院（今北京大学医学部）	1955 年毕业后曾接受两年半中医培训，并一直在中国中医研究院（2005 年更名为中国中医科学院）工作，其间先后晋升为硕士生导师、博士生导师，现为中国中医科学院首席科学家	中国中医研究院终身研究员兼首席研究员、青蒿素研究开发中心主任	生物医药	1972	43	中国中医研究院	1	独立

续表

获奖年份	获奖者	获奖时年龄/岁	获奖原因	受教育经历	工作经历	学术任职	学科背景	标志性成果取得年份	成果检验期/年	获奖时所属研究机构	机构现有/历史上获得诺贝尔奖的人数/人	研究开展形式
2016	大隅良典（1945—，男，日本）	52	在细胞自噬机制方面的发现	1967年和1974年，分别获东京大学理学学士学位及理学博士学位；1974～1977年，在洛克菲勒大学做博士后研究工作	1977年，日本东京大学研究助理，1988年升为副教授；1996年，日本国立基础生物学研究所教授；1996～2009年，日本国立基础生物学研究所教授；2004～2009年，日本综合研究大学院教授	日本东京工业大学前沿研究中心特聘教授与荣誉教授	分子生物学	1992	24	日本东京工业大学	2	合作
2017	杰弗理·霍尔（1945—，男，美国）	72	发现了控制昼夜节律分子机制	1971年，获华盛顿大学遗传学博士学位；1971～1973年，在加州理工学院做博士后研究	1974年，加入布兰迪斯大学任教，1986年晋升为教授；2002年，加入美国缅因大学任教，目前已退休	美国国家科学院院士、美国艺术与科学院院士	遗传学与果蝇高等行为的分子神经生物学	1984	33	美国布兰迪斯大学	5	合作
	迈克尔·罗斯巴殊（1944—，男，美国）	73		1970年，获麻省理工学院生物物理学博士学位；1972～1974年，在英国爱丁堡大学动物遗传研究所从事博士后研究工作	1973～1980年，在布兰迪斯大学生物学系任助理教授；1980～1986年为副教授，1986年起为教授；2012年，荣获彼得·格鲁伯神经科学讲座教席	美国国家科学院院士	RNA加工和分子神经生物学	1984	33	美国布兰迪斯大学	5	合作
	迈克尔·杨（1949—，男，美国）	68		1975年，获美国德州大学博士学位；1975～1977年，在美国斯坦福大学做博士后研究	1978年起，任职于美国洛克菲勒大学；2004年起，荣获理查德和珍妮－费舍尔讲座教席	美国国家科学院院士	遗传学、医学	1984	33	美国洛克菲勒大学	36	合作

四、2000～2017年诺贝尔奖获奖者基本情况统计汇总

统计项目		物理学奖	生理学或医学奖	化学奖	总体
总获奖人数		48 人	45 人	46 人	139 人
国籍		美国（27 人），俄罗斯（4 人），日本（6 人），德国（4 人），英国（8 人），法国（2 人），加拿大（2 人），澳大利亚（1 人），比利时（1 人），荷兰（1 人）	美国（23 人），英国（8 人），法国（3 人），澳大利亚（3 人），德国（2 人），挪威（2 人），加拿大（1 人），日本（3 人），瑞典（1 人）爱尔兰（1 人），中国（1 人）	美国（24 人），日本（6 人），以色列（4 人），德国（3 人），英国（4 人），法国（2 人），瑞士（2人），奥地利（1 人），荷兰（1 人），土耳其（1 人），瑞典（1 人）	美国（75 人），日本（15 人），英国（20 人），德国（9 人），法国（7 人），俄罗斯（4 人），澳大利亚（4 人），以色列（4 人），加拿大（3 人），挪威（2 人），比利时（1 人），荷兰（1 人），瑞士（1 人），瑞典（1 人），南非（1 人），奥地利（1 人），新西兰（1 人），中国（1 人），爱尔兰（1 人），土耳其（1 人）
学历 / 人	博士	47	39	41	124
	非博士	1	3	2	7
获奖时年龄 / 岁	平均	67.6	65.3	67.2	66.7
	最大	88	85	85	86
	最小	36	46	43	41.7
标志性成果取得时年龄 / 岁	平均	38.2	40.2	40.6	39.7
	最大	65	64	63	64
	最小	22	24	26	24
成果检验期 / 年	平均	29.2	27.6	25.2	27.3
	最长	53	50	42	48.3
	最短	6	6	5	5.7
	理论	38.85	—	—	—
	实验 / 技术	24.70	—	—	—

注：部分诺贝尔奖获得者拥有双国籍；2000 ～ 2017 年诺贝尔化学奖和生理学或医学奖获奖者的研究基本属于创新性和实验性的研究，因此，没有对这两个学科做研究领域类型的归类和相关统计

第四章 案例分析

课题组选择了27位（组）诺贝尔奖获得者进行案例的深度研究，从这些诺贝尔奖获得者身上可以发现，有些获奖者是在某一具体领域耕耘多年并从一而终最终取得成功的；有些获奖者未曾在高校和学术圈中浸染，而是从产业界等非传统路径走出来的；也有些获奖者保有良好的跨领域（国际）合作研究关系。

从选择这些诺贝尔奖获得者的研究原因上，我们可以了解到每个案例的不同侧重点和价值点。

第一节　诺贝尔物理学奖案例分析

案例 1　集成电路的开拓者

——2000 年诺贝尔物理学奖获得者杰克·基尔比（Jack Kilby）

获奖原因：通过一系列的构想和实验，杰克·基尔比于1958年9月成功制成了集中在一块晶体上的微型电路，在发明和开发集成电路芯片方面做出了重要贡献。集成电路的发明，使微电子元件成为所有现代技术的基础。

研究价值点：在取得研究成果42年后，杰克·基尔比才摘得诺贝尔奖桂冠。如此漫长的成果检验期在诺贝尔奖历史上较为罕见，加之他是诺贝尔物理学奖获得者中为数不多的一个全新产业开创者，全面剖析此案例，对我国当前的产学研合作研究有一定的启示和借鉴意义。

- **国籍：**美国
- **出生年份：**1923年
- **获奖时年龄：**77岁
- **标志性成果取得年份：**1958年
- **成果检验期：**42年
- **学科背景：**电子工程
- **研究领域类型：**创新领域、实验研究
- **受教育经历：**1947年，从伊利诺伊大学毕业；1950年，获威斯康星大学密尔沃基分校电子工程硕士学位
- **工作经历：**1947～1958年在威斯康星州密尔沃基的中央实验室工作；1958～1970年在得克萨斯州达拉斯的得州仪器公司工作；1970年11月从得州仪器公司离

职，但继续为其担任兼职顾问；1978～1984年在得克萨斯农工大学担任电机工程学特聘教授

◆ **资金来源：**得州仪器公司

一、生平与工作经历

杰克·基尔比的生平经历是典型的美国工程师的生平经历。他在电子仪器专业领域学习和工作，参加产业技术研讨会，选择一个创新性的应用实验物理领域，完成了集成电路的重大发明，使微电子元件成为现代技术的基础。

（一）家庭背景和学习经历

杰克·基尔比于1923年出生于美国密苏里州杰斐逊城，童年的大多数时光，他都是在堪萨斯州的一个小镇上度过的。他的父亲是一位电气工程师，因工作刻苦、善于管理而逐步被提拔，直至成为堪萨斯电力公司的总裁。正因为有这样的家庭背景，基尔比自小就同电子学结下了不解之缘。他经常随父母一同出游，他们去的最多的地方就是巨型发电站，他还经常同父亲一道钻到那些沾满油污的大型发电机和变压器的内部去排查故障。这些经历使得儿童时期的基尔比对电流、电压、电阻、电容、变压器等产生了浓厚的兴趣，同时也使得他的动手能力得到了一定程度的锻炼，从而让他从小就能够在一些复杂问题面前处变不惊。

1941年，基尔比报考了麻省理工学院，但遗憾的是，因为差3分而未能入学，只好仓促地转入他父母的母校——伊利诺伊大学。“珍珠港事件”爆发后，基尔比被派到缅甸和印度战场，从事他所擅长的无线电收发报工作并兼任无线电通信设备维修管理员，从而中断了学业。直到第二次世界大战后的1947年，他才有机会以一般性成绩完成了在伊利诺伊大学的学业。

（二）工作和研究经历

像许多在晶体管技术前沿工作的工程师一样，基尔比也意识到集成电路的前途将取决于硅晶体材料的开发。1956年1月，他再一次参加于贝尔实验室举办的第三次晶体管专题研讨会。在这里，他获悉了最新的应用扩散工艺生产晶体管的技术信息，还掌握了将这项工艺运用于锗晶体和硅晶体材料开发的方法。

但要在自己公司的中心实验室安装这样的生产流水线需要一笔惊人的费用，尤其是硅晶体扩散工艺生产流水线更是所需经费巨大。估算下来，至少需投资50万美元。这对一家小型公司来说是难以做到的。于是，基尔比从1958年年初开始向其他公司发函并寄去个人简历，期望寻找到一位新雇主帮助自己实现电子电路微型化的理想。经过多次接洽，他决定到一家处于硅晶体管研究前沿并勇于开拓的公司就职，这就是位于得克萨斯州的得州仪器公司。

在其他员工享受为期两周的集体度假期间，作为公司的新雇员，基尔比只能独自一人在公司的实验大楼工作。他在日记中写道："这些天来，得州仪器公司有一个集体度假规定，没有人愿意拿出度假时间和我一同工作，由于我是一位新加盟者，还不能享受集体度假的福利，因而在这段时期我只能被留在人去楼空的公司里干我自己该干的活。"也就在此期间，他不断思考这样的问题：能否通过改变技术路径，开发出全新的制作工艺和制作材料。后来的事实表明，这是基尔比一生中最为关键的时期，他的许多关于集成电路的思想就是在这段时期爆发出来的。

1958年7月24日，基尔比的灵感突然像泉水一般涌了出来。他在日记中这样写道："包括许多电子电路的极端微型化的电路板块是能够实现的。这些包含电阻、电容、晶体管及二极管的电子电路能够集成在一个微型硅片里。"接下来他又写了整整5页纸，涉及如何将这些装置付诸实际应用，如何在生产流水线上将一个完整的电子电路生产出来，以及如何将这些完整的电子电路在硅片上集成等。

基尔比的灵感也可以被归纳为动用硅片来制作包括所有电子电路的元件。他回忆说："那时还不曾有人设想要用硅晶体材料将这些电子器件进行整体集成。当时人们所担心的问题是电阻、电容及半导体材料还未有上乘的质量，在元器件价格偏高的条件下，再将其集成起来费用将是难以估量的。"如果对此进行分步集成则是有可能的，可借助单片电路同单片电路的首尾相接，再利用批量制作的加工技术，如利用半导体材料的扩散工艺及气相沉积技术，在原则上是可行的。但基尔比所希望的是同步集成，此外，他还希望待集成的电子元件能够大幅度降价。此时，一种新型的照相平版印刷技术已经成熟并发展为随手可得的工艺，允许在硅片表面印制出更加精细和复杂的几何图案。与之相比，由得州仪器公司开发出来的绢网印刷程序就显得极其粗糙和笨拙。

当其他员工陆续度假归来时，基尔比将自己成熟的想法向公司老板威利斯·阿德考克（Willis Adcock）汇报，阿德考克建议他用这种新方法，以传统的连接方式，将导线和固体元器件在硅片上进行集成，初次尝试最基本的集成电路。基尔比接受了老板的建议，并于 1958 年 8 月底完成了这项初试任务。

接下来的工作就是在硅片上集成振荡电路，但这一次基尔比遇到了不小的麻烦。尽管得州仪器公司在研制和培育硅晶体领域曾经是作为开拓者置身于半导体工业的，但它却迟迟没有采用扩散工艺。因此，公司里根本就没有合适的硅样品供基尔比进行试验，他只能退而求其次，取锗晶体样品而代之。他用再提纯的锗晶体充当电阻，将镶于其上的一个 P-N 结当作电容，再用几根轻薄的金质导线将这些元件连接起来。基尔比承认，“它不仅看起来丑陋，而且事实上也是粗糙的。”可它毕竟能够工作。

1958 年 9 月 12 日，基尔比和阿德考克、得力助手谢泼德（M. Shepherd）及其他几位同事共同见证了这次实验。他将 10 伏特电压加在输入端的两根导线之间，只见示波器荧屏上立即出现了波澜起伏的绿色条纹，显示该振荡器的振荡频率高达 100 万赫兹。至此，集成电路的思想遂成为现实。

（三）兴趣爱好

基尔比从少年时就喜欢摄影和做木工活，这是他一生的爱好。若干年后，他在接受采访时还说：“我之所以选择它们，是因为我确实喜欢，哪一天我拍了照或做了木工，人就会觉得很放松。”

（四）获奖状况

1970 年，获美国国家科学奖；1982 年，被载入美国发明家名人堂；2000 年，与若尔斯·伊凡诺维奇·阿尔费罗夫、赫伯特·克勒默分享诺贝尔物理学奖，基尔比获得奖金总额的一半。

二、值得关注的价值点和问题点

（一）个人特质

1. 家庭动因

基尔比的父亲是一位电气工程师，从童年时起基尔比就经常同父亲一道钻到那些充满油污的大型发电机和变压器的内部去排查故障。在罗斯福政府推行新政后，美国联邦通信委员会开始为业余从事无线电收发报业务的人发放营业执照。对电子工程好奇心甚切的基尔比迷上了无线电通信，他如饥似渴地学习无线电知识，他的父亲还为他买来了这方面的图书和期刊。经过一段时间的学习，他掌握了其中的要领，不久就通过了专门为那些需要领取营业执照的无线电收发报人设置的资格考试。领取营业执照后，基尔比经营起了自己的无线电收发报业务，并给自己的无线电台取名为W9GTV。在这段时期，他以优异的成绩通过了中学的毕业考试。

工程师家庭在经济上一般无太大压力，家庭氛围也比较轻松自由，并且理性务实。在这种氛围中长大的基尔比有着很强的动手能力和追求知识的强烈欲望及好奇心，这为他日后从事应用实验领域的科学研究打下了很好的基础。

2. 性格特质

基尔比言语不多，务实谦逊，为人随和。他对技术和应用上的改进有一种特别的执着和向往。他认为，工程师仅能写出设想还不够，还要明白事理，把事理付诸实践。

3. 知识结构

基尔比虽未获得博士学位，但他自小就在电子工程领域探索，正规的大学教育也让他获得了该领域的理论基础。在大学期间，他还赶赴印度战场担任无线电通信兵，从中积累了电子实战经验，提高了应变能力。本科毕业参加工作后，他仍然在微电子和晶体管领域积极探索，通过参加各种技术研讨会及读夜校等方式进入该领域的前沿，并提出自己的思考。可以说，他具备应用研究的理论储备，甚至拥有其他高校学者不易接触到的隐性知识（如动手能力和产业界的实战经验等）。此外，基尔比还具备一定的摄影和木工水平。

（二）环境支撑

20世纪50年代初，要在日益复杂的电子系统中装进成千上万只晶体管及相应的电子元件可不是件容易的事，元件与元件之间的相互连接问题还处在探索阶段，每一只晶体管均拥有2～3根引线，相互连接时须小心翼翼地操作。此外，还需要同二极管、电容、电阻及其他必备元件相连接。这种冗长乏味的工作在当时还只能靠手工完成，通常是在生产线上由女工来操作。在拥有数千只固体器件的大型电子电路中，若有一处接头出现问题，整个电路就会陷入瘫痪状态。退一步说，即使晶体管能够取代真空管，且能够解决由真空管带来的某些问题，但它还不能解决日趋复杂和精细的电子电路中的所有问题。实际情况往往是当它解决了某个问题的同时，又会引出另一个问题。

截至 20 世纪 50 年代末，工程师和电子电路设计者还在被这个难题困扰着——通常归结为如何使整个电子电路微型化。目标已经变得非常明确，即必须使复杂的电路系统趋于最小化。换句话说，即在给定功能和给定空间的复杂电子电路中，如何使其所包含的电子元件尽可能地最大化，且让每一个单元都能独立地完成分内的工作。这是非常棘手的难题，如果解决不了，晶体管的发明价值就会大打折扣，在电子电路领域用晶体管取代电子管的期望就会落空，信息技术时代就不可能如期而至。

1. 国家环境

当时，电子电路微型化的集成电路能否早日问世已经成了继晶体管发明以来的一个必须突破的难题，而且晶体管的发明价值已经强烈地依赖于集成电路的发明。换句话说，社会对晶体管的需求现在已经转化为对集成电路的需求，尤其是对于急切需要用晶体管替代电子管的美国军方来说，对集成电路的需求更是迫在眉睫。

对集成电路有着迫切需求的美国军方迅速地采取行动，海军部率先组建了微电子工程部，紧随其后的陆军通信兵种也制订了微型电路的开发计划，都在寻求使复杂而精细的电子电路变成单元化的、可信赖的、可批量生产的、归一化的、可印刷的电路板块的方法。美国空军研究机构及时制订了分子式电子电路研究计划，目标是用一系列固体元器件组成单片集成电路。

类似于贝尔实验室这样的工业加科研的组织对集成电路也有着迫切的需求，他们大都倾向于用这些可印刷的电路板块将大量晶体管及其他的必备元件镶入其中，其技术性要求是一块完整的电路板块在功能上必须是独立的、可替代的，一旦出现故障即可被方便地替换掉。

总之，在国家层面，当时的美国军方和科学共同体都在想方设法地推动晶体管电路的微型化，并给美国的科技公司提供了大量的技术合同和订单，以此来促进共同研发。

2. 技术环境

当时已经出现了借用绢网印刷法在陶瓷片上印刷单片电子电路的技术。也有研究人员将印刷电路同活动的元器件（诸如真空管之类）相耦合，这种连接方法为电子引信提供了虽然制作粗糙但却合乎要求的微型化引爆电路。于是，基尔比开始将这种印刷技术延伸到制作无线电及电视机电路板上。

当晶体管在1948年问世之后，基尔比自然地想到了各种元器件的集成问题。特别是在聆听了著名物理学家约翰·巴丁（John Bardeen）在马奎特大学就固体物理学所做的精彩演讲后，他对晶体管技术这项研究更加兴趣盎然。

与此同时，在英国皇家雷达研究所工作的杰弗里·杜默尔（J. Dummer）在1952年5月递交给英国电子电路专题研讨会的论文中指出，“随着晶体管技术的不断发展及半导体技术逐步投入应用领域，设想由它来构成板块形式，以此组装成电子设备，且元件与元件之间不用导线相互连接，现在看起来是有可能的了。”由此看来，集成电路的初步设想当时已经存在于许多研究者的脑海里。但是经过几年的发展，仍然没有人取得重大的突破性进展，也没有人把这一设想与现实连接起来。

3. 公司环境

得州仪器公司为工程师提供了一个较为宽松自由的研究环境，鼓励工程师大胆创新。得州仪器公司每年还会拿出一定的经费支持科技前沿领域的研究。

（三）资金来源

资金主要来自得州仪器公司。

三、启示和建议

重大科技突破往往是在国家战略需求的推动下，在周边相关技术发展后，由个别具有扎实理论功底和不受传统思维束缚的科学家破冰的综合结果。

在集成电路的发明过程中，尽管杰弗里·杜默尔在1952年就已经提出了该思想，但是由于相关的外围技术尚无法支撑起将该思想变成现实，因此它也只能作为一种构想，为后续的研究者提供一种尚不确定的思路。1956年1月，基尔比在参加晶体管专题研讨会时了解到最新的应用扩散工艺生产晶体管的技术信息；1957年，一种新型的照相平版印刷技术已经成熟，它允许在硅片表面印制出更加精细和复杂的几何图案。这些都是集成电路发明之前的基础技术。

贝尔实验室的工程师认为，如果单个元器件的可信度为 0.9（也就是 90%），那么，将 N 个元器件联结起来的整体可信度则为 0.9 的 N 次方。尤其是当 N 趋于无穷大时，整体可信度趋于 0。他们认为要增强元器件的可信度需要寻找到一种绝妙的生产工艺，即尽可能地增加电子元件并减少单个元件与元件之间的连接。基尔比没有拘泥于这种法则是否真的会起作用，因为他有自己的法则。他跳出传统思维的框架，认为只要开发出新材料，通过消除这些缺陷，单个元件的可信度便可以高达 99.99%，如果将这些单个元件进行倍增，甚至于增加到 N 倍时，其可信度仍然是 99.99%（即 99.99% 的 N 次方仍然是 99.99%），如此，是可以制成可信度极高的集成电路的。

就这样，发明集成电路的里程碑式的历史荣誉自然而然地落在了杰克·基尔比身上。

案例 2　中微子探测的先驱

——2002 年诺贝尔物理学奖获得者小柴昌俊（Masatoshi Koshiba）

获奖原因：由于“在天体物理学领域做出的先驱性贡献，其中包括在探测宇宙中微子和发现宇宙X射线源方面的成就”，小柴昌俊与雷蒙德·戴维斯、里卡尔多·贾科尼共同获得2002年的诺贝尔物理学奖。小柴昌俊领导的日本神冈实验室（超级神冈探测器），独立地证实了由雷蒙德·戴维斯首先发现的太阳电子中微子与理论预言的差值，并在1987年第一次截获由超新星（SN1987A）爆发所释放的中微子，打开了天体物理中极为重要的中微子窗口。

研究价值点：小柴昌俊受业于日本首屈一指的学界巨擘——1965年诺贝尔物理学奖获得者朝永振一郎。2002年获得诺贝尔物理学奖时，小柴昌俊曾表示“希望自己指导的学生也能获奖”。此梦想在2015年由梶田隆章完成。日本的诺贝尔奖获得者大部分是由本国的教育、科研系统培养的，且具有明确的代际传承，这也保证了日裔科学家在诺贝尔奖上的高获奖率。这对于我国相关领域的研究，具有重要的启发意义。

- **国籍：**日本
- **出生年份：**1926年
- **获奖时年龄：**76岁
- **标志性成果取得年份：**1987年
- **成果检验期：**15年
- **成果所属领域：**天体物理学
- **研究领域类型：**创新领域、实验研究
- **所属研究机构：**东京大学

一、生平和工作经历

小柴昌俊，日本物理学家，日本学士院会员。现任东京大学国际基本粒子物理中心（ICEPP）高级顾问，是东京大学仅有的 5 名特别荣誉教授之一，是勋一等旭日大绶章、文化勋章获得者。

1987 年，小柴昌俊在超级神冈探测器完成了人类历史上首次中微子发生观测。2002 年，小柴昌俊与户塚洋二、梶田隆章三人同获潘诺夫斯基实验粒子物理学奖。同年因“在天体物理学领域做出的先驱性贡献，其中包括在探测宇宙中微子和发现宇宙 X 射线源方面的成就”获得诺贝尔物理学奖。

小柴昌俊是日本首位拥有双博士头衔的诺贝尔奖获得者，此外亦是日本第二位诺贝尔奖暨沃尔夫奖双料得主。

（一）家庭背景

1926 年 9 月 19 日，小柴昌俊出生于日本爱知县丰桥市，是旧日本帝国陆军大佐小柴俊男之子，小柴昌俊幼时的梦想是当军人或音乐家。12 岁时忽然罹患小儿麻痹症，后遗症造成其右臂残疾，致使他当军人或音乐家的梦想破灭。住院期间，他的导师送给他一本关于爱因斯坦的书，这激发他对物理学感兴趣，并从此走上了物理研究的道路。

（二）教育和工作经历

小柴昌俊就读于旧制第一高等学校（现东京大学教养学部）时成绩极差。

有一次他偶然听到教师议论道："小柴的成绩实在太差，即使进入东京大学，也只能读印度哲学。"小柴昌俊闻言大受刺激，遂要求室友朽津耕三（现东京大学化学学科名誉教授）担任他的家庭老师，恶补物理。最终小柴昌俊如愿考上东京大学物理学科。

读大学时，小柴昌俊的成绩依旧很差，理论物理考试成绩不佳。从东京大学毕业后，他凭借朝永振一郎的推荐信，获得傅尔布莱特奖学金到美国罗彻斯特大学留学。1955 年在美国罗彻斯特大学获得物理学博士学位，1967 年于东京大学获得理学博士学位。

（三）获奖状况

迄今，小柴昌俊已获得多项大奖，包括：1987 年，获得仁科芳雄亚洲奖；1987 年，获得朝日奖（小柴昌俊代表）；1997 年，获得洪堡研究奖；1997 年，获得日本文化勋章；1999 年，获得朝日奖（户塚洋二代表）；2000 年，获得沃尔夫物理学奖；2002 年，获得潘诺夫斯基实验粒子物理学奖（集体获奖）；2002 年，获得诺贝尔物理学奖；2003 年，获得勋一等旭日大绶章；2003 年，获得富兰克林奖章。

在 2002 年获得诺贝尔奖之后，小柴昌俊获得了许多本国的荣誉，包括明治大学荣誉博士、东京都荣誉都民、杉并区荣誉区民、横须贺市荣誉市民、杉并区立桃井第五小学校荣誉校长。东京大学理学系研究科于 2005 年设"小柴厅"来纪念他的贡献。

二、值得关注的价值点和问题点

（一）师承诺贝尔奖获得者，指导多名诺贝尔奖级学者

小柴昌俊的博士导师——朝永振一郎，是量子电动力学的奠基人之一，于 1965 年获诺贝尔物理学奖（与美国物理学家理查德·费曼及朱利安·施温格共同获得）。朝永振一郎的另一位学生南部阳一郎也是诺贝尔物理学奖获得者（2008 年与小林诚、益川敏英一起获得，小林诚和益川敏英是南部阳一郎的学生）。

小柴昌俊最著名的博士生中包括户塚洋二、梶田隆章和铃木厚人。户塚洋

二是 2007 年的富兰克林奖章获得者，也是诺贝尔奖的大热人选。户塚洋二去世当年首度有复数日本人（小林诚、益川敏英、南部阳一郎）一同获得诺贝尔物理学奖。梶田隆章则是 2015 年诺贝尔物理学奖获得者，他的获奖创造了日本首例“师徒三代获诺贝尔物理学奖”的纪录。铃木厚人是超级神冈探测器的主要成员，长期活跃于中微子实验观察领域，是日本讲谈社特刊“改变日本的天才”之一，被预期能与梶田隆章共同获得诺贝尔物理学奖。美国《今日物理》杂志曾在 2008 年预测，铃木厚人有望同阿瑟·麦克唐纳共同分享诺贝尔奖。但是由于种种原因，铃木厚人目前暂未获得诺贝尔奖。

（二）创造出数个诺贝尔物理学奖等级成果的团队

超级神冈探测器创造出数个诺贝尔物理学奖等级的成果。1987 年 2 月 24 日，一场超新星爆发出现在大麦哲伦星系。在此次事件中，超级神冈探测器第一次侦测到超新星中微子。超级神冈探测器侦测到了这些中微子的 12 场事件。此次观测证实了超新星爆发理论的正确性，并开启了中微子天文学的大门。

小柴昌俊的主要合作者有以下两位。

（1）户塚洋二（1943—2008），日本物理学家，东京大学的五名特别荣誉教授之一。日本文化勋章得主，文化功劳者。

户塚洋二曾于 2002 年与小柴昌俊、梶田隆章同获潘诺夫斯基实验粒子物理学奖，2007 年与阿瑟·麦克唐纳同获富兰克林奖章。他与梶田隆章、阿瑟·麦克唐纳等的工作，修正了当代物理学的基石——粒子物理标准模型。由于早逝，户塚洋二未能像小柴昌俊、梶田隆章、阿瑟·麦克唐纳三人那样获得诺贝尔物理学奖。

户塚洋二被认为是“小柴昌俊最优秀的学生”。小柴昌俊为纪念身为世界级物理学家的已故门生，于 2010 年出资设立“户塚洋二奖”，以奖励对素粒子研究做出杰出贡献的人。

户塚洋二去世后，小柴昌俊在《文艺春秋》撰文悼念，文章称“若户塚洋二再多活 18 个月，必能获得诺贝尔奖”。2015 年 10 月 6 日，梶田隆章表示：“虽然结果上是我获得了诺贝尔奖……我认为我的‘老师’的功劳更为重要。”韩国《朝鲜日报》指出，此处的“老师”指的就是已过世的户塚洋二。在 2015 年 12 月 9 日的诺贝尔奖讲座中，梶田隆章再度指名感谢小柴昌俊、户塚洋二的关键性贡献。

（2）梶田隆章（1959— ），日本物理学家、天文学家，现任东京大学宇宙射线研究所所长、同研究所附属宇宙中微子观测信息融合中心负责人、东京理科大学物理系兼任讲师、日本文化勋章获得者、文化功劳者，1987 年退任东京大学特别荣誉教授。

梶田隆章受业于知名物理学家小柴昌俊、户塚洋二，他和户塚洋二领导的实验于 1998 年证实了中微子振荡，2002 年与小柴昌俊、户塚洋二同获潘诺夫斯基实验粒子物理学奖。2015 年梶田隆章因“发现了中微子振荡，证明了中微子具有质量”与阿瑟·麦克唐纳共同获得诺贝尔物理学奖。2016 年梶田隆章获得基础物理学突破奖。

（三）了不起的实验装置——超级神冈探测器

超级神冈探测器主要用于探测大气中的中微子，实验中中微子与巨型水槽中的水分子发生相撞时会产生一个带电粒子，虽然转瞬即逝，但这一过程会产生“切伦科夫光”，安装在水槽周围的探测器能立刻捕捉到这种闪光，借助闪光的形态和强度，科学家就能知道发生碰撞的中微子的类型及其来源。梶田隆章首先发现了在中微子抵达超级神冈探测器的过程中，它们的形式或数量都发生了改变。

（四）名师出高徒——小柴昌俊和梶田隆章

即使在世界范围内，日本科学工作者紧密的师承关系也显得十分突出。在日本诺贝尔奖获得者中出现了名师出高徒的现象。小柴昌俊和梶田隆章师徒二人的获奖就是其中一例。

20 世纪 70 年代末，小柴昌俊提出进行神冈实验来寻找质子衰变的设想，当时梶田隆章作为助手也参与了进来。神冈实验没有找到质子衰变，却探测到宇宙中微子。小柴昌俊退休前不久，银河系的一颗恒星走到生命的终点，它的“临终”挣扎就是发生了超新星爆发。神冈实验观测到了它发射出的中微子，证实了超新星爆发会产生很多中微子。

20 世纪 90 年代，神冈探测器第二次扩建，并改名为超级神冈探测器，梶田隆章就是超级神冈实验的领导人之一。1998 年，梶田隆章发表了实验的观测结果，首次证实中微子振荡现象的存在。这一发现也使梶田隆章获得了 2015 年的诺贝尔物理学奖。

（五）历史沿革——日本诺贝尔物理学奖获得者谱系

日本诺贝尔物理学奖获得者谱系如表 4-1 所示。

表4-1　日本诺贝尔物理学奖获得者谱系

<table>
<tr><th>第一代</th><th>第二代</th><th>第三代</th><th>第四代</th><th>第五代</th></tr>
<tr><td rowspan="5">长冈半太郎（1865—1950），留学德国，师从路德维希·波尔兹曼</td><td rowspan="5">仁科芳雄（1890—1951），1921 年留学卡文迪许实验室，师从卢瑟福；1922 年去哥廷根，师从希尔伯特；1923 年去哥本哈根，师从玻尔；1927 年去巴黎四个月，师从泡利；后返回哥本哈根，随克莱因工作</td><td>汤川秀树（1907—1981），1949 年获诺贝尔物理学奖</td><td>武谷三男（1911—2000）</td><td>—</td></tr>
<tr><td rowspan="2">朝永振一郎（1906—1979），留学德国，师从海森堡，1965 年获诺贝尔物理学奖</td><td>南部阳一郎（1921—2015），2008 年获诺贝尔奖</td><td>—</td></tr>
<tr><td>小柴昌俊（1926—），留学英国，2002 年获诺贝尔物理学奖</td><td>梶田隆章（1959—），2015 年获诺贝尔物理学奖</td></tr>
<tr><td rowspan="2">坂田昌一（1911—1970）</td><td>小林诚（1944—），2008 年获诺贝尔物理奖</td><td>—</td></tr>
<tr><td>益川敏英（1940—），2008 年获诺贝尔物理学奖</td><td>—</td></tr>
</table>

资料来源：乌云其其格，袁江洋：《谱系与传统：从日本诺贝尔奖获奖谱系看一流科学传统的构建》，《自然辩证法研究》，2009年第7期。

（六）社会背景——21世纪初日本诺贝尔奖的井喷现象

自 1901 年诺贝尔奖首次颁奖至 1999 年，日本在近一个世纪的时间里仅有 5 人获得诺贝尔科学奖，而在进入 21 世纪之后的 16 年里，就有 16 名日本科学家（含美籍日裔）获诺贝尔奖。

类似的井喷现象在诺贝尔奖获奖史上有过三次。第一次发生在 20 世纪初期的德国，第二次开始于第二次世界大战后的美国。这两次井喷现象发生时，德国和美国都是当时的世界科学活动中心，出现众多诺贝尔奖获得者并不奇怪。但是 21 世纪初期的日本既不是世界科学中心，其国内环境也没有发生特别重大的变化，何以会出现诺贝尔奖井喷现象，其中原因引人深思。

通过统计可以得知，日本 21 世纪初期的诺贝尔奖获得者的研究时间最早开始于 20 世纪 60 年代，主要集中于七八十年代。

从宏观层面看，日本 20 世纪 60 年代的经济高速增长、政府对科研的大力支持及教育的改革与发展，为日本的科研工作者取得诺贝尔奖级的科技突破创造了良好的环境；从中观层面看，以名古屋大学为代表的日本高等学府敢于打破常规、与时俱进、不断变革、积极开展产学合作，为培育诺贝尔奖级的科技人才做出了积极的贡献；从微观层面看，日本的科研工作者重视师承、擅长合作，为取长补短、攻坚克难、协作创新提供了重要的支撑。在这些因素的综合作用下，日本在 21 世纪初期出现令人称奇的诺贝尔奖井喷现象。

此外，不得不提及 2001 年日本出台的“50 年 30 个诺贝尔奖”计划。该计划在提出时备受争议，但在 2000 ～ 2015 年中，展现出了惊人的完成速度。虽然日本的经济状况不如从前，也有报道指出日本自 2007 年以来的研究经费遭到削减，研究环境有所恶化，但其科研投入依然位居世界前列，且其第三次教育改革仍在持续，又推出了一系列面向 21 世纪的新举措。因此可以期待，日本的“50 年 30 个诺贝尔奖”计划仍有可能完成，诺贝尔奖井喷现象在日本仍有持续下去的可能性。

三、启示和建议

朝永振一郎、小柴昌俊、梶田隆章师徒三代人均获得诺贝尔物理学奖创造了日本的纪录。在小柴昌俊之后获诺贝尔物理学奖的南部阳一郎、小林诚和益川敏英与朝永振一郎、小柴昌俊、梶田隆章三人及他们互相之间多少也存在着传道授业的关系。此外，小柴昌俊的得意门生户塚洋二和铃木厚人二人均是诺贝尔奖级别的学者。如何理解日本诺贝尔奖获得者之间错综复杂的关系，并从其人才培养体系中汲取有益的经验，是一个值得研究的课题。

中微子领域是诺贝尔奖的热门，迄今已有多人数次因此获奖，其中日本东京大学的研究团队表现得尤为突出。东京大学为之建造了世界闻名的超级神冈探测器，该探测器创造了数个诺贝尔物理学奖等级的成果。对于基础物理研究来说，这样的大型探测装置是不可或缺的。值得一提的是，2016 年我国科学家王贻芳作为大亚湾中微子项目的首席科学家获得了基础物理学突破奖，这是否是他获得诺贝尔奖的契机，让我们拭目以待。

案例 3 量子光学领域的“扫地神僧”

——2005 年诺贝尔物理学奖获得者罗伊·格劳伯（Roy Glauber）

获奖原因：罗伊·格劳伯制作了光电探测模型，并解释了不同类型光的基本特征，如激光灯和光从灯泡，并在1963年发表了这项发现，他的理论被广泛地应用于量子光学。罗伊·格劳伯对物理学最突出的贡献就是提出了相干态的概念和其后的数学基础。

研究价值点：罗伊·格劳伯的统计数据呈现出典型的诺贝尔奖获得者特质。例如，大学期间在美国曼哈顿计划中历练，与以前曼哈顿计划中的诺贝尔奖获得者有明显交流等。他还是著名的搞笑诺贝尔奖颁奖礼上的“扫地僧”，唯一缺席的一次是去领诺贝尔奖。鉴于目前量子物理学领域的重大研究与其应用价值，对这样一个具有典型诺贝尔奖获得者特质的人进行分析，也许可以找寻出通往诺贝尔物理学奖之路的一些基本规律。

- **国籍：**美国
- **出生年份：**1925年
- **获奖时年龄：**80岁
- **标志性成果取得年份：**1963年
- **成果检验期：**42年
- **学科背景：**量子物理（理论物理）
- **研究领域类型：**创新领域、理论研究
- **受教育经历：**1941年从布朗克斯科学高中毕业；1946年获哈佛大学学士学位；1949年获哈佛大学博士学位
- **所属研究机构：**哈佛大学

一、生平与工作经历

罗伊·格劳伯，哈佛大学马林克罗特学院物理学教授，亚利桑那大学光学科学学院兼职教授。罗伊·格劳伯在物理学领域最突出的成就是提出了相干态的概念和其后的数学基础，他的理论研究广泛地应用于量子光学领域。因对光学相干的量子理论的贡献，与约翰·霍尔和特奥多尔·亨施共同获得2005年的诺贝尔物理学奖，他的研究成果发表于1963年。

（一）教育经历

1941年，罗伊·格劳伯毕业于布朗克斯科学高中，大学就读于哈佛大学，大学二年级以后，只有18岁的格劳伯被招募到洛斯·阿拉莫斯国家实验室，加入曼哈顿计划，他是当时该实验室中最年轻的科学家之一，其工作涉及计算原子弹临界质量。在洛斯·阿拉莫斯国家实验室工作两年后，格劳伯又回到哈佛大学，于1946年获得学士学位，1949年获得博士学位。

（二）科学研究

格劳伯的研究主要集中于量子光学领域，从广义上说，他研究的是光宇物质相互作用的量子电动力学，同时他还研究关注着高能量碰撞理论的几个课题，包括强子碰撞分析、高能反应中粒子的相关性统计。

从20世纪60年代开始，激光技术取得了长足的发展，但是在对光本身特性的描述上则遇到了一些困难。格劳伯认为量子化的电磁场并不能代表光的一切性质，大量光子的集体行为与普通光子相比有很大的区别，应该更好地发展量子理论来探索光的本质，从而开创建立量子光学的里程碑式的研究工作。

从1963年开始，格劳伯就通过自己的工作应用量子理论来解释一些光学现象，他在《物理评论通信》上发表了研究论文，此后又在《物理评论》等期刊上发表了几篇相关论文，创造性地提出了“光子的相干性量子理论”。该理论成功地描述了光量子的运动规律，揭示了光量子的特性，以及大量光量子如何互相影响它们之间的运行方式，产生“干涉”现象等。格劳伯的这些论文奠定了量子光学学科的理论基础。

格劳伯科学思想的意义在于其第一次创造性地提出了用量子本性解释光宏观现象，这种思想不但给出了光的一切宏观现象的量子本质，而且对光的量子本性也是一个最好的证明。利用光的相干性量子理论，人类可以研究光子大量的非经典特性，从而开拓更多的研究领域及应用领域。

格劳伯在当时提出了相干性的量子理论，这不仅解决了一些基础性的问题，而且奠定了量子光学的基础，开创了一门全新的学科。格劳伯也正是因为对量子光学领域的开创性工作而获得了 2005 年的诺贝尔物理学奖，在他获奖时，量子光学已经成了物理学的一个非常重要的分支。“他获得诺贝尔奖，是学术界许多人都期待已久的事情”，中国科学院理论物理研究所孙昌璞研究员如是说。

（三）获奖状况

1985 年，获得费城富兰克林研究所的阿尔伯特·迈克尔逊奖章；1985 年，获得美国光学学会马克斯·玻恩奖；1996 年，获得美国物理学会丹妮·海涅曼数学物理学奖；1997 年，当选为英国皇家学会外籍会员；2005 年，获得诺贝尔物理学奖；2008 年 4 月 22 日，被授予“西班牙国家研究委员会金奖”。

二、值得关注的价值点和问题点

（一）淡泊名利、持之以恒的个人特质

格劳伯在 18 岁时就曾参与曼哈顿计划的原子弹研制工作，24 岁获得博士学位。曾经有人问他：这算不算少年得志？他连连说“不”，“有人比我还早，当时还有教授说我算笨的”。这位在国际物理学界留下格劳伯方程的老人说，最重要的是探索时所持的态度，科学研究在于你的坚持和专心。现在量子力学领域的很多成果，哪怕在爱因斯坦看来都是难以接受的。原子世界对所有人永远都是挑战，始终值得探索和研究。

在 69 岁那年，格劳伯获得了诺贝尔奖的提名。后来格劳伯参加了“伊格诺贝尔奖”，又叫“搞笑诺贝尔奖”活动。在伊格诺贝尔奖颁奖典礼结束之后，格劳伯看到台上有太多的纸飞机和颁奖后留下的纸屑，不由地拿起角落中的扫把开始清扫会场，从此他在伊格诺贝尔奖的颁奖典礼上整整当了 11 年的“清扫工”。

2005 年，格劳伯刚好 80 岁。当他获得诺贝尔物理学奖时，人们以为他不会再出现在伊格诺贝尔奖的颁奖典礼上，更不会再拿起扫把清扫会场。然而就在这年的伊格诺贝尔奖颁奖典礼上，格劳伯再次拿起了扫把，站在台上清扫会场。格劳伯的一个学生冲到台上，想拿走格劳伯手里的扫把，格劳伯却对他的学生说：“你以为诺贝尔奖的真正获得者就不是常人，他们心灵就没有污垢？所以你不能拿掉我清扫心灵尘埃的扫把，要知道我在清扫颁奖会场的时候，其实也在清扫自己的心灵。”2007 年，82 岁的格劳伯对那些希望他放下扫把的人说：“我手中的扫把，我将一直握下去，因为它能够让我清醒、执着地去做自己的事情，这是我清扫心灵的扫把，谁也不能从我手里拿走！”

（二）早年参加曼哈顿计划人脉经验的积累

罗伊·格劳伯在 18 岁时就被招募到洛斯·阿拉莫斯国家实验室加入曼哈顿计划，他的主要工作是临界质量原子弹的计算问题。两年后，他在洛斯·阿拉莫斯国家实验室取得学士学位，之后才回到哈佛大学。在格劳伯的个人传记中，他提到过受洛斯·阿拉莫斯国家实验室里良好的工作氛围的影响，以及对他有过影响的获得诺贝尔奖的人——罗伯特·奥本海默、理查德·费曼、沃尔夫冈·泡利、朱利安·施温格、莱纳斯·卡尔·鲍林。他也曾在公共场合提到：“决定一个实验室能不能出诺贝尔奖获得者的关键不是设施好坏，而是实验室的氛围。即使有最好的设备和设施，如果一个实验室总是急功近利，也肯定不会出现优秀的科学家和成果。”

罗伊·格劳伯主要的合作者有以下几位。

1. 罗伯特·奥本海默

罗伯特·奥本海默（J. Robert Oppenheimer），美籍犹太裔物理学家，曼哈顿计划的领导者。他是 20 世纪美国著名的理论物理学先驱，为早期量子力学的发展做出了开创性的贡献。奥本海默 20 多岁就显示出非凡的才能；30 多岁时，他就在伯克利创立了美国历史上从未有过的庞大的理论物理学学派，在美国物理学的迅速崛起中留下了深刻的个人印记，也使他当之无愧地进入世界著名的十大理论物理学家之列。他领导“史无前例的最庞大的科学家组织”，研制成功了世界上第一颗原子弹，获得了“原子弹之父”的美誉。他曾在美国普林斯顿高等研究院工作，出于对罗伊·格劳伯的了解，罗伯特·奥本海默邀请其加入普林斯顿高等研究院学习、工作，并对格劳伯后来的研究产生了深远的影响。

2. 理查德·费曼

理查德·费曼（Richard Feynman），美籍犹太裔物理学家，1965 年的诺贝尔物理学奖得主。他提出了费曼图、费曼规则和重正化的计算方法，这是研究量子电动力学和粒子物理学不可缺少的工具。他被认为是爱因斯坦之后最睿智的理论物理学家，也是第一位提出纳米概念的人。1942 年，24 岁的费曼加入美国原子弹研究项目小组，参与秘密研制原子弹项目的曼哈顿计划，以幽默的说话风格、创新性的研究方法营造了良好的实验室氛围，给格劳伯留下了深刻的印象。曼哈顿计划结束后，费曼在康奈尔大学任教。

3. 沃尔夫冈·泡利

沃尔夫冈·泡利（Wolfgang E.Pauli），美籍奥地利科学家、物理学家。1918 年，18 岁的泡利发表了第一篇论文，是关于引力场中能量分量的问题。1925 年 1 月，泡利提出了他一生中最重要的原理——泡利不相容原理，为原子物理的发展奠定了重要基础。后来，他到瑞士苏黎世的联邦工业大学任理论物理学教授。1935 年，泡利为躲避法西斯，移居到美国。1940 年，受聘为普林斯顿高等研究院理论物理学访问教授，在此期间，罗伊·格劳伯与沃尔夫冈·泡利建立了深厚的友谊。

4. 朱利安·施温格

朱利安·施温格（Julian Schwinger），美国物理学家，因在量子电动力学方面所做的对基本粒子物理学具有深刻影响的基础性研究，与费曼和朝永振一郎共同获得 1965 年度的诺贝尔物理学奖。朱利安·施温格早期参加曼哈顿计划，并在洛斯·阿拉莫斯国家实验室工作，1945年就开始崭露头角，并被罗伊·格劳伯熟知，等到格劳伯在哈佛大学取得学士学位继续读研究生的时候，朱利安·施温格作为其研究生期间的教员，以独特的讲课风格和渊博的学识给格劳伯带来深刻的影响，并对格劳伯 1949 年的博士论文写作起到了无人可替的作用。

5. 莱纳斯・卡尔・鲍林

莱纳斯・卡尔・鲍林（Linus Carl Pauling），美国著名化学家，量子化学和结构生物学的先驱者之一。1954 年因其在化学键方面的工作获得诺贝尔化学奖，1962 年又因反对核弹在地面测试的行动获得诺贝尔和平奖，成为获得不同诺贝尔奖项的两人之一（另一为居里夫人）。鲍林被认为是 20 世纪对化学科学影响最大的人之一，他所撰写的《化学键的本质》被认为是化学史上最重要的著作之一。他所提出的许多概念和理论，如电负度、共振理论、价键理论、杂化轨道理论、蛋白质二级结构等，如今已成为化学领域最基础和使用最广泛的观念。

格劳伯在普林斯顿高等研究院学习期间，由于理查德・费曼去巴西外出访学一年，格劳伯代替其在加州理工学院担任教员。在此期间，他认识了同为学校化学部教员的莱纳斯・卡尔・鲍林，在其介绍下，对量子力学中的分子电子衍射产生了浓厚的兴趣，在格劳伯后来回哈佛大学学习、工作期间，其研究的核衍射理论、光学衍射理论拥有很多类似性，对后来的量子光学研究也产生了重要的影响。

三、美国曼哈顿计划中涌现的科学家

美国陆军部于 1942 年 6 月开始实施利用核裂变反应来研制原子弹的计划，亦称曼哈顿计划。该计划集中了当时西方国家（除德国外）最优秀的核科学家，动员了 10 万多人参加，历时 3 年，耗资 20 亿美元，于 1945 年 7 月 16 日成功地进行了世界上第一次核爆炸，并按计划制造出两颗实用的原子弹，整个工程取得圆满成功。在该计划执行过程中，其负责人格罗夫斯和奥本海默应用了系统工程的思路和方法，大大缩短了工程所耗时间。这一工程的成功促进了第二次世界大战后系统工程的发展。

曼哈顿计划不仅造出了原子弹，而且留下了 14 亿美元的财产，包括一个具有 9000 人的洛斯・阿拉莫斯核武器实验室；一个具有 36 000 人、价值 9 亿美元的橡树岭铀材料生产工厂和一个附带的实验室；一个具有 17 000 人、价值 3 亿多美元的汉福特钚材料生产工厂，以及分布在伯克利和芝加哥等地的实验室。

曼哈顿计划中集中了大量的物理学家、化学家、工程师、军人和当地的居民。其中有几位科学家在发起、实施曼哈顿计划中起到了决定性的作用。

1. 利奥·西拉德（Leo Szilard）与爱因斯坦

1933 年 4 月，希特勒政府通过了第一个反对犹太人的法律，大批非雅利安科学家被迫离开了岗位，100 多位物理学家逃离德国。西拉德便是其中之一，他来到了英国，正是在英国时他觉得链式反应是有可能的。1935 年，他们研究发现放射性物质铍的中子会逸出产生 γ 射线的现象。1938 年，西拉德来到美国，知道了核裂变的发现。由于对美国不了解，他请求爱因斯坦帮忙。他们一起给罗斯福总统写信申请研究经费以便研究核裂变。1942 年，西拉德和费米在芝加哥大学取得控制式链式反应器的进展，曼哈顿计划很快就开始了。西拉德成了抗议原子弹的主要力量，爱因斯坦没有真正参加曼哈顿计划，但他是启动曼哈顿计划的责任者之一，也是后来最强烈的抗议者之一。

2. 西伯格（G. T. Seaborg）

在曼哈顿计划中，西伯格领导钚生产技术小组的研究，被称为“钚之父”。钚是 1941 年 2 月 23 ～ 24 日在加利福尼亚大学伯克利分校被发现的，而可见量的钚是 1942 年 8 月 20 日在芝加哥大学的冶金实验室第一次被分离出来的。曼哈顿计划中第一颗原子弹就是以钚为动力的试验弹，被投放到长崎的第三颗原子弹“胖子”也是一颗钚弹。1951 年他和麦克米伦（E.M.McMillan）因发现并研究钚等超铀元素而共获诺贝尔化学奖。1961 年，西伯格被任命为美国原子能委员会主席。

3. 费曼

出生于纽约的费曼是一位出色的物理学家和数学家，他有加速微积分运算的天然才能，不用计算器就能快速解答方程式。费曼 24 岁时参加曼哈顿计划，在他的指导老师贝特领导的小组工作，其任务是计算原子弹爆炸需要的裂变材料的数量。他和贝特一同发现解决一个三次方程的捷径，大大加快了运算速度。有趣的是，因为费曼独特的直觉，他还被美国国家航空航天局邀请参加 1985 年“挑战者号”宇宙飞船失事的调查，得出了令美国国家航空航天局和世界都震惊的结论：因为一个 O 形橡胶圈的老化。

4. 费米

1934 年，费米用中子轰击原子核，产生人工放射现象，开始中子物理学研究，被誉为“中子物理学之父”。1938 年，由于他在中子轰击方面尤其是用热中子轰击方面取得的成绩，荣获诺贝尔物理学奖。1939 年，他任教于美国哥伦比亚大学。1942 年，他根据对中子引起铀核裂变的研究，在芝加哥大学建成了世界首座自持续链式裂变反应堆。1944 年，他加入美国国籍，并参与曼哈顿计划研制原子弹。费米领导的小组负责进行链式反应试验，该小组于 1942 年 12 月 2 日建成了世界上第一座铀－石墨原子反应堆。这个反应堆高 5.6 米，长 10 米，宽 9 米，内可装核反应材料 52 吨，这个装置总重量达 1400 吨。该小组在这个反应堆中进行了人类历史上第一次人工控制的核反应，用实践证明了链式反应理论的正确性，为原子弹的制造奠定了坚实的基础。

5. 奥本海默

奥本海默被称为“原子弹之父”。尽管奥本海默在 40 岁以前是一位著名的理论家、一位受人尊敬的教师，但他没有实现自己成为伟大科学家的愿望，没有登上物理学领域创造性工作的最高峰，而海森堡、狄拉克、费米、约里奥・居里等在这个年龄时已经实现了。他担任洛斯・阿拉莫斯国家实验室主任一职，成功地把众多科学家，包括那些著名科学家（如诺贝尔奖已获奖者或潜在的获奖者）团结在制造原子弹这一核心的周围。“成也萧何，败也萧何。”奥本海默把全部的聪明才智奉献给了原子能，后来他也成为原子能情结的牺牲者。

四、启示和建议

通常，大科学工程推动的不仅仅是研究对象本身，在大科学工程推进过程中的各种方法论和大量精英的集聚效应也会带来出乎预料的丰硕成果。

曼哈顿计划的实施本意是研发核武器，但是为了有效地推进这种大规模的工程，必然会带来科研管理方法论、各类工程技术的革新，如计算机的产生等。同时，各行各业的精英人才的汇聚，会催生出新思想、新技术、新科学等，比如，超级神冈探测器和光电倍增管技术的飞跃等。所以，大科学工程的建设不能局限于研究目的本身，对其进行考量和评估时，还要综合考虑各种新生事物的产生和边际效应，及其对社会的影响力等。

案例4 发现最薄石墨烯的实验达人

——2010年诺贝尔物理学奖获得者安德烈·海姆（Andre Geim）

获奖原因：2010年的诺贝尔物理学奖授予英国曼彻斯特大学的科学家安德烈·海姆及康斯坦丁·诺沃肖洛夫（Konstantin Novoselov），以表彰其在二维空间材料石墨烯方面的开创性实验。安德烈·海姆团队通过用透明胶带对石墨进行反复的粘贴与撕开，使得石墨片的厚度逐渐减小，最终寻找到厚度只有0.34纳米的石墨烯，也是碳的二维结构，向世人展现了形状如此平整的碳元素在量子物理学的神奇世界中所具有的杰出性能。

研究价值点：作为一种全新的材料，石墨烯的出现使量子物理学研究实验发生新的转折，包括新材料的发明、新型电子器件的制造在内的许多实际应用也变得可行。目前，石墨烯产业化的号角已经吹响，许多国家开始投入其研发应用队伍中，尤其是中国。目前，中国民间石墨烯产业化的推动力远超政府。因此作为最薄石墨烯的创始人，海姆的案例研究对于我国石墨烯研发团队具有启示作用，此外，海姆团队独特的实验方式相对于我国实验研究方式来说也较为新鲜，具有借鉴价值。

- **国籍：**荷兰、英国
- **出生年份：**1958年
- **获奖时年龄：**52岁
- **标志性成果取得年份：**2004年
- **成果检验期：**6年
- **成果所属领域：**固体物理学
- **研究领域类型：**创新领域、实验研究
- **所属研究机构：**英国曼彻斯特大学
- **获奖原因：**在二维空间材料石墨烯方面的开创性实验

一、生平和经历

安德烈·海姆生于苏联，英国曼彻斯特大学兰沃西讲座物理学教授，曼彻斯特大学纳米科技中心主任。

（一）家庭背景

1958 年 10 月，安德烈·海姆出生于苏联西南部城市索契，后来加入荷兰国籍。海姆 1 ～ 7 岁时与祖父祖母一起生活，祖母玛丽亚是一位气象学家，祖父尼古拉·拜耳是苏联哈尔科夫大学教授，研究方向为航空地图绘制学。海姆的父亲在第二次世界大战前为萨拉托夫州立大学教授，主要讲授物理学和数学，后成为大型真空电力厂的首席工程师，其母亲为该厂质量控制部门的领导。

（二）成长经历

虽然海姆小时候获得过地区性奥林匹克化学竞赛奖，但其最擅长的科目为数学，后因其父母对数学就业前景的担忧，放弃数学转为物理学。

1987 年，海姆在俄罗斯科学院固体物理学研究院获得博士学位，毕业后先在俄罗斯科学院微电子技术研究院工作了 3 年，之后在英国诺丁汉大学、巴斯大学和丹麦哥本哈根大学继续他的研究工作。1994 年，他在荷兰奈梅亨大学担任副教授，并同康斯坦丁·诺沃肖洛夫首次合作。他同时也是代尔夫特理工大学的名誉教授。2000 年，海姆获得搞笑诺贝尔奖。2001 年海姆加入曼彻斯特大学，任物理学教授。迄今，他发表了 150 多篇顶尖文章，其中很多都发表在《自然》和《科学》杂志上。

（三）所获荣誉

截至 2010 年，海姆获得了多个奖项，主要如下：搞笑诺贝尔奖（2000 年）、莫特奖（2007 年）、欧洲物理奖（2008 年）、柯尔柏奖（2009 年）、诺贝尔物理学奖（2010 年）、约翰·卡蒂奖（2010 年）、休斯奖章（2010 年）、皇家学会 350 周年纪念荣誉研究教授（2010 年）。

二、值得关注的价值点和问题点

（一）“玩”出来的诺贝尔奖

安德烈·海姆与康斯坦丁·诺沃肖洛夫获得 2010 年的诺贝尔奖后，诺贝尔奖评委说，“爱玩是他们两个人的特点之一，玩的过程总是会让人学到点东西，说不定还能中个头奖”，现场评审委员会介绍，把研究工作视为“游戏”是海姆和康斯坦丁团队的特点之一。

2000 年安德烈·海姆曾因“悬浮的青蛙”获得“搞笑诺贝尔奖”，成为首位诺贝尔奖和搞笑诺贝尔奖兼得的科学家。安德烈·海姆曾说过其一切研究均基于兴趣而非功利。《人民日报》曾发文表示：“科学家的热心参与和安德烈·海姆的‘弄假成真’提醒人们：科学研究是由好奇心驱动的，在看似无用乃至荒谬的研究中，真理可能正以某种形式存在。”

海姆在实验室创立“星期五晚上实验”，即在每周五晚上进行有趣的实验，康斯坦丁·诺沃肖洛夫说：“我们试图对每件事都保持兴趣，而且最重要的是要有趣。所以安德烈引入了星期五晚上实验的惯例。在那里，我们会做令人着迷、发狂的事，有时候会有结果，有时候没有。”安德烈·海姆对于取得什么结果不作要求，只要通过简单的实验工具做出简单的实验即可，所以许多有趣的实验都诞生于此。

比如，“悬浮的青蛙”实验。安德烈·海姆和另一位英国科学家迈克尔·贝瑞使用磁性克服了重力作用，使一只青蛙悬浮在半空中。他们的实验证实了虽然青蛙没有正常的磁性，但是把它放置在一个电磁场中可以使其具备磁性。他们推测使用类似的方法可以试着克服一个人的重力作用，使他在半空中飘浮起来。再比如“壁虎爬墙”实验。安德烈·海姆在 2003 年还设计出一种有极小绒毛的材料，是用一种叫作卡普顿的物质做成的。它可以模仿壁虎脚上的那些绒毛，将一平方厘米的这种材料安在一个垂直平面上，就可以支撑起一千克的重量，实现“壁虎爬墙”。

（二）出色的实验技术和设备制作技能，重视实验物理的地位

1. 实验物理在海姆心中不可替代

安德烈·海姆非常重视对实验技能的学习，他曾说过：“引入一种新的实验系统比试图在拥挤范围内找到新现象更有收获。”他认为在苏联学习的十年提高了他在微细加工方面的技术，如电子束刻蚀法等，这直接为他后来发现石墨烯打下了基础；此外，他在博士阶段的几年中研究金属物理加工，虽然后来没有继续该方向的研究，但是这对他的实验技能的提升有质的影响。安德烈·海姆后来离开苏联是因为其实验器材匮乏和落后，也因为苏联过于重视理论物理，

将实验物理置于服务理论物理的地位。安德烈·海姆认为，实验物理应该比理论物理更重要，因为很多理论都应该建立在实验的基础上。

2. 出色的实验设备组建手

安德烈·海姆还是一位出色的实验设备组建手，许多实验器材都是他和他的学生亲自设计和制造的，这与法国诺贝尔物理学奖获得者阿罗什相似。安德烈·海姆在介绍自己的研究经历时曾说过，在苏联进行研究时资源匮乏，不得不自己动手组建实验可行设备，而一个实验设备的成功往往给实验本身带来非同小可的影响。例如，安德烈·海姆曾经制作过由薄金属膜和超导体绝缘体隔开的一个类似三明治的仪器，这直接促使他完成了第一次实验报告。安德烈·海姆说过，2003 年当世界上很多先进研究小组都拥有很多昂贵的设备时，他们已经开始制造新的仪器和设备，且并不比那些昂贵的设备差。

3. 拥有关系甚密的实验设备专家

安德烈·海姆有一位关系甚密的工作伙伴——谢尔盖·杜博诺斯，是其在荷兰奈梅亨大学做研究时认识的，他是一位非常出色的实验设备专家。在研究初期，安德烈·海姆的经费紧张，即使是在荷兰时期作为首席的研究人员，他也无法自由控制研究经费。因此，许多实验器材便是他邀请谢尔盖·杜博诺斯帮自己制作的，后来杜博诺斯开始帮助他测量。海姆与杜博诺斯创立了一种非常有效的实验方法，即在一小时内，杜博诺斯收集数据，海姆分析数据，然后决定下一步做什么。

奥列格·施克莱耶夫斯基也是海姆较出名的工作伙伴之一，他是一位在扫描隧道望远镜方面十分出色的实验专家。正是由于他试图用胶带撕去高定向热解石墨，并用扫描隧道望远镜分析，才给海姆提供了用胶带粘贴最薄石墨烯的灵感。因此，拥有一个实验设备专家对于研究来说是十分重要的。

（三）注重对新领域或常见领域不常用一面的探索

安德烈·海姆在发表题为 *Random Walk to Graphene* 的演讲时说道："当你挖掘新领域时，你所得到的回报一般比所觉察的要多。领域越新，成功的概率越大。"许多人不敢尝试研究新的领域，怕不被认同，于是在前人研究的基础上不断探索。其实用胶带粘取来获得最薄石墨烯这个方法很多人都会用，并不是安德烈·海姆独创的，但是他平时做完其他实验后，想到被遗弃的胶带和上面粘取的石墨烯，于是便来研究这种石墨结构的导电性，从而间接发现了其薄度。

说到用胶带粘取获得最薄石墨烯的过程，起先安德烈·海姆试图通过用抛光机来获取最薄石墨烯，但结果不是特别令人满意，后来他联想到平时用胶带不断粘取高定向热解石墨的方式，而高定向热解石墨在隧道扫描显微镜下又是石墨的标准参考样品，于是他开始尝试这种方式。安德烈·海姆说："我们使用胶带粘取多年，但是从来没有人仔细观察胶带撕过后与它一起扔掉的物质是什么。"安德烈·海姆通过仔细观察胶带上所粘取的物质，发现其比用抛光机做出来的斑点薄，才认识到之前的想法是多么愚蠢。安德烈·海姆是一个敢于不断尝试新实验的人，而且他每次都会利用一段时间思考新的研究思路。

（四）营造自由的学术氛围和平等的师徒关系

安德烈·海姆在其实验室中倡导自由的学术氛围，在他的实验室管理中便有这样一条原则："在实验室中，如果学生愿意，欢迎来回调动并参与到任何一个他想去的项目。"在他和康斯坦丁·诺沃肖洛夫获得诺贝尔物理学奖后，新华网引自《广州日报》的评论性文章说道："这是师徒俩在教学和研究中体现出来的平等健康之学术人格，在海姆和诺沃肖洛夫身上，我们看到了平等互利、舍得分享的学术品德。"

（五）保持有预想性和逻辑过程的研究

安德烈·海姆在诺贝尔获奖演讲时说到，他非常受益于大学时导师曾经教给他的一个解决物理问题的方法，至今他还会使用，这个方法便是"如果你先猜出问题的可能答案，那么解决难度可能会降低很多"。具体来说，便是试图从两端解决问题，并猜测 2 ～ 3 个答案，这样会使可能性和逻辑步骤的空间大大减小。获得诺贝尔奖之后，安德烈·海姆在项目中还会在他所设想的结果与他当时所做的及问题之间建立逻辑步骤。说到逻辑，安德烈·海姆认为这是做项目时必须重视的，当年在莫斯科物理技术学院时，安德烈·海姆从所学习的每一门课程中思考和寻找逻辑，而不需要记现象和公式，这使得他的逻辑能力得到很好的提升，这对于他后期的研究有很大的帮助。

（六）离开苏联的原因

海姆和诺沃肖洛夫获得诺贝尔奖当天，俄罗斯总统梅德韦杰夫曾批评俄罗斯政府部门工作不力导致人才流失。关于其为何离开苏联，安德烈·海姆大致说了以下几个原因。

1. 研究政策不完全开放

作为一个犹太人，安德烈·海姆在苏联学习时处处受阻。在苏联，如果德国后裔或犹太人想要学习高能物理等其他国家保护的学科，只能出国学习或向政府保证学成后绝不出国，但是由于自己的父亲曾受过改造，所以海姆几乎没有机会接触高能物理。

2. 对实验物理的不重视

安德烈·海姆认为理论不能凭空产生，它是与实验相互作用的结果，实验往往是触发新理念的源泉。但是当时苏联非常不重视实验，实验物理者每天只是证实理论物理学家的推论。而且苏联的实验设备落后，通过当时的设备很难获得新结果。

3. 项目支持力度不够

安德烈·海姆由于资金匮乏无法继续实验而离开苏联，这不得不令人反思苏联的项目支持力度。2003 年的诺贝尔物理学奖获得者、已故俄罗斯科学家维塔利·金茨堡在 2009 年也公开批评俄罗斯学术界的官僚主义和资金使用不当等现象。

（七）离开荷兰奈梅亨大学的原因——严苛的资金管理政策

1994 年，安德烈·海姆到荷兰奈梅亨大学担任副教授，其研究之路一开始也不是特别顺利。作为首席访问学者，却不能自由使用经费，经费全由其所在的奈梅亨高场磁体实验室的扬·凯斯·曼恩保管，所有的经费分配必须经过一个全部由教授组成的工作小组的同意，不管是否属于个人项目经费。这让安德烈·海姆非常不适应，因为他的实验中需要购买许多实验器材，这成为其后来离开该学校的原因之一。

（八）选择曼彻斯特大学的原因

2000年，安德烈·海姆带着4篇发表在《自然》上的文章开始寻职。在收到多家单位的录用通知书后，他最终选择了曼彻斯特大学，其原因可归结为以下几个方面。

1. 项目资助政策——根据阶段性成果不断提高项目拨款

刚到曼彻斯特大学时，安德烈·海姆的启动资金为100万英镑，这对于他来说仍然有许多实验设备无法购买。于是，他开始不断向其他渠道特别是一些学者寻求帮助，如谢尔盖·杜博诺斯。后来，安德烈·海姆取得了一些研究进展，一年半后，他获得了500万英镑的补助，跟随他来曼彻斯特大学任教的妻子也开始获得一些项目拨款，但是这些资金依然不足。2003年，安德烈·海姆开始在《自然》《自然材料》《物理评论》上发表文章。实验室规模依然需要不断扩大，这时他获得1.4亿英镑的拨款。2000～2003年，学校或研究组委会等给予海姆的资金不断上涨，开始都比较少，以作为对其基本的考核，后期根据阶段性成果或研究进展不断提高。虽然资助并不是一步到位的，但这不仅能提升研究者的兴趣，也可解决研究经费浪费的问题。

2. 学校同行间的相互帮助

2003年后，安德烈·海姆希望在学校内建立曼彻斯特大学介观和纳米技术研究中心，可是很难寻找到场地。此时来自计算机科学学院的厄尼·希尔（Ernie Hill）帮助其在计算机科学学院清理出一个250平方米的空间，供其作为研究中心，后来他也帮助安德烈·海姆更换掉过时的设备。安德烈·海姆在2010年获奖演讲时也不忘感谢这位同行当时对自己的大力帮助。

3. 学校更加体贴入微的优待政策

安德烈·海姆的妻子伊琳娜（Irina）也是一位科学工作者，与其他大学相比，曼彻斯特大学在引进安德烈·海姆时开出的优惠条件便是邀请其妻子也来校并提供教学岗位，并支持她晋升教授。安德烈·海姆说："相比其他机构，曼彻斯特大学更将我的妻女看作是一名布里斯托大学出色的博士后，而不是他在奈梅亨大学实验室的工作伙伴或者兼职教员。"

（九）英国工程和物理科学研究理事会（EPSRC）的资助政策

安德烈·海姆在英国曼彻斯特大学期间受到了EPSRC的许多资助，他在诺贝尔奖获奖演讲时也不忘赞扬其资助政策。安德烈·海姆认为EPSRC是一个民主、不歧视外国人的组织，研究者的学术地位在项目评价和学术评价的考评中所占的比重较小。此外，“这是有远见的想法”和“重视经济和满足社会需求”这种冠冕堂皇的预期项目承诺在项目考核中所起到的作用并不大；与之相反，在同行评议条则中，则需要项目申报者明确项目受益的具体对象和领域，这是决定其是否成功的关键。EPSRC在资助项目时采用责任模式，这种模式会不断追踪项目进展，其每次资助的资金也会根据最近的追踪记录分发，这或许也可以解释安德烈·海姆获得的资助越来越多的原因。

三、讨论

1. 关于文献阅读和综述

安德烈·海姆认为，花费大量时间寻找和查看文献并不是个好主意，他曾经遇到过许多有前途的研究者，但他们因文献阅读方法不当，后来没实现自己最初的承诺或梦想。许多研究者喜欢查阅文献，因为他们想确定自己的研究是否有前人涉足过，于是花费几个月的时间寻找和阅读文献，当发现研究已有人做过后，又开始寻找新的研究计划，再花费大量时间进行文献搜索。我们必须清楚地认识到一点，任何观点都是建立在前人研究的基础之上的，如果有与前人所想的观点存在重合或相似的地方，不应成为放弃尝试的借口，因为如今前人研究的环境改变了，研究设备也更新了，新的技术会提供一个合理的机会，旧的失败观念或许在下一次研究中会不可预测地发挥得很好。要尽量在文章中多表达自己的观点和想法。

虽然安德烈·海姆花费了大量的时间阅读文献，但是他的许多著名的发现都来自其他的文献，更确切地说，文献阅读促使他有了进行该研究的想法。“壁虎爬墙”的实验源自他偶然读到的一篇描述壁虎惊人攀爬能力的文章。在壁虎的脚趾上有非常细小的毛发，虽然每根毛发的作用力很小，但是上百万计的毛发在一起的作用力就非常惊人。安德烈·海姆由此受到启发，研发了一种新材料。他最著名的石墨烯实验也是受到文献的启发。安德烈·海姆说，他之所以进行石墨烯研究，是曾读到一篇米莉（Millie）的文章，上面提及在十几年后石墨烯依然是一种很少被挖掘的材料，尤其是在作为电子材料这一方面。这篇文章促使安德烈·海姆更多地寻找与石墨烯相关的文献。而在这过程中，他又受到巴勃罗（Pablo）文章的启发，上面提到石墨烯具有超导性、金属－绝缘体相变、铁磁性等性能，他直觉上认为该文章的观点非常具有挑战性，这让他有了对石墨烯进行研究的想法。

安德烈·海姆对待文献阅读的态度是无须花费大量时间阅读和寻找文献，但是偶尔的阅读或许是他有进一步研究想法的契机。可是许多研究提倡文献阅读，因为对于一些研究者来说阅读会带来灵感，带来进一步的实验想法，同时也可以学习他人的研究思路和想法，避免在某些研究上多走弯路。但是，这不应成为证明自己是否做过相同研究的全部依据，更不能成为阻碍自己进一步研究的绊脚石。

2. 水平思考法和绕道研究

安德烈·海姆是一位注重学生思维训练的老师，他希望学生可以多从不寻常的角度思考问题，因此他在研究中常引入水平思考法开发学生的思维，这需要从他的“星期五晚上实验”的创立说起。与“悬浮的青蛙”类似的悬浮实验不仅有趣并吸引人，也给安德烈·海姆上了重要的一课——在远离他的专业知识领域的方向进行探索，也可能会产生有趣的结果，即使其原始理念非常基础。这个想法反过来影响了安德烈·海姆的研究模式，他开始进行相似的探索研究（绕道研究），并在一定程度上组织了名为“星期五晚上实验”的活动。水平思考法下倡导的研究，可能会违背原始或主要的研究背景，并且需要占据一部分时间和精力，所以刚开始训练时学生会非常兴奋，但是时间一长，许多学生会因为论文和职业规划放弃参与。安德烈海姆说道：“虽然学生的热情会消退，而且也会出现可预见性障碍，但是有些学生反映绕道实验依然是其不可多得的宝贵经验。”与他一起获得诺贝尔奖的学生诺沃肖洛夫便是经过他的多次水平思考法训练出的学生。

水平思考法就是摆脱非此即彼思维方式的思考方法，也是摆脱逻辑思维和线性思维的思考方法，由英国心理学家爱德华·德·博诺（Edward de Bono）所倡导。在水平思考中，人们提出不同的看法。每个不同的看法都不是互相推导出来的，而是各自独立产生的。在传统思维中，人们常常受逻辑思维和线性思维的局限，所以人们普遍擅长分析和判断。这样，人们普遍关注“为什么”而不是“还有可能成为什么”。于是人们的创造力就受到了局限。区别于垂直思维，水平思维不是过多地考虑事物的确定性，而是考虑它多种选择的可能性；关心的不是完善旧观点，而是如何提出新观点；不是一味地追求正确性，而是追求丰富性。正是由于这种思维方法的训练，安德烈·海姆的学生追求研究的无限可能性和丰富性，或许同一种实验可以看出更多延伸的可能，这有利于创新研究的探索。

虽然这种思维法有利于发散学生的思维，但是多走弯路在目前讲究时效性的社会中是否具有适应性？海姆提倡学生在研究中要避开自己的主要研究领域、寻常思维和研究方式，这对于时间和心态都是一种考验，尤其是对具有毕业时间限制的学生来说更是如此。绕道研究这种思维方法的应用前景和坚持力还有待考证，由于往往无法持久，半途而废也使得训练达不到相应的效果，但是也不得不肯定其优势所在，因此，如何将绕道研究这种思维训练法与时效性相协调还是值得研究的问题。

四、启示和建议

以实验物理学方面的发现或发明作为诺贝尔物理学奖的夺冠热门，成为安德烈·海姆等众多科学家推崇的领域，但是目前在我国由于其定位标准、实验设备的发展程度及实验专业人才的培养程度相比国外科技发达国家依然存在一定的差距，这在一定程度上成为阻碍领域新发现的短板。

纵观诺贝尔物理学奖的获奖情况，1901～2015年，实验物理学方面的发现或发明的获奖者约占74%。很多理论项目的得奖都是在判定性的实验结果得出后不久才被授予的，正如诺贝尔物理学奖获得者伦琴所说：“实验是最有力的杠杆。我们可以利用这个杠杆撬开自然界的秘密，在解决某一假说是保留还是摒弃这一问题时，这个杠杆应成为‘最高一级的审理法院’。”2004年，徐万超等发表的《诺贝尔物理学奖获奖者的统计分析》一文，分析了1901～2001年诺贝尔物理学获奖领域，将物理学研究按照《中国物理文摘》一级类目分为12个学科，实验和应用物理作为一个单独板块和固态与凝聚态物理、原子与原子核物理以 31 次的获奖次数并列第一位。随着时间的推移，实验和应用物理获奖次数也在不断增多，同时其 18.7% 的最高获奖次数表明了诺贝尔奖对实用发明专利、实验技术革新的认可和重视。

我国目前的实验物理发展所遇到的问题首先表现在其地位的尴尬，依附于理论物理而存在，其存在只为了验证推论和猜测的真实性与可实现性。安德烈·海姆认为这种目的性的存在从根本上来说对实验物理发展不利，反而在一定程度上限制了实验物理的发展范围。实验物理应具有自己的发展领域，研究者可以自己开辟研究方向，不管是石墨烯还是二极管，都是实验物理在不断摆脱验证理论这种使命的象征。

其次，我国实验技术相比欧美等科学发达国家或地区存在一定的差距。在欧美地区，一部分优秀的物理学研究者也是出色的实验设备工程师，例如，海姆和阿罗什亲自同学生组建和设计实验设备。实验设备是保证实验顺利进行的基础，也是探索新发现的前提，如果实验设备走在前列，其实验结果的创新可能性会大大提高。而先进的实验设备对于自主权要求较高，如果实验室自主研发，其独特性和领先性不言而喻，其研究经费的花销也会大幅度降低。但是如果从外界购买实验设备，则会使大批次生产的产品商品化，其独有性会大幅度降低，这也在一定程度上缩小了与其他研究机构相比的竞争优势。如果从外界单独订做实验设备，话语权依然掌握在他人手里，依赖他人不利于研究的创新性竞争。

如果研究者本身不是出色的实验设备工程师，其研究团队则需要拥有专业的实验设备员。安德烈·海姆一直与几个实验设备工程师保持紧密联系，其中谢尔盖·杜博诺斯亲自帮其制作和测试多种设备和实验，对于起步阶段研究经费紧张的海姆团队来说这无疑是雪中送炭，奥列格·施克莱耶夫斯基直接为其带来胶布粘取石墨烯的灵感，诺沃肖洛夫直接与其并肩作战，通过共撕胶带发现最薄石墨烯，不得不承认实验设备工程师对于一个研究团队和实验发现的重要性，而这恰恰是国内研究团队中所缺乏的角色。此外，国内对于其价值肯定程度较低，导致大量人才流失，这也在一定程度上拉大了国内团队与国外团队的差距。

案例5 用胶带“玩”出诺贝尔奖

——2010年诺贝尔物理学奖获得者康斯坦丁·诺沃肖洛夫

获奖原因：安德烈·海姆和康斯坦丁·诺沃肖洛夫在一张布满铅笔笔迹的纸上，通过用透明胶带粘取的方式，成功剥离出了石墨烯。随后他们通过研究发现，石墨烯原子所独具的、像一张铁丝网似的六角形阵列排列方式，有潜力成为比钢铁坚硬10倍且在导电时能量损失很小的新型材料。诺贝尔奖评审委员会认为它“有望帮助物理学家在量子物理学研究领域取得新突破”，且将极大地促进汽车、飞机和航天工业的发展。这个发现被看作是最有可能改写未来世界电子产业的因素，同时有望帮助物理学家在量子物理学研究领域取得新突破。

研究价值点：由于石墨烯具有特殊的物理性能及广泛的应用价值，在未来的能源利用上拥有不可替代的作用，当前我国对石墨烯的相关研究也给予了高度重视，在研究与产业应用上有突破性进展，因此研究康斯坦丁·诺沃肖洛夫的案例对于我国石墨烯的研究具有借鉴作用；康斯坦丁·诺沃肖洛夫与其导师安德烈·海姆有亲密的合作关系，在共同兴趣爱好的驱使下，通过简单的物理方式取得了突破性的成就，从取得成果至获得诺贝尔奖虽然仅仅6年时间，但其不可估量的应用空间为增进我国科研实力提供了借鉴意义。

- **国籍：**俄罗斯、英国
- **出生年份：**1974年
- **获奖时年龄：**36岁
- **标志性成果取得年份：**2004年
- **成果检验期：**6年
- **学科背景：**固态物理学
- **研究领域类型：**创新领域、实验研究
- **所属研究机构：**英国曼彻斯特大学
- **博士生导师：**安德烈·海姆

一、生平和工作经历

康斯坦丁·诺沃肖洛夫因在二维石墨烯材料方面的开创性实验与其老师安德烈·海姆一同获得 2010 年诺贝尔物理学奖。诺沃肖洛夫 2014 年至今领导介观研究小组在曼彻斯特大学的皇家学会任职。

（一）家庭背景

诺沃肖洛夫于 1974 年出生在苏联乌拉尔山地区的城市下塔吉尔，母亲塔季扬娜是英语教师，父亲谢尔盖·诺沃肖洛夫在当地一家工厂担任工程师——这家工厂在当地很有名，主要制造火车和坦克（包括著名的 T-34）。因而，与他们家交往的人员中有大量的工程师和技术人员。诺沃肖洛夫小时候爱好滑雪和开卡丁车，并尝试自己修理一些汽车零件，学会了车工、铣工、焊接的技术，从小受家庭因素影响，诺沃肖洛夫培养了爱钻研、勤动手的兴趣和能力。

（二）早期经历

上学时诺沃肖洛夫的物理老师柳德米拉·拉斯托尔古耶娃、数学老师瓦伦蒂娜·菲利波娃和柳德米拉·巴什马科娃经常鼓励其做实验并参加各种竞赛，还将他介绍到莫斯科物理技术学院的远程教育学院。他阅读了《量子》杂志、马丁·加德纳作品的译本，以及鲍里斯·帕斯捷尔纳克、普希金、杰克·伦敦、马克·吐温、刘易斯·卡罗尔、杰罗姆·克拉普卡·杰罗姆等的作品。1991 年，他直接进入莫斯科物理技术学院物理和量子电子学学部。1991 ～ 1995 年他还参与到一家建筑公司的业务中，但他最终还是选择以科学研究为业。

（三）教育经历

2004 年在奈梅亨大学获得博士学位，师从安德烈·海姆。

（四）获奖荣誉

2007 年，获得尼古拉斯·库尔提欧洲科学奖；2008 年，被《麻省理工科技评论》评选为 TR35（即全球 35 位 35 岁以下的科技创新青年）；2008 年，被评选为曼彻斯特大学研究人员；2008 年，与安德烈·海姆一起获得欧洲物理学奖；2008 年，获得国际纯粹与应用物理学联合会青年科学家奖；2010 年，与安德烈·海姆同获诺贝尔物理学奖，诺沃肖洛夫是物理学中最年轻的诺贝尔奖得主；

2010 年，被评选为英国皇家化学学会荣誉院士；2010 年，被评选为莫斯科物理技术学院名誉教授；2011 年，荣获曼彻斯特大学博士学位，英国物理学会物理研究所荣誉院士，英国皇家学会院士；因其在二维原子晶体领域的工作，国际晶体学联合会授予其 W. L. 布拉格演讲奖；2012 年，因科学服务获得 2012 年新年荣誉的爵士勋衔；2012 年，被选为英国 50 位先进工作者之一；2012 年，举办科恩奖讲座《新型材料开发：二维原子晶体》；2013 年，荣获英国曼彻斯特大学兰沃西物理学教授；2013 年，获得莱弗尔梅勋章（皇家社会）；2013 年，被授予曼彻斯特城市的自由荣誉；2013 年，当选保加利亚科学院的外籍院士；2014 年，被授予昂萨格奖章。

二、值得关注的价值点和问题点

（一）个人特质

1. 家庭背景

诺沃肖洛夫的母亲塔季扬娜是一名英语教师，父亲谢尔盖·诺沃肖洛夫是一名工程师，与其家庭人员交往的也多是一些高级知识分子。他从小就在父母及亲朋好友营造的良好的文化氛围中成长。

2. 知识结构

1993 年，诺沃肖洛夫一开始进的是研究激光系统的天体物理学中心，一年后转到切尔诺戈洛夫卡微电子技术研究所。在那里，他有机会听到不少顶级教授的演讲。他跟随谢尔盖·杜博诺斯学习微电子技术，后来在尤拉·杜博罗夫斯基实验室从事隧道光谱学方面的工作。1997 年在该实验室攻读博士学位时，诺沃肖洛夫得到了去荷兰奈梅亨大学跟随安德烈·海姆做研究的机会。虽然一开始做得并不好，但他还是于 1999 年 8 月在扬·基斯·曼教授高磁场实验室成为安德烈·海姆的博士生。

2001 年，安德烈·海姆转到曼彻斯特大学，诺沃肖洛夫随其前往。实验室里只有安德烈·海姆、诺沃肖洛夫、伊琳娜·格里戈里耶娃及其他一些博士后和访者。实验对象有磁水、介观超导性、壁虎胶带、带栅电极的扫描隧道显微镜。他们有一个重要的项目就是以石墨为原料，制造金属场效应晶体管。本来他们准备放弃了，但扫描隧道显微镜项目为他们提供了意外的解决之道。诺沃肖洛夫要花很长时间测量畴壁，奥列格向他展示了用透明胶带材料切割石墨以作清理的方法。诺沃肖洛夫很快就制造出显示微弱场效应的器件。几个月内，诺沃肖洛夫等造出了第一个石墨烯器件——ZYH-K51 样品。

2004 年诺沃肖洛夫的第一个博士后任期快结束时，他留在曼彻斯特大学忙了一阵，利弗休姆信托公司愿意为其提供奖学金，但要求他具备博士学位，就在此时他得到了奈梅亨大学的博士学位。

（二）师徒协作

获得诺贝尔奖时，安德烈·海姆 52 岁，诺沃肖洛夫 36 岁，安德烈·海姆和诺沃肖洛夫的经历有许多共同之处。比如，他们都出生于苏联，都是在苏联开始的物理学研究生涯，都是先在荷兰做研究而后定居英国，二人现在又同为英国曼彻斯特大学物理与天文学院教授。

曾在荷兰与安德烈·海姆共事的大学教授扬·凯斯·马安说，安德烈·海姆就像指挥者，而诺沃肖洛夫则是操作员，虽然安德烈·海姆比诺沃肖洛夫更有经验，但是如果他们没有合作，是不会赢得诺贝尔奖的。

案例 6 广义相对论宇宙常数的修订者

——2011 年诺贝尔物理学奖获得者索尔·珀尔马特（Saul Perlmutter）

获奖原因：这一研究成果改变了大众对整个宇宙的认识，在大多数物理学家支持宇宙处在减速膨胀状态时，索尔·珀尔马特与他的团队设计出一种全新的度量宇宙尺度变化速率的方法，并于1998年宣布了宇宙加速膨胀理论，修正了很多伟大物理学家的猜想。

研究价值点：索尔·珀尔马特身上的统计数据呈现出典型的诺贝尔奖获得者特质：在美国获得诺贝尔奖最多的机构学习和工作；在美国能源部（美国诺贝尔物理学奖国家支持经费的主要来源）下属的劳伦斯伯克利国家实验室工作；是重要项目负责人；与以前的诺贝尔奖获得者有明显交流；研究领域属于基础技术领域，成果检验期较短；除此之外，在个人特质方面，索尔·珀尔马特敢于挑战权威，面对当时学术界权威专家的一致否定，他选择了坚持并最终获得了学术界的认可与嘉奖。

- **国籍：**美国
- **出生年份：**1959年
- **获奖时年龄：**52岁
- **标志性成果取得年份：**1998年
- **成果检验期：**13年
- **学科背景：**天体物理学
- **研究领域类型：**创新领域、实验研究
- **受教育经历：**1981年从哈佛大学毕业，1986年获加利福尼亚大学伯克利分校博士学位
- **工作经历：**加利福尼亚大学伯克利分校、劳伦斯伯克利国家实验室
- **学术任职：**美国国家科学院院士、美国艺术与科学学院院士、美国科学促进会会士（2003年）
- **行政任职：**劳伦斯伯克利国家实验室超新星宇宙学项目负责人
- **获奖时所属机构：**加利福尼亚大学伯克利分校
- **资金来源：**美国能源部和美国国家航空航天局

一、生平与工作经历

珀尔马特出生于一个德系犹太裔知识分子家庭。父亲是宾夕法尼亚大学化学和生物分子工程名誉教授丹尼尔·戴维森·珀尔马特，母亲是天普大学社会管理学院名誉教授费里斯·戴维森·珀尔马特。珀尔马特有一姐一妹。姐姐希拉·珀尔马特是一名律师，妹妹图瓦·珀尔马特是一名社会工作者。

1981 年，珀尔马特毕业于哈佛大学并获优等毕业生奖，1986 年在加利福尼亚大学伯克利分校获得物理学博士学位。

（一）研究经历

珀尔马特的博士论文选题是自动化望远镜搜寻候选的太阳伴星。他在攻读博士学位期间也尝试用同一架自动化望远镜搜索罚神星和超新星，这为他后来获得诺贝尔奖做了前期准备。

珀尔马特的博士生导师理查德·A. 穆勒曾长期在 1968 年的诺贝尔奖获得者

路易斯·沃尔特·阿尔瓦雷茨领导下的劳伦斯伯克利国家实验室工作，后来珀尔马特进入劳伦斯伯克利国家实验室，成为超新星宇宙研究项目的负责人。在超新星搜索中，阿尔瓦雷茨为珀尔马特提供了有效的建议。

La 型超新星有极高的亮度，在宇宙中的任何角落都可以被观测到。此外，因为这种特质，通过比较遥远和邻近的“恒星尸体”的红移，还可能测得宇宙膨胀的速率是否曾发生改变。这是一种很直接的测量方法，由珀尔马特首创。

珀尔马特团队通过计算发现宇宙在加速膨胀，整个物理界包括其小组自身都不敢相信这一发现，经过十多年的对世界不同望远镜取得的观测数据进行分析，该小组于 1998 年正式宣布这一发现。

里斯和施密特领导的高红移超新星搜索队的研究结果也证明宇宙在加速膨胀，这与当时的主流物理理论认为宇宙在减速膨胀相反，被《科学》杂志评为 1998 年的突破性事件。取得该发现时，里斯正在加利福尼亚大学伯克利分校担任博士后，与天文学家亚历克斯·菲利潘科合作。菲利潘科在不同时间段分别是超新星宇宙研究小组和高红移超新星搜索队两个小组的成员。

曾在劳伦斯伯克利国家实验室工作过的韩裔科学家金可允 20 世纪 90 年代也在超新星宇宙研究项目组工作，当时珀尔马特担任他的博士生导师。金可允表示，珀尔马特最让他敬佩的是有积极、乐观的处世态度。他回忆说，当年有不少人对超新星宇宙研究项目持否定态度，认为不可能取得什么成果，但是珀尔马特勇往直前。“我从来没见过他气馁，他是一位乐观主义者”，金可允认为，珀尔马特的研究之所以能取得成功，正是得益于他这种积极的态度，这对于与他共事的研究人员常常是一种巨大的激励。不仅如此，珀尔马特还非常乐于接受新想法。金可允说：“无论你有什么疯狂的想法，他都是第一个愿意洗耳恭听之人，他（办公室）的门永远是敞开的。”珀尔马特还是超新星加速探测工程项目的领导者，该项目由美国国家航空航天局和能源部主导，通过建设和发射第一颗专为探测宇宙暗能量的专用卫星，帮助确定宇宙膨胀常数。珀尔马特还是加利福尼亚大学伯克利分校地表温度项目的参与者，该项目期望通过对气候数据进行深度分析，从而对全球变暖有更深刻的认识。

（二）家庭生活

珀尔玛特的妻子劳拉·纳尔逊是加利福尼亚州立大学东湾分校的人类学教

授，其女儿名为诺亚·珀尔马特。父女俩经常谈论科学、文学等话题。珀尔马特总是会向女儿提出能激发她思考的问题，鼓励她用创造性的方式来考虑问题。在女儿眼里，爸爸非常聪明，但有时又有些“傻”，“他可会逗乐了，笑话可多了”“爸爸很帅气，有一双漂亮的蓝眼睛，但头发很少。爸爸喜欢拉小提琴，但需要多练习。爸爸累了就陪我踢足球，或者让我大力弹钢琴，他使劲大声唱歌，他认为那样很酷”。

在太太劳拉·纳尔逊眼里，丈夫是一个精力旺盛、充满激情的人，“他特别擅长对付难题，总能理性地寻找到解决办法”。

（三）获奖状况

2002 年，获美国能源部劳伦斯物理奖；2003 年，获加利福尼亚州年度最佳科学家奖；2005 年，获约翰·斯考特奖和帕多瓦奖；2006 年，获意大利费尔特里内利奖金，与里斯和施密特获得了邵逸夫天文学奖（东方“诺贝尔奖”）；2007 年，其团队同里斯团队一起获得格鲁伯宇宙学奖；2011 年，与里斯获得爱因斯坦科学奖奖章，与里斯、施密特共同获得诺贝尔物理学奖。

二、值得关注的价值点和问题点

（一）个人特质

1. 家庭背景

诺贝尔奖获得者出身于知识分子家庭的占近 50%，居第一位；第二位为工商业家庭；第三位为工人农民家庭；官员家庭出身最少，约占总人数的 5%。

知识分子家庭一般尊重知识，重视学历，在这种氛围中长大的孩子追求知识的欲望、好奇心、创新意识比较强烈，这为日后从事科学研究打下了很好的基础。

1901 ～ 2001 年共有 680 位诺贝尔奖获得者，其中仅犹太裔就有 152 位，约占总获奖人数的 22.35%。犹太人对教育的重视世界闻名，犹太人对家庭教育及整个种群对个体教育都有独特的方法。

2. 性格特质

索尔·珀尔马特乐观、乐于学习、敢于开辟新领域、具有团队精神。在研究超新星的最初几年，索尔·珀尔马特研究小组并没有取得任何研究成果，甚至连一颗超新星都没有观测到，但索尔·珀尔马特并没有因此而灰心放弃。他将获奖归结为，“如果你认为一个研究项目让你很兴奋，你就坚持做下去。事实证明你花费的时间和精力都是值得的。”他回忆说，“我们刚开始进行这个研究时处境很困难，受到很多批评和质疑。那时我很年轻，还比较傻气，但我对研究充满激情，我要去尝试”。珀尔马特倍感欣慰的是，“我们用数据和研究结果说服别人，而得以继续我们的研究。你看，我们很幸运，这件事情被顺利完成了”。

3. 知识结构

诺贝尔奖交叉研究成果的比例从 1901 ～ 1920 年的 32% 不断提升，近一个世纪以来，始终保持在 54% 以上。

天体物理学是一种利用物理学的概念、理论、方法研究天体的形态、结构、化学组成、物理形态和演化规律的科学，属于交叉学科的一种。而索尔·珀尔马特的学科背景便是天体物理学。

（二）派系师承

1. 教育经历

珀尔马特于 1981 年从哈佛大学毕业，1986 年获得加利福尼亚大学伯克利分校物理学博士学位。属于研究型大学的哈佛大学是在本科阶段实行通识教育的代表，其核心课程计划要求所有本科生用一学年的时间学习文学与艺术、科学与数学、历史研究、社会与哲学分析、外国语文与文化、道德思考六类基础课程，并注重由大师、教授讲授通识课程，保证通识课程的教学质量。加利福尼亚大学伯克利分校也是美国诺贝尔奖得主最多的几所大学之一。劳伦斯伯克利国家实验室位于校内，由劳伦斯建立，隶属能源部。2000 ～ 2011 年，该实验室产生了 15 位诺贝尔奖获得者。

2. 师承关系

珀尔马特的博士论文是由理查德·穆勒指导完成的，其选题是搜寻候选的太阳伴星。正是基于导师的伴星理论，珀尔马特开发了相对精确的测量视差运动的天体测量技术，这一技术后来被用于近距离的超新星搜索。他和他的团队通过对超新星观测的大量数据的分析发现了宇宙的加速膨胀现象。

理查德·穆勒曾在路易斯·沃尔特·阿尔瓦雷茨领导的劳伦斯伯克利国家

实验室工作，阿尔瓦雷茨对珀尔马特的研究也进行过指导，并与之进行过交流。

3. 团队协作

里斯团队的存在是珀尔马特获奖的一个必要条件。两个团队用不同的办法对同一个问题进行研究，这保证了数据分析的独立性和真实性。而对方团队的研究进展也是使自己的团队十多年坚持不懈努力的一大动力。

珀尔马特认为团队合作十分重要，“我们的研究合作伙伴遍及全世界，没有其他科学家的共同努力，我们不可能实现这个目标”。

三、启示和建议

对科研机构的支持要有一定的长效性，对投入资金的研究项目要有科学的评估体系，根据评估结果对有潜力的科研团队进行长期资助。

珀尔马特在博士阶段对太阳伴星进行研究时首创一种方法，利用高红移超新星亮度极大及该类超新星亮度相同这一特点，用同一架天文望远镜，对宇宙中的高红移超新星进行观测，进而计算出宇宙的膨胀数率。

20 世纪末至 21 世纪初，主流物理界认同的是宇宙大爆炸理论，该理论是从爱因斯坦的广义相对论延伸而来的，根据能量守恒定律，认为宇宙从一个点爆炸诞生后保持减速膨胀状态。但这个不停变动的数率包含了包括爱因斯坦在内的无数伟大的物理学家挑战失败的记录，成为学术界的一大难点。如果珀尔马特小组能够解决这个问题，无疑会震惊世界。

但其实当时年轻的珀尔马特在劳伦斯伯克利国家实验室领导着的是一个极小的项目组，组里都是一群没有资历的年轻人。他们根据珀尔马特提出的崭新原理，搜集全世界的大型天文望远镜中高红移超新星的数据。由于大型天文望远镜的数据量庞大，在最初几年这个小组一无所获，根本没有分析出任何有价值的数据，因而受到许多批评和质疑，这个在将来获得诺贝尔奖的项目也面临被否决的危险。

为什么这个项目还被保留下来呢？项目支持人珀尔马特的执着坚持是一个重要的因素，无论是在项目艰难的起步阶段还是在经过数据分析后得出颠覆主流学术界的理论——宇宙减速膨胀理论时，他都积极用数据和事实捍卫自己及团队的研究。

案例7 成功束缚量子的“魔术实验大师”

——2012年诺贝尔物理学奖获得者塞尔日·阿罗什（Serge Haroche）

获奖原因：量子信息作为全世界的一门新兴热门学科，具有无限的潜力和价值，2012年的诺贝尔物理学奖获得者塞尔日·阿罗什和戴维·瓦恩兰用突破性的实验方法使得单个粒子动态系统可被测量和操作，独立发明并优化了测量与操作单个粒子的实验方法，并在实验中保持单个粒子的量子物理性质，这一突破在之前是不可想象的。

研究价值点：阿罗什作为在量子物理领域成就较高的科学家，对其的案例分析对于我国目前有较大潜力的量子信息学科建设具有借鉴性作用；阿罗什因实验而获奖，他在实验中高超的操作能力与目前我国科研实验进步的空间形成对比；阿罗什与我国科学家在量子物理领域保持着合作，这是比较两国相关领域研究的契机；同时，他对于科学研究有自己的一套见解，他所提出的观点对于促进我国科研发展有一定的借鉴意义。

- **国籍：**法国
- **出生年份：**1944年
- **获奖时年龄：**68岁
- **标志性成果取得年份：**1977年
- **成果检验期：**35年
- **成果所属领域：**原子分子与光物理
- **研究领域类型：**创新领域、实验研究
- **所属研究机构：**法国巴黎高等师范学院

一、生平和工作经历

塞尔日·阿罗什，法兰西公学院教授，美国国家科学院外籍院士和法国科学院院士，其获奖研究共持续35年。

1. 家庭背景

塞尔日·阿罗什于1944年出生在摩洛哥的卡萨布兰卡。其父亲为犹太人，

是一名律师。其母亲为苏联人，是一名教师。其妻子是人类学和社会学家。他的祖父曾在摩洛哥“法语联盟”从事法语教学工作。在他 12 岁那年，举家迁居法国。他因为从小受到火箭发射、宇宙探索的启发而开始对物理产生兴趣。

2. 教育和工作经历

1971 年，阿罗什在巴黎第六大学获得博士学位，其论文指导老师是 1997 年的诺贝尔物理学奖得主克洛德·科昂-唐努德日（Claude Cohen-Tannoudji），而克洛德·科昂-唐努德日的导师为 1981 年的诺贝尔物理学奖得主阿瑟·伦纳德·肖洛（Arthur Leonard Schawlow）。1972 ～ 1973 年，阿罗什在博士后期间访问斯坦福大学阿瑟·伦纳德·肖洛实验室，师从阿瑟·伦纳德·肖洛。

其后的主要工作经历如下。

1974 ～ 1984 年，在巴黎综合理工学院担任讲师一职；1975 ～ 2001 年，担任巴黎第六大学全职教授；1981 年，在哈佛大学担任访问教授；1984 ～ 1993 年，任耶鲁大学兼职教授；1991 ～ 2000 年，加入法国联合大学；1994 ～ 2000 年，任巴黎高等师范学院物理系主任；1996 年，在巴黎高等师范学院与同事合作，通过实验观察证明了量子相干性，从而在物理研究领域闻名；2001 年，担任法兰西公学院教授；2012 年，担任法兰西学院量子物理学会主席。

3. 获奖状况

阿罗什在获得诺贝尔奖前已获得十余项大奖，分别如下。

1983 年，获得法国物理学会让·理查德大赛奖；1988 年，获得爱因斯坦激光科学奖；1992 年，获得洪堡特奖；1993 年，获得富兰克林学会的迈克尔逊奖；2001 年，获得意大利罗马智德大学特瑞奖；2002 年，获得欧洲物理学会的量子电子学奖，获得量子通信、测量和计算国际学术大会的量子通信奖；2007 年，获得美国光学学会的查尔斯·哈德·汤斯奖；2009 年，获得法国国家科学研究中心的金奖，德国物理学会的赫伯特·瓦尔特奖和美国光学学会奖；2009 年，得到欧洲研究理事会 5 年的补助项目。

二、值得关注的价值点和问题点

（一）博士阶段和博士后阶段师承两名诺贝尔物理学奖获得者

阿罗什在博士阶段师承诺贝尔物理学奖获得者克洛德·科昂-唐努德日，

博士后阶段则师承另一位诺贝尔奖得主阿瑟·伦纳德·肖洛，而且值得注意的是，这位诺贝尔奖得主也是阿罗什博士阶段的导师克洛德·科昂-唐努德日的导师。

（二）团队合作的长期性

阿罗什表示，在进行研究的 35 年中，其研究团队不断扩大和稳固，新兴力量的加入为其提供了很多灵感，并且此次发现中重要的一员是他培养了 10 年的博士生。阿罗什曾说："这里能够组建一支极其出色的永久性研究团队，我能够将长期积累的各种技能和知识不间断地传授给一批又一批的优秀学生。在巴黎高等师范学院为研究生教授的课程，以及过去 10 年间一直在法兰西学院教授的课程，也为我获得诺贝尔奖做出了贡献，因为每年都需要准备一系列新的讲座，这使我能够专注于光与物质间相互作用的不同方面。"

阿罗什主要的合作者有以下几位。

1. 米歇尔·布吕内（Michel Brune）

现为法国国家科学研究中心研究员，1987 年与阿罗什联合署名发表论文，他的小组在用实验检验腔中场的量子化时，发现了非线性量子特性。从此，一门被称为腔量子电动力学（C-QED）的研究学科逐步建立并发展起来。它主要研究原子与光子在小型谐振腔中的相互作用，起初将目标集中在里德伯原子与毫米波的相互作用。随着技术的进步，特别是 20 世纪 90 年代冷原子技术和光电测试技术的发展，高品质微腔和原子冷却与俘获的结合使单原子和单光子作用的 J-C 模型可以得到很好的实验检验。单原子和单光子之间的耦合在 1992 年以后进入所谓的强相互作用，由原子、光场和腔组成的系统成了具有重要潜在作用的量子装置，不仅成为可以探索量子物理世界某些非经典行为的重要工具，如薛定谔猫态、量子测量等，而且在量子计算、量子态的制备及量子通信等领域都具有重要价值。

2. 约翰-米歇尔·雷蒙德（Jean-Michel Raimond）

他与塞尔日·阿罗什和米歇尔·布吕内共同担任卡斯特勒·布洛塞尔实验室腔量子动力学组的负责人。1988 年在巴黎第六大学担任教授，2004 ～ 2009 年加入巴黎高等师范学院物理系。1978 年与阿罗什第一次联合署名发表论文 *Laser Measurement of Intensity Ratio Anomalies in Principal Series Doublets of*

Cesium Rydberg States: Does the D1 Line Vanish，后来合作至今。他说：“他和阿罗什是最相互信任、最亲密的朋友。”

（三）倡导科学与人文结合

1. 文化氛围推动创新和基础研究

回首往昔，历史上那些科技最为繁荣和活跃的时期，同时也是科学家和艺术家、哲学家或社会学家自由交流互动的时期。阿罗什说，良好的文化氛围大大推动了创新和基础研究。比如说，文艺复兴时期的意大利和20世纪20年代的德国，都涌现出了大批优秀的科学家。当时这两个国家的科学界都与其他领域建立了良好的互动关系。爱因斯坦就非常喜欢与哲学家和艺术家打交道，他主张科研人士要有人文素养和情怀，并认为，理想的教育和科研制度应该将科学和人文相结合，留住人们对科学的好奇心和热情，创造一种有利于想象和创新的整体文化氛围。

2. 教育：理工科和人文学科要并行

阿罗什说，首先，要确保有教无类；其次，授课科目之间也应该保持平衡，且教师收入要优厚。理工科和人文学科要相互结合。学习艺术、哲学与文学有助于开阔眼界，激发创意，同时有助于思考当今社会究竟面临怎样的重要议题。

3. 阿罗什对艺术的兴趣极高

前面提到许多科学发现来自科学家不经意间的灵感，灵感并不是完全的“凭空而论”，而是来自许多相关相似领域的启发，人们在其他领域参阅或执行后发现其与科学研究形成契合而获得灵感。艺术与科学有许多相融之处，都是人类思考后的作品。除了物理学之外，阿罗什对绘画、歌剧等艺术领域也非常感兴趣。他在接受法国《世界报》的采访时说，绘画与歌剧给予了他科研的激情。他在科学与艺术之间找到了“共振”与“共鸣”。现代物理学本身就是在深晦莫测的领域进行探索和研究，这和艺术领域里追求更新更高的突破并无不同，都是在追求各自领域里神秘而有趣的东西。

对阿罗什在艺术方面的兴趣最好的说明就是，有一次在维也纳举行科学会议期间，他专门拿出一天时间去美术馆欣赏克里姆特和席勒的画作。他认为，现在艺术家画作中反映出的“兴奋”和“关注”正是量子物理学的核心追求所在。

（四）教育制度要激发年轻人的研究热情，考核标准应多样化

阿罗什认为，教育制度要激发年轻研究人员独立从事研究工作的好奇心与热情，而不是让他们屈从体制和经费的桎梏。如果单依据发表论文数量来评价研究人员，那他们会只为了发表文章去拼命地写论文，而没时间去思考怎么做研究，甚至有些人会为此抄袭作弊。

阿罗什在谈到自己挑选团队成员时说道："能吸引到这么多有天赋的年轻人，我们感到非常荣幸。我一直在法国的巴黎高等师范学院从事研究工作。那里的学生都是经过层层严格的考试筛选出来的。首先一定要看他们的学业和学术背景，之后面试的部分要观察学生的个性，确保他们在团队中也能游刃有余地完成任务。总的来说，要找到人才绝非易事。有些人一开始有点儿羞涩怕生，但实际上却非常优秀，能够做出成绩。同样的，有些人学业成绩十分出色，但在创意和想象力方面却难如人意。"①

（五）减少科学研究上一些无用的步骤

阿罗什在接受采访时曾说过："我们可以不花费任何代价就能获得不少改善。法国的学术机构较为庞大，各种研究委员会、学校和政府机构相互交织，庞大的官僚体制困扰着科学家——他们不得不花费大量的时间填写表格和完成报告，而不是从事具体的研究。"

目前，我国许多研究在项目开展前期的工作较多，项目申请的步骤繁多，科研工作者需要将其大量精力花费在此环节上，或许将步骤精简一些，对物力、财力和时间成本都是一种帮助。

（六）实验室设备和技术高端化、自主化

大量的科学研究任务中的思想和假设，都有赖于实验室的保证和支持；有的科研任务本身就是完成一个新的实验装置，这更离不开实验室；有些理论研究工作的科学思想的验证，也要自制或改造实验装置，这在实验室的支持与保证下才能完成。阿罗什此次获奖的研究便是一项实验研究，依托于卡斯特勒·布洛塞尔实验室才得以完成。物理学由于其自身的学科性质，如果能在现实中用实验验证理论物理的猜想，那将会在学科中取得极高的地位，但是其操作难度极大。

① 新闻采访：Long-term prospects and short-term contracts: Physics research at a crossroad，2014 年 9 月 1 日。

科学家对实验操作拥有自己的构想，但是实验设备却由别人或别的部门提供，这造成二者的脱节，使实验操作形成一定的短板。制造实验设备的人由于无法透彻地理解理论知识，而无法将最先进的理论应用到实验设备中，同时科学家没有实验设备也无法将理论融入实验技术和设备中，二者的脱节造成许多研究构想无法在实验操作中实现。

阿罗什在获奖接受采访时曾说到，实验室中的许多设备都是由他和学生亲手完成的，并且大部分时间都花费在实验室设备和技术的不断改进中。他们不仅有理论，也拥有实验技术实操的能力。中国科学技术大学的郭光灿教授于2000年凭借“利用光腔制备两原子纠缠的方案”研究引起世界瞩目，阿罗什见后用实验成功地证明了这一理论，成为第一个用实验验证该理论的科学家。

商业化的实验设备无法真正做到因人而异，即根据实验室的具体研究特点生产出符合实验室的具体设备，而且设备在实际运营中也会出现问题，自主研发的实验室设备和技术将不存在此类问题。商业化批量生产的实验设备的自主权在别人手中，长期形成的依赖性也会使实验室受制于实验设备公司，如果是国外的实验设备公司，其知识泄露和技术外流的风险将不可避免。

看一个实验室的水平，不是首先看其装备水平，而是看其技术水平。技术水平主要表现在能用较少的钱办更多的事情，或者是能在同样的装备条件下，解决他人不能解决的问题。要提倡改造、制造实验仪器设备，在引进消化的基础上，进行技术开发。暂时不会的技术要尽快掌握，国内没有的技术要填补空白，并且要实现多学科交叉，发挥各学科在实验设备上的特长，提高实验室的技术水平。

（七）对所在的研究实验室——卡斯特勒·布洛塞尔实验室的分析

该实验室成立于1951年，由1966年的诺贝尔奖获得者卡斯特勒（A. Kastler）和其学生布洛塞尔共同建立，现已成为基础物理量子领域主要的实验室。该实验室由多所研究院和高校，如法国国家科学院、法国物理学会、法国巴黎高等师范学院、巴黎第六大学、法兰西公学院共同赞助，合作伙伴为埃夫里大学。在实验室创立之初遇到了许多困难，阿罗什等利用访学或做兼职教授的机会，前往美国等国家“取经”，并寻求帮助，引进其他国家优秀的师生或先进的经验。

实验室中共诞生了 3 名诺贝尔奖获得者、4 名法国国家科学研究中心金勋章获得者、6 名法国国家科学院成员、3 名法兰西公学院教授。

（八）别人眼中的阿罗什

理查德·布拉斯凯尔，法国犹太机构代表委员会主席，他对阿罗什的评价为："他是个非常出色的思想者，经常为他的创意感到震惊。"

法国总统奥朗德评价他说："塞尔日·阿罗什在所有工作过的国内外研究机构中，无论是国家科研中心、巴黎第六大学、巴黎高等师范学院、巴黎理工大学和法兰西公学院，都善于将有效的理论思考与出色的实验相结合。"

中国科学技术大学郭光灿教授评价他说："阿罗什开创的实验方法在其后的量子处理器和量子力学基本性质的实验研究方面获得应用。"

中国科学院院士孙昌璞评价道："在量子研究领域，目前中国的实验水平已经很高了，但相比阿罗什和瓦恩兰的成果，因为中国用的都是商业化设备，所以在实验方法和技术上，很难有真正原创性的创新。"

三、讨论

1. 基础科学应不应该与商业研究或应用科学交融？

当前的研究提倡将基础研究与应用科学相交融，以提高基础科学的应用前景，但是在阿罗什看来，与历史上的同行相比，他说他（或者说我们）所身处的这个时代对于基础科学研究来说实在是糟透了，许多与应用科学交融的提法并不利于基础科学的发展，反而使科学家无法专心投入基础科学的研究中。由于体制和科研经费不足等问题，科学家不得不接一些服务于短期商业利益的科研项目。

与许多科学家的观点——基础理论研究与应用领域需要加强交流互动——正好相反，阿罗什认为，优秀的科学家应该全心投入对人类长远发展极为关键的基础科研，而不是把时间"浪费"在其他应用科学领域，例如金融业或计算机业。

越来越多的研究项目都变成了短期合同，要求科学家承诺研究出可以商业化的产品，如量子计算机。这是他们获取经费的唯一途径。但这属于应用研究，而不是基础研究。一个运作良好的系统应给予科学家足够的空间和自由——不仅是在研究题目方面，还包括研究思路和经费支持。研究经费问题给科学家进行研究带来了压力，不利于研究自由和研究空间的发展。

2. 许多学生毕业后选择跨专业就业，这是否不利于基础领域未来的发展?

阿罗什认为，制度有时候会使卓越的年轻科学家不得不去赚“快”钱，这很糟糕。许多学生在毕业后从事别的行业的工作，阿罗什提到，有些明明数学和物理学得很好的学生，最后却去了金融和计算机行业，十分可惜。以后要解决的问题还有很多，比如，发生日本福岛核泄漏事故之后，我们更清楚地看到，现在缺的是了解核电站工作原理、知道如何进行事故善后处理的工程师。

四、启示和建议

长期性项目资助的持续性和资助额度，可以通过对项目的阶段性或短期成果突破进行考核来权衡，这不仅降低了长期投资的风险性，也解决了年轻科学家的资金申请问题。同时，资历较深的科学家可将“资历”转化为“信用”，以其过去的科研成就作为信用担保，争取长期性项目资助，在实施过程中投资者也可对项目的阶段性或短期成果突破进行考核。

资金是一个项目得以持续开展的关键，阿罗什在接受采访时提到，在其研究开展的几十年间，政府和学校对于其源源不断的资助也是他的研究开展下去的重要原因。目前的基础研究项目大部分需要长期的研究才能取得一定的成果，尤其是诺贝尔奖获奖案例，阿罗什的研究共持续了 35 年。

长期的项目资助因为无法在近期取得成果又需要源源不断地投入物力和财力，对于投资者来说更像是眼光投资，尤其像科学研究这种风险性较高的投资，在实践上具有一定的难度。目前许多政府确实会资助一些由好奇心驱动的研究项目，但对其资助的期限仅为 3 ～ 5 年，阿罗什认为这对于一项雄心勃勃的研究计划来说，时间实在太短了。

由于国家对实验室资助的经费周期性减少，许多科学家进行的长期性研究项目的经费不断缩减，尤其是年轻科学家，由于资历和经验限制，在项目资助上并不占优势。但是一个项目的持续不断发展，主要还是得力于年轻科学家源源不断地涌入。年轻科学家在进入一个项目后，往往可以给予资历较深的科学家一丝灵感，甚至有些可以给过去的研究过程和研究方法提出创新意见，这是研究中较为宝贵的财富。同时，许多卓有成就的科学家所从事的研究都是从其年轻时候的研究一步一步开启的，诺贝尔奖的检验期较长，许多研究都起步于科学家的青年时期，因此在科研资助的过程中不可忽视年轻科学家的贡献。

年轻科学家资历较浅，因此无法取得资助者的青睐和信任，然而缺乏资金科研将无法继续开展。阿罗什在总结其研究成功的秘诀时表示“长期的资助可以通过短期的突破和成果予以鼓励和支持”。短期的成果可以作为一种“信用投资”，成为投资方决定下一阶段投资额度大小的评判标准。任何研究都取得“突破性成果”也许很难，但是“取得进步”并不难，任何突破性成果都是由一点一滴的进步积累而成的，因此投资方可以通过短期成果考察决定下一阶段的投资。

资历较深的科学家在取得项目资助时或许具有一定的优势，但也不是“万金油”，毕竟在风险性投资中资历不一定获得肯定答复，但是面对长期研究的项目资助，资历较深的科学家可以将“资历”转化为“信用”。阿罗什认为，在获得项目资金方面可以很好地尝试一些新方法，例如，以信用而不是以逐利为前提，向优秀研究人员提供科研资金。德国的马克斯·普朗克科学促进学会就致力于帮助年轻有为人士从事长期研究。已经取得研究成果的优秀科学家将会得到终身职位。资历越深，信用额度也就越高，如银行信用卡的评判标准那样。年轻科学家无法拥有较深的资历，较低的信用额度又使其无法获得资助金额较高的长期资助，但是资历较深的科学家可以通过资历向政府、机构、企业或者个人申请项目资金的贷款，通过短期成果评定进行考核，从而获得长期性的项目资金支持。

案例8 “上帝粒子”挖井人

——2013年诺贝尔物理学奖获得者弗朗索瓦·恩格勒（François Englert）

获奖原因：弗朗索瓦·恩格勒预测并论证了粒子物理学里除基本粒子之外的另一种粒子的存在——希格斯玻色子（俗称“上帝粒子”），这种玻色子还应用于宇宙旅行及时间旅行等多个方面，未来发展有望通过希格斯玻色子的研究实现质的飞越。

研究价值点：与一般的诺贝尔奖获得者相比，弗朗索瓦·恩格勒更注重科学研究中的基础研究，其获奖案例可以为我国的科研机构及个人提供重要的参考。

- **国籍**：比利时
- **出生年份**：1932年
- **获奖时年龄**：81岁
- **标志性成果取得年份**：1964年
- **成果检验期**：49年
- **成果所属领域**：粒子物理学
- **研究领域类型**：创新领域、理论研究
- **所属研究机构**：布鲁塞尔自由大学
- **获奖原因**：预测希格斯玻色子的存在

一、生平和经历

弗朗索瓦·恩格勒，比利时理论物理学家，在布鲁塞尔自由大学获得学士和博士学位。他的主要研究领域为统计力学、粒子物理学、宇宙学，在粒子物理学领域做出了重要贡献，2013 年 10 月 8 日荣获诺贝尔物理学奖。

（一）家庭背景

弗朗索瓦·恩格勒出生于比利时埃特尔贝克的一个犹太家庭。第二次世界大战时，由于德国占领了比利时，他被迫隐瞒自己的犹太裔身份，躲藏在孤儿院和儿童之家，时常在比利时各个小镇逃难，迪南、斯图蒙、普罗丰德维耶、昂内都曾经是他的隐藏之处。后来，美军在昂内击退德军，他从此获得自由。

（二）成长经历

1955 年，弗朗索瓦·恩格勒从布鲁塞尔自由大学毕业，获得学士学位。毕业后，他选择留在学校继续攻读博士学位，并于 1959 年获得博士学位。1959 年，他成为康奈尔大学的副研究员，上司是助教授罗伯特·布绕特，他们成为好朋友与亲密的工作伙伴。1960 年，弗朗索瓦·恩格勒升迁为助教授。1961 年，弗朗索瓦·恩格勒返回比利时，罗伯特·布绕特全家也跟其一起来到布鲁

塞尔自由大学，并担任正教授。1964年，弗朗索瓦·恩格勒升为正教授。1980年，罗伯特·布绕特与弗朗索瓦·恩格勒共同管理理论物理组。1998年，弗朗索瓦·恩格勒成为荣誉退休教授。

（三）所获荣誉

1978年，罗伯特·布绕特、弗朗索瓦·恩格勒与埃德加·冈济格合作发表论文《因果宇宙》，提出宇宙暴胀的机制，并获得引力研究基金会的国际引力竞赛的第一名。

1984年，特拉维夫大学的物理与天文系礼聘弗朗索瓦·恩格勒教授为“萨克勒特约教授”。

1997年，欧洲物理学会将高能量与粒子物理学奖颁发给罗伯特·布绕特、弗朗索瓦·恩格勒、彼得·希格斯三人，鼓励他们“首先表述出一种关于带质量、带电荷矢量玻色子的自洽理论，是基本粒子电弱理论的基础”。

2004年，罗伯特·布绕特、弗朗索瓦·恩格勒、彼得·希格斯荣获沃尔夫物理学奖，他们的“开创性工作，导致对质量生成机制的深入了解，即每当局域规范对称性被非对称性地实现于亚原子粒子世界时，质量生成的机制”。

2010年，因“详细阐述，在四维相对论性规范场论里，自发对称性破缺的性质与矢量玻色子质量的持续守恒生成”获得美国物理学会颁发的理论粒子物理学樱井奖。

2011年，荣膺美国查普曼大学量子研究学院的“卓越访问教授”。

2013年10月8日，在瑞典荣获诺贝尔物理学奖。

二、值得关注的价值点和问题点

（一）良好的教育是孕育科学成果的前提

学校教育和家庭教育在一个人的成长过程中扮演着很重要的角色，只有将二者有机结合起来，才能产生更好的效果。

从中学开始，弗朗索瓦·恩格勒就是一名成绩优秀的学生，但也有成绩不好的课程，如地理。他说：“究其原因，与其说是地理科目里的地理位置需要死记硬背，不如说是地理老师的缘故，这是一个很严肃的教育问题；幸运的是，我遇到了一位优秀的数学老师，他让我感受到了数学的美妙，并让我对数学产生了兴趣，之后也一直鼓励我一直到获得物理学博士学位，成为一名科学家，我很感激他。”由此可见，在科学启蒙阶段，教师扮演着重要的角色。

另外，弗朗索瓦·恩格勒所在的布鲁塞尔自由大学很注重对人才的培养，并一直坚持思想自由与科研自由的建校理念。

正是家庭教育和学校教育才使得弗朗索瓦·恩格勒成为一个独立思考、追求创新的研究者。

（二）合作互助在研究中影响深远

在恩格勒的研究生涯中，有几位良师益友对他的影响至关重要。

在布鲁塞尔自由大学学习期间，他遇到了法国教授皮埃尔·艾格兰，并成为他的助教，且同他一起发表了有关半导体的研究文章。1959 年，弗朗索瓦·恩格勒遇到了正在美国康奈尔大学做研究的罗伯特·布绕特教授，成为他实验室的研究员，并很快与之成为很好的朋友及亲密的工作伙伴。两人在物理方面的很多观点经常是互补的，罗伯特·布绕特的思维和观点倾向于英式的严谨风格，弗朗索瓦·恩格勒的思维和观点则更倾向于天马行空的拉丁风格。

由于比利时政府的移民政策对引进人才的大力支持，罗伯特·布绕特放弃了美国公民身份，来到了布鲁塞尔。从 1980 年开始，罗伯特·布绕特与弗朗索瓦·恩格勒成为布鲁塞尔自由大学理论物理学小组的负责人。弗朗索瓦·恩格勒认为，在科学研究的道路上，科学家之间的合作互助是提高效率的重要办法。对于来自团队的支持，他曾说：“我的伙伴，无可取代！”

寻找希格斯玻色子的历程艰难且花费惊人，其实在建造大型强子对撞机（LHC）之前，美国人已经开始建造超级超导对撞机（SSC）。按照设计，它将是真正的巨无霸对撞机，其能量比 LHC 还要高 3 倍，目标也是寻找希格斯玻色子。可惜，SSC 由于花费惊人被称为“吞噬金钱的无底洞”而被美国国会终止，已经挖好的地洞也被填平，很多人为此叹息。

但是，欧洲人并没有因此而停下建造 LHC 的步伐，欧洲共同体的成员国一同出钱如期完成了 LHC 工程。LHC 是人类历史上投资最大的科学研究机器，造价高达 100 亿美元，这一人类历史上最高能量对撞机的主要目标就是寻找“上帝粒子”——希格斯玻色子。

由于 LHC 涉及几十个国家和几百所大学，它的发言人在发布会上做最后总结时说，LHC 是全球的力量、全球的成功。一个诺贝尔奖获得者的身后，究竟有多少人员、资金、国家及科研团队的付出，往往不得而知。

（三）基础研究是研究创造力和可持续发展的保障

弗朗索瓦·恩格勒曾说："现在，世界上有许多科学家总认为，自己研究的成果最好能立即转化成现实的经济效益，甚至提出了'基础科学要服务于应用科学'的口号，我的观点却有点相反。"他认为，应用科学固然重要，但世界还需要科学家去探究一些今天看来似乎"无关紧要"的东西，如宇宙到底是怎么形成的？暗物质究竟是什么？这样的研究可以看出一个科学家的心智，看出他的心无旁骛和内心的坚强定力，而这样的基础性研究同样是极具创造力的，也会对人类的发展产生至关重要的影响。

从世界范围内的科学研究发展的历史趋势来看，科技创新型国家的基础研究经费占研究与开发（R&D）经费的比重基本稳定在 16%。以美国为例，近 50 多年来，美国基础研究经费持续快速地增长，1953 ～ 2004 年，美国的 GDP 年均增长率为 3.3% ，R&D 经费年均增长率为 4.6%，而基础研究经费年均增长率为 6.2%，即基础研究经费年均增长率约为 R&D 经费年均增长率的 1.3 倍，约是 GDP 年均增长率的 1.9 倍。同期，美国基础研究经费占 R&D 经费的比例逐步提高，从 1953 年的 8.9% 提高到 2009 年的 19.0%（图 4-1）。

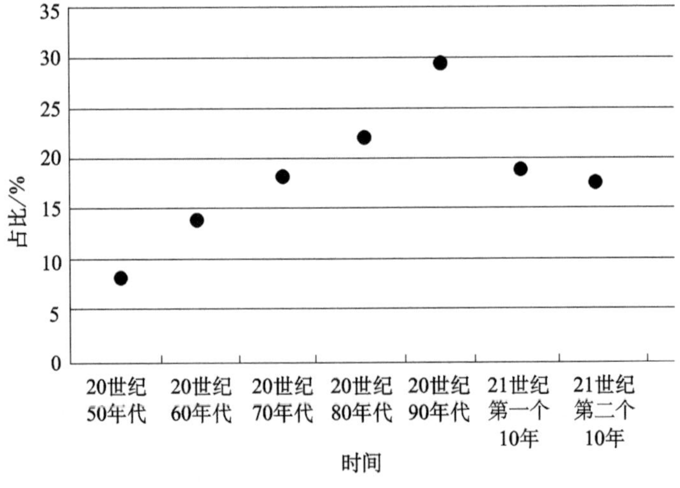

图 4-1　美国近 70 年以来基础研究投入占 R&D 经费比重

反观我国近10年来基础研究投入在R&D经费中所占的比重基本维持在5%左右，明显落后于发达国家的平均水平（图4-2）。

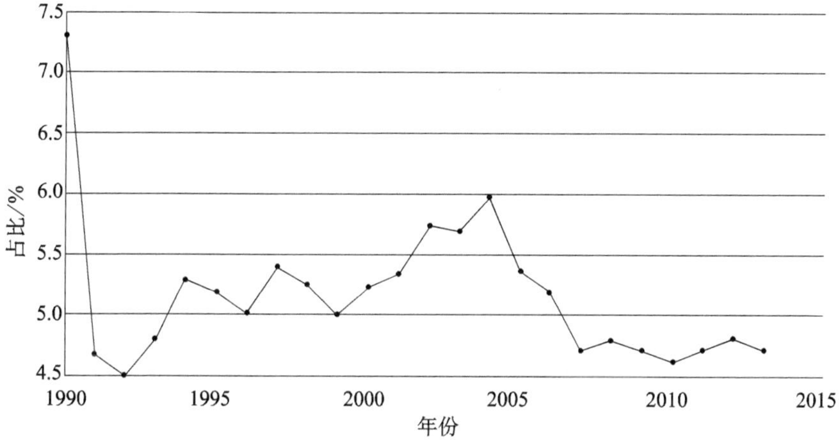

图4-2 我国近30年来基础研究投入占R&D经费比重

不仅如此，近年来美国政府为了鼓励创新，还出台了一系列政策和措施，如2007年颁布的《为有意义地促进一流的技术、教育与科学创造机会法》（又称《美国竞争法》）、2009年颁布的《美国复兴与再投资法案》、2011年颁布的《美国创新战略：推动可持续增长和高质量就业》等，越来越强调基础研究所发挥的基础性作用。尤其是2011年，美国总统奥巴马在经济复苏步履蹒跚的环境下，以及国会共和党人施加的巨大政治压力下删减了联邦政府的多项开支计划，但2012年美国在科技领域内的公共预算计划仍然达到了1479亿美元的规模，整体上比2011年增加了2亿美元。可见美国对基础研究的支持和投入是其研究创造力和可持续发展的重要指标。

（四）培养年轻的科学家，应该多提倡归纳思维

在培养年轻的科学家方面，弗朗索瓦·恩格勒认为，应该多提倡归纳思维，即利用事实真相给常规的实验性创意提供强有力的依据，而不仅仅教学生演绎思维，即集中灌输各种有用信息的逻辑结论。

归纳思维教育更容易在实验室或现场实现，主要在于指导学生进行有价值的观察分析，并帮助学生掌握归纳方法，而目前规模化的大学教育制度很难做到这一点。教育学生真正掌握学习方法论比纯粹的知识扩散要好。教育不能忽

视人类潜意识的积极作用，这直接关系到创意灵感，非常接近艺术创作。弗朗索瓦·恩格勒本人非常喜欢弹钢琴，弹古典音乐会调动身体所有的协调功能及复杂的逻辑结构与毅力，这同科学研究的规律非常相似。他说："归纳和演绎思维为我提供了必要的科学方法基础，但我绝大多数的全新理念来自躺在床垫上大脑自由翱翔时产生的灵感。"

（五）离开美国回到比利时的原因

1. 拥有科研和技术创新的良好氛围

科研和技术创新的良好氛围得益于政府的重视和完备的法律保障及经费支持。在政府高层，大区政府首席大臣亲自掌管科技政策决策工作，设立研究与创新管理总司，主要负责创新项目的实施，参与国际性科学研究计划，招揽国际人才等方面的行政管理工作和经费支持。通过一套系统完备的科技政策决策制度和科技管理体系，比利时创立了有利于科研和技术创新的环境氛围。良好的氛围也有益于招揽国际人才。

2. 拥有专门的科技政策机构

截止到2010年，欧盟的研发人员占总人口的0.88%，比利时的占1.13%，法国的占1.21%，德国的占1.18%，意大利的占0.61%。比利时科研人员的占比最高，这与它的科技政策是分不开的。

以部际科技政策委员会为例，它由学术界、企业界、研究中心的知名人士组成，负责本部科学政策、预算及科研计划的制定，并提供咨询和建议，主要任务之一是起草部际科技预算计划。该预算计划包括联邦各部的全部科技经费（包括研究与开发、公共科技服务、引进国外科技人才等）。部际科技政策委员会每年提交一份部际科技政策预算计划年度报告，还负责对联邦科研院的设置和结构调整提出咨询意见，这给科研项目、科研人员提供了制度保障。

3. 积极推进国际科技合作

无论是从人口还是面积上来看，比利时都是一个小国家，因此其积极推行国际合作，引进国际尖端科技人才，借助外力发展本国的科学和经济。国际科技合作是比利时科技对外政策的重要组成部分，这与其对外政策相一致。

作为发展科技的一项金石之策，比利时一贯重视科技人力资源开发。面对本国科研人才短缺的事实，比利时政府欢迎国外学者来本国从事科研工作，并为他们提供丰厚的待遇、一流的科研设施和便捷的服务。比利时政府部门、大学、各重点实验室、企业和其他公共研究机构经常加强横向联系，采取有效的联合行动研究并进行频繁的国际交流，这都有利于人才和知识的流通。

4. 企业提供充足资金支持

值得一提的是，比利时企业素以重视科技投入著称。多年来，比利时企业用于研究与开发的经费在全国科技投入中的份额始终保持在 60% ～ 70%。企业家清醒地认识到，无论是科学上的新发现，还是技术上的发明、高技术的突破和新产品的开发，都需要科学作为源泉、先导和后盾。为此，一些大型企业纷纷设奖，资助研究人员的科研活动。比如，比利时 IBM 公司从 1987 年开始支出的奖金总额达到 92.5 万比利时法郎，奖励那些在信息科学方面有贡献的科学家。

5. 故土之情

弗朗索瓦・恩格勒对比利时有着深厚的感情。在 1961 年他的博士后研究快结束的时候，康奈尔大学为他提供了一份工作，但是他拒绝了，因为他“太想念比利时了”。当母校布鲁塞尔自由大学邀请他回来任教时，他选择了回到家乡。

三、讨论：探究问题要不要“求效益”？

弗朗索瓦・恩格勒强调了解未知世界重要性的原因有两个：首先，通过了解未知世界，可以成为一个有辨识能力的人；其次，对未知世界的了解与基础研究密切相关，基础研究的发展有助于创造美好的生活，基础研究是知识原创的源泉，从这个意义上说，应用研究只是知识原创的复制，若没有新思想，应用研究将会“窒息”。社会发展需要科学发明，基础研究是探索科学规律的必然。

然而，在面临稳步提高经济发展水平的巨大压力下，我国越来越趋向应用研究。以 2014 年为例，我国基础研究、应用研究和试验发展占研究与试验发展经费总支出的比重分别为 4.7%、10.8% 和 84.5%。

在有限的经费支出的制约下，如何有效地分配资源，处理好基础研究与应用研究、试验发展之间的关系，获得最大的效用和效益，应当是各个国家和地区科技政策研究的重点。

四、启示

纵观 1901 ～ 2015 年诺贝尔物理学奖的获奖情况，我国在基础科学领域还存在一定的短板。我国的社会研发投入与全球发达国家相比确实还有差距，2015 年我国的社会研发投入大约为 1.3 万亿元，约为美国社会研发投入的 1/4。原则上，基础研究不能过于依靠企业和社会，而应依赖中央财政的投入。

作为发展中国家，我国在基础研究方面仍然面临着很多问题和挑战，这也是今后我国国家发展计划中需要重点讨论的命题。

（一）政府应加大对基础研究的投入

基础研究在研发活动中的地位十分重要，它可以产生新的知识和技术，为应用研究和试验开发打下坚实的基础。简单来说，在基础研究领域投入多少，是决定一个国家未来创新能力的基础要素。目前，我国在基础研究方面的投入情况并没有达到科研领先国家的水平，我国的国内研究总投入占 GDP 的比例仍然与美国、日本等科研领先国家有不小的差距，且研究总投入主要集中于收益高、见效快的应用研究领域，对基础研究投入偏低，导致核心技术短缺，发展后劲不足。

除了基础研究的投入比例问题外，调整基础研究的投入结构也十分必要。通过对典型国家基础研究投入协调机制的考察可以看出，企业在基础研究投入与发展过程中所发挥的重要作用是不可小视的。这一点在新兴的工业化国家——日本、韩国表现得尤其明显。虽然两国企业的基础研究投入占自身 R&D 的份额并不大，但其在国家基础研究投入总额中的影响较大。我国基础研究的投入来源主要是政府的财政支出，民营企业尤其是国有企业对基础研究的投入非常有限。

因此，我国未来的研究投入应向基础研究倾斜，在提升研究总投入的基础上，增加基础研究的投入比例（基础研究投入至少占总研究投入的 15%），尽可能达到目前科研领先国家的水平。基础研究投入的主体应当在发挥政府主导作用的同时，重视发挥企业在基础研究投入中的作用，使研究投入的结构更加合理。

（二）低调的学术心态耐得住“学术寂寞”

弗朗索瓦·恩格勒和另一位获奖者彼得·希格斯都有一颗远离喧嚣、专注学术之心，为人处事都十分低调。彼得·希格斯作为爱丁堡大学的荣誉退休教授，鲜少接受媒体采访，被描绘成一个隐居遁世的天才。在他看来，一个真正的科学家就要耐得住寂寞。1998 年退休后，彼得·希格斯并没有停止对物理学的研究，能够坚持下来是因为他对物理学的研究热情及其团队的支持。

反观当下学术界，在市场经济和“论文经济”“SCI 崇拜”等的影响下，很多学者缺乏起码的学术本色，成为急功近利、争相邀宠的“学术走穴的宠儿”“科研经费的宠儿”。他们更愿意选择挂靠某些学术期刊当顾问，赚取不菲的顾问费，甚至成为企业品牌的形象代言人。

在学术研究和探索中，应该多借鉴弗朗索瓦·恩格勒低调的学术心态，让宁静低调的人生态度和科学精神有效对接，取得更大的科研成就。

案例 9 站在巨人的肩膀上

——2015 年诺贝尔物理学奖得主梶田隆章（Kajita Takaaki）

获奖原因：梶田隆章发现了中微子振荡，证明了中微子具有质量。他在观测时发现太阳中微子在抵达地球之前离奇消失，并依此推测中微子振荡的存在，这项研究能帮助人们逐步揭开宇宙起源之谜。

研究价值点：梶田隆章的获奖缔造了日本首例“师徒三代获诺贝尔物理学奖”的纪录，他师从世界一流物理学家小柴昌俊（2002年的诺贝尔物理学奖得主）、户塚洋二（富兰克林奖章得主）。对梶田隆章的关系网络进行分析，可以勾勒出一幅关联性极强的通往诺贝尔物理学奖之路的谱系图。

- **国籍：** 日本
- **出生年份：** 1959年
- **获奖时年龄：** 56岁
- **标志性成果取得年份：** 1996年

- **成果检验期：**19年
- **学科背景：**天体物理
- **研究领域类型：**创新领域、实验研究
- **受教育经历：**1981年从埼玉大学毕业，1986年获东京大学物理学博士学位
- **工作经历：**1986年，担任东京大学理学部助手；历任东京大学宇宙射线研究所助手（1988年）、副教授（1992年）、教授（1999年）；2008年，任东京大学宇宙射线研究所所长
- **行政任职：**东京大学宇宙射线研究所所长（2008年至今），1999年至今任同研究所附属宇宙中微子观测信息融合中心负责人
- **获奖时所属机构：**东京大学

一、基本信息

（一）工作经历

1986 年，梶田隆章担任东京大学理学部助手，并开始中微子研究，在世界一流物理学家小柴昌俊、户塚洋二门下学习，其后因在观测中微子时发现异样，依此推测中微子振荡的存在。因为证实此推论需要庞大的观测数据，超级神冈探测器因此应运而生。

1996 年，超级神冈探测器成功观测大气中的中微子，并测定其质量。1998 年，通过中微子物理学宇宙物理学国际会议首次发表。

（二）主要成就

预言中微子振荡的存在，发现基本粒子中微子存在质量。

（三）个人荣誉

1988 年，获朝日奖（集体获奖）；1989 年，获布鲁诺·罗西奖（集体获奖）；1999 年，获朝日奖（集体获奖），获第 45 回仁科芳雄亚洲奖；2002 年，获潘诺夫斯基实验粒子物理学奖（集体获奖）；2010 年，获第 1 回户塚洋二奖；2012 年，获日本学士院奖；2015 年，获诺贝尔物理学奖。

二、主要贡献

中微子是宇宙中最基本的粒子之一，可穿透任何物质。梶田隆章借助超级神冈探测器，发现三种中微子可相互转换的“振动现象”，从而首次在世界上捕捉到了中微子的质量。而此前的研究成果皆认为，中微子是没有质量的，这一颠覆基本粒子物理学定论的结果震惊了国际学界。

据了解，为捕捉极难观测到的中微子，1983 年，小柴昌俊便主导在飞驒市地下 1000 米设置被称为神冈探测器的观测装置。借此在 1987 年捕捉到星云大爆炸时产生的中微子，这在世界上尚属首次。承继此项研究的则是梶田隆章的另一位恩师户塚洋二。户塚洋二借助升级版装置超级神冈探测器，在世界范围内首次捕捉到构成中微子拥有质量的证据，令其获得诺贝尔奖之声顿起。不幸的是，户塚洋二在 2008 年去世。

梶田隆章的获奖也得到了日本多位曾获诺贝尔物理学奖的前辈的高度赞赏。1973 年获得诺贝尔物理学奖的江崎玲于奈告诉记者，他认为这是“该得奖的人得奖了”。通过探知宇宙中无数的基本粒子，可以最终导向获知宇宙的谜底。科学是一步一步前进的，而梶田隆章的研究对此大有助益。2008 年因基本粒子研究获得诺贝尔物理学奖的益川敏英表示，中微子研究是日本从最初就开始涉及的领域。像这种在物理学领域取得的成果，是依靠众多研究者缜密与一丝不苟的合作才能获得的。

三、关于中微子

（一）中微子的研究价值研究

我们的宇宙产生于 137 亿年前的一次大爆炸。宇宙大爆炸时产生了无数的中微子，因此它们携带了比光更早的宇宙信息。由于中微子难以探测，我们现在还没有办法探测这些宇宙中微子，从而寻找最早的宇宙信息。

我们身处的物质世界，所有人都能感知。可科学家相信，宇宙在大爆炸之初，同时产生了物质世界和反物质世界，在宇宙的起源和演化过程中，曾经存在过反物质世界，只是它后来消失了。它消失到哪里去了？要揭示反物质世界的消失之谜，就要从现存的物质世界中找寻蛛丝马迹，而科学家普遍认为，广泛存在于物质世界中的中微子，就包含了反物质世界是如何消失的重要信息。在 100 多亿年前，因为中微子的作用，反物质消失了，最终形成了我们的物质世界。

有时候，由于星球的爆发，天上会突然出现一颗明亮的超新星。构成地球的大部分元素实际上都是超新星爆发形成的。中微子带走了超新星爆发产生的 99% 的能量，探测来自超新星的中微子，能够告诉我们超新星爆发的机制。

光在星际中传播时会转弯，而中微子不会。在南极洲的冰层下面，科学家建立了 1 立方千米的中微子探测器，用来寻找来自宇宙的超高能中微子，寻找超高能宇宙线的起源。地球本身会发出中微子，这些中微子的构成与我们现在看不到的地球的结构有关。

对于奇妙的中微子，现在我们能够产生它、探测它，那么能不能在日常生活中用上它呢？美国费米实验室的科学家利用一个试验装置成功地用中微子实现了通信。带宽为 0.1bps（位 / 秒），误码率为 1%。由于中微子可以几乎不受阻挡地直线穿过物质，因此这种通信不会受海水和地层的阻挡，也无法被干扰、拦截和破解。也许有一天，它能变成实用的通信方式。100 多年前，居里夫人发现了原子核的衰变，但无人知晓这将意味着什么，今天核能的利用已经深刻地改变了世界。今天无比神秘的中微子还只是在象牙塔里，随着人类对自然界认识的不断深入，中微子的更多谜团被揭晓的那天，也许将深刻地影响未来。

（二）著名的中微子实验

1. 中微子的发现

虽然中微子这种新粒子在 1930 年就由物理学家泡利提出，但第一个验证中微子存在的实验却等到 1956 年才完成。中微子探测的难度极大，因为它和其他物质发生反应的概率极小。在中微子提出后的 20 多年里，美国兴建了多个核反应堆。包括我国物理学家王淦昌在内的一些物理学家意识到，核反应堆附近每平方英寸①范围内每秒有 300 万亿个反电子型中微子，如果探测器足够大，是有可能从如此多的中微子里探测到信号的。

这项实验由美国物理学家费雷德里克·莱茵斯和克莱德·科万于 1956 年完成。他们选用氢核（质子）作为靶，通过探测中微子与质子的反应，直接证实

① 1 英寸 =2.54 厘米。

了中微子的存在。莱茵斯因此于 1995 年获得了诺贝尔奖。

2. 霍姆斯塔克实验与萨德伯里中微子观测站

1964 年，物理学家雷・戴维斯和天文学家约翰・巴卡尔在美国南达科他州的霍姆斯塔克金矿中进行了中微子探测实验。这个实验选择了在 1600 多米深的地下，这是因为与极难探测的中微子相比，闯入地球大气层的宇宙射线的信号要强烈得多，如在地面探测，中微子信号很容易淹没在宇宙线信号中。而厚厚的岩石可以对宇宙线设立屏障，让探测器处在一个“安静”的环境里。另外，为了尽可能多地收集中微子信号，霍姆斯塔克实验的探测器靶体必须很大，用了 40 万升的四氯乙烯液体，中微子撞在氯核上，通过弱相互作用，有很小的把氯核变成氩核的概率。戴维斯等通过寻找氩核来探测中微子。

霍姆斯塔克实验首次成功测量到太阳产生的中微子，但结果有些出乎意料。探测到的中微子的数量只有根据标准太阳模型计算出来的 1/3，而有 2/3 的中微子不翼而飞。这让科学家大惑不解，他们一方面寻找理论计算中的错误和漏洞；另一方面重复实验，持续测量了 30 多年。但测量结果始终没有改变，其他实验组也相继做了类似的实验，都得到相同的结果。这就是著名的太阳中微子的丢失问题。为了解释理论计算与实验结果的差异，一方面，有些天文学家开始怀疑太阳模型的可靠性；另一方面，意大利物理学家布鲁诺・庞蒂科夫在实验之初就提出可以用中微子振荡来解释这个问题。1986 年，苏联物理学家斯坦尼斯拉夫・米赫耶夫与阿列克谢・斯米尔诺夫将美国物理学家林肯・沃芬斯坦的中微子与物质的相互作用理论应用于太阳中微子问题，提出了物质增强的太阳中微子振荡解释。太阳产生的是电子中微子，但在电子中微子从太阳核心飞出的过程中，会转变成其他两种中微子：缪子中微子和陶子中微子。霍姆斯塔克实验只能探测电子中微子，无法探测其他两种。

1999 年，萨德伯里中微子观测站（Sudbury Neutrino Observatory，SNO）接过了太阳中微子探测的接力棒。这个实验继承了霍姆斯塔克实验的优良传统，把探测器放在加拿大安大略省的一个 2100 米深的矿坑中。但是他们使用了新的中微子探测方法，即根据高速粒子通过介质时发出切伦科夫光的现象来探测中微子，这种方法对三种中微子都有效果。2001 年，在萨德伯里中微子观测站发表的结果中，把失踪的中微子都找回来了，结果表明，太阳中微子在从太阳核心产生后部分转化成了其他类型的中微子。

雷・戴维斯超越时代的实验结果在近 40 年后才被人们所理解，这也使他在

2002年荣获诺贝尔物理学奖。

3. 神冈和超级神冈实验

超级神冈探测器和太阳中微子探测器一样，也位于矿井中。探测器选址在日本岐阜县飞驒市神冈町（旧吉城郡）神冈矿山一个深达1000米的废弃砷矿中。它有着辉煌的历史和丰富的物理成果，最初名为神冈核子衰变实验，1983年建成，由一个装有3000吨水的圆柱形容器和1000个光电倍增管构成，最初的目标是探测质子衰变。1985年进行第一次扩建，此时实验也改名为神冈核子衰变实验二期。1987年2月，神冈探测器记录到了来自大麦哲伦星云中超新星1987A爆发时产生的中微子，这是人类首次探测到太阳系以外的中微子，为恒星衍化研究提供了宝贵的资料。

到20世纪90年代，神冈探测器进行了第二次扩建，这一次将规模扩大了10倍，用了5万吨高纯度的水和11 200个光电倍增管，并改名为超级神冈探测器。1996年，超级神冈探测器开始取数。超级神冈探测器也通过切伦科夫光来探测中微子，除太阳中微子之外，超级神冈实验主要用来探测大气中微子信号。这种中微子是宇宙线轰击地球上层大气产生的，以两种类型出现，分别是电子中微子和缪子中微子。超级神冈探测器可以区分由上方大气层产生的自上而下穿过的中微子和由地球另一端的大气层产生的自下而上穿过的中微子。测量结果显示，传播不同的距离时，中微子的数目也不同，也就是中微子在传播中发生了振荡现象（之后更精确的数据分析表明，主要是其中的缪子中微子大部分转变成了第三种中微子，即陶子中微子）。1998年，超级神冈实验的领导人之一——小柴昌俊先生的学生梶田隆章在中微子物理学·宇宙物理学国际会议上发表了实验的测量结果，第一次证实了中微子振荡现象的存在。虽然最初的目标——质子衰变并没有探测到，但超级神冈实验"幸中副车"，凭借物理学家严谨勤奋的研究收获了丰硕的成果。2002年，小柴昌俊因观测到1987A超新星中微子而和雷·戴维斯共同获得了诺贝尔物理学奖。

4. 大亚湾中微子实验

大亚湾中微子实验位于中国广东省深圳市的大亚湾。这个实验延续了1956年费雷德里克·莱茵斯等发现中微子实验的血脉，同样通过探测中微子和质子的反应来研究中微子。虽是基于相同的物理原理，实验技术却经过了半个世纪的进化。"精度"是大亚湾中微子实验的关键词，该实验运用了能量分辨更好的液体闪烁体来捕捉中微子信号，并建造了8个探测器，分别安装在3个实验厅，通过不同距离间的相对测量来抵消误差。这个实验的目标是测量前文提到的太阳中微子振荡、大气中微子振荡之外的第三种中微子振荡模式，并精确测量其振荡概率，进而定出物理模型的参数。这种振荡效应是非常小的，在21世纪初，许多物理学家认为其概率接近0。正因为如此，大亚湾中微子实验在设计上就走在了精度的最前沿。

2012年3月8日14时，大亚湾中微子实验国际合作组发言人王贻芳在北京宣布，大亚湾中微子实验发现了一种新的中微子振荡，并测量到其振荡概率。这极大地完善了中微子振荡理论，并对进一步理解宇宙物质-反物质不对称具有重要的指标性意义。

四、日本诺贝尔物理学奖谱系

2016年，日本诺贝尔奖得主名单再添1人，至此日本共有25位获奖者，其中2人获奖时是美国国籍。日本人囊括了亚洲第一个诺贝尔物理学奖、化学奖、生理学或医学奖及和平奖。其中，物理学奖11人、化学奖7人、生理学奖4人、文学奖2人、和平奖1人。

在日本自然科学领域的22位获奖者中，有17位是进入21世纪之后获得的（其中物理学奖8人），仅次于美国，居世界第二位。如表4-2和图4-3所示，日本物理学科的11位获奖者，非常清晰地显示出在自然科学领域有领导力的科学家及师承延续的重要性。

表4-2　日本历届诺贝尔物理学奖得主

年份	姓名	毕业大学	获奖理由
1949	汤川秀树	京都大学、大阪大学	提出介子存在的预想
1965	朝永振一郎	京都大学、东京大学	量子电气力学分野的基础研究
1973	江崎玲于奈	东京大学	在于量子隧穿效应实验中发现半导体（江崎二极管）
2002	小柴昌俊	东京大学、罗彻斯特大学	在天体物理学、特别是宇宙中微子检验有卓越的贡献
2008	小林诚	名古屋大学	发现小林-益川理论和CP破坏源自粒子物理学的贡献
	益川敏英	名古屋大学	
	南部阳一郎（美籍）	东京大学	发现次原子物理的对称性自发破缺机制

续表

年份	姓名	毕业大学	获奖理由
2014	赤崎勇	京都大学、名古屋大学	发明高亮度蓝色发光二极管，带来节能明亮的白色光源
	天野浩	名古屋大学	
	中村修二（美）	德岛大学	
2015	梶田隆章	埼玉大学、东京大学	发现基本粒子中微子存在质量

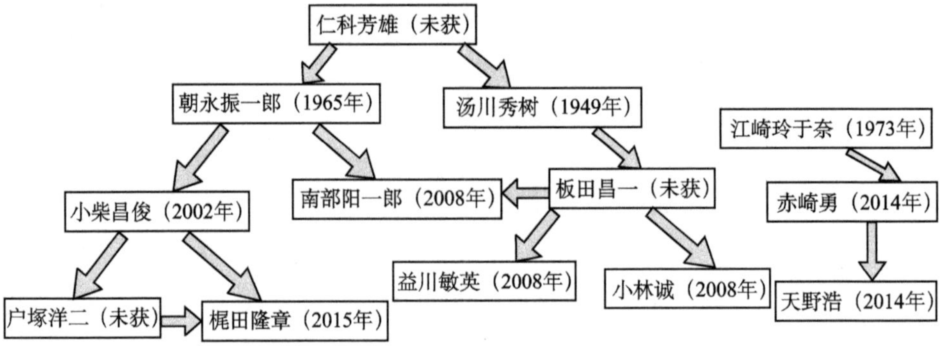

图 4-3 日本诺贝尔物理学奖得主谱系图

仁科芳雄是日本近代物理学的奠基人，他的指导对两位诺贝尔奖得主有深远的影响，分别是日本首位诺贝尔奖获得者汤川秀树和量子电动力学的奠基人之一朝永振一郎。

朝永振一郎的弟子中也有两位诺贝尔奖得主，即小柴昌俊和首位获得诺贝尔奖的日裔美国人——南部阳一郎。虽然获诺贝尔奖时是美国籍，但是南部阳一郎从本科到博士的学习，都是在东京大学完成的。

2008 年的诺贝尔奖获得者益川敏英和小林诚的博士生导师坂田昌一既是汤川秀树的得意门生，也对南部阳一郎也进行过教导。坂田昌一为 2015 年的诺贝尔奖获得者梶田隆章的研究提供了强有力的先行研究的基础。他从理论上证明了如果中微子有质量的话，就会产生振动现象。坂田昌一如果没有早逝，或许也能获得诺贝尔物理学奖。他曾提出“坂田模型”是强子模型的早期先驱，比夸克模型还早。他的坂田模型也启发了后来的卡比博－小林－益川矩阵。

南部阳一郎也对益川敏英和小林诚做过指导，对他们的研究产生了重大的影响。

2015 年的诺贝尔奖得主梶田隆章的学术指导老师是户塚洋二，两人也是同门师兄弟，博士时期都师从小柴昌俊。两人共同“通过中微子振荡发现中微子有质量”，因户塚洋二于 2008 年去世，奖项由梶田隆章和亚瑟·麦克唐纳获得。小柴昌俊、户塚洋二和梶田隆章师徒三人的获奖都是基于超级神冈探测器。

2014 年的诺贝尔物理学奖获得者赤崎勇本科毕业后入职神户工业公司，他当时也在该公司从事科研的江崎玲于奈的影响之下，将主要精力投入半导体研究中，并最终与学生天野浩研制出高效蓝光二极管。

五、启示和建议

前沿研究的重要分支，如高能物理、量子物理等重要领域的很多研究需要大科学工程的实验支持。而大科学工程的设计和实施，非常依赖有领导和管理能力的科学家。有领导力的优秀科学家往往是一个重要领域的开创者和培育者，这也是诺贝尔自然科学领域谱系发达的原因之一。而对领导力的培养和鼓励，在我国仍然任重道远。

案例10 拓扑与物理学的相遇

——2016 年诺贝尔物理学奖获得者戴维·索利斯（David Thouless）、迈克尔·科斯特利茨（Michael Kosterlitz）和邓肯·霍尔丹 (Duncan Haldane)

获奖原因：戴维·索利斯、迈克尔·科斯特利茨和邓肯·霍尔丹三位物理学家开创了凝聚态物理研究中的新领域，即将拓扑学原理引入凝聚态物理学的基础理论。这些研究一方面为“超级材料”的研究奠定了理论基础，比如，关于“拓扑绝缘体”的研究还有望促进量子计算机的诞生；另一方面颠覆了理论物理学界关于物相认知的传统方法，发现了一种新的物质形态——拓扑物质态。

研究价值点：三位获奖者所做的理论基础研究为以后拓扑方向获得诺贝尔奖铺平了理论道路，对我国科学家在拓扑物态方面的研究有参考价值；三位获奖者均在英国出生，并在英国接受了大学教育，都于20世纪80年代来到美国进行研究，获奖时所属的研究机构都是美国的大学，这种情况在诺贝尔奖和其他重大奖项中也时有发生，人才流动背后的影响因素值得深思。

- **国籍：**英国、美国（戴维·索利斯）、美国、英国（迈克尔·科斯特利茨）、英国（邓肯·霍尔丹）
- **出生年份：**1934年（戴维·索利斯）、1943年（迈克尔·科斯特利茨）、1951年（邓肯·霍尔丹）
- **获奖时年龄：**82岁（戴维·索利斯）、74岁（迈克尔·科斯特利茨）、65岁（邓肯·霍尔丹）
- **标志性成果取得年份：**1973年（戴维·索利斯）、1981年（迈克尔·科斯特利茨）、1988年（邓肯·霍尔丹）
- **成果检验期：**43年（戴维·索利斯）、35年（迈克尔·科斯特利茨）、28年（邓肯·霍尔丹）
- **成果所属领域：**凝聚态物理
- **研究领域类型：**创新研究、理论研究
- **所属研究机构：**华盛顿大学（戴维·索利斯）、布朗大学（迈克尔·科斯特利茨）、普林斯顿大学（邓肯·霍尔丹）
- **获奖原因：**在拓扑相变及拓扑材料方面的理论发现

一、生平和经历

戴维·索利斯于1934年出生在苏格兰，1958年从康奈尔大学博士毕业。他是华盛顿大学的教授，理论凝聚态物理学家，因KT相变著称，1980年至今是华盛顿大学的荣誉退休教授。

迈克尔·科斯特利茨出生于一个德国犹太人移民家庭，父亲是生物化学家汉斯·瓦尔特·科斯特利茨。迈克尔·科斯特利茨在剑桥大学取得学士和硕士学位，在牛津大学取得博士学位。1982年成为布朗大学的教授，目前是芬兰阿尔托大学的访问学者。

邓肯·霍尔丹于 1951 年出生在英国伦敦，1978 年在英国剑桥大学获得博士学位。1990 年至今为美国普林斯顿大学的物理学教授，理论物理学家，英国皇家学会会员，在凝聚态物理理论方面做出基础性贡献，包括分数量子霍尔效应。

戴维·索利斯、迈克尔·科斯特利茨、邓肯·霍尔丹三人一起获得 2016 年的诺贝尔物理学奖，其中戴维·索利斯获得 1/2 的奖金，迈克尔·科斯特利茨和邓肯·霍尔丹共同分享剩下的 1/2 的奖金。

（一）教育经历

戴维·索利斯曾就读于温切斯特公学，并在剑桥大学三一学院取得学士学位，而后在康奈尔大学取得博士学位，其博士生导师是 1967 年的诺贝尔物理学奖获得者汉斯·贝特。戴维·索利斯在英国伯明翰大学任教时，与当时世界知名的物理学家鲁道夫·皮埃尔斯一起共事。

迈克尔·科斯特利茨先在剑桥大学求学，而后在牛津大学取得博士学位，在攻读博士学位时，他的研究方向是高能物理。据他本人说，当时他对凝聚态物理完全处于无知的状态。直到后来在伯明翰大学与戴维·索利斯一起共事时，才转向对凝聚态物理的研究。

邓肯·霍尔丹也在剑桥大学学习过，并且在剑桥大学取得了博士学位。在攻读学士学位即将毕业的时候，邓肯·霍尔丹忽然失去了学习和研究的方向，但是在大学的最后一年，他遇到了一位老师，正是这位老师的激励和启发使霍尔丹对凝聚态物理产生了浓厚兴趣，并从而走上了物理学研究道路。这位老师后来成为他的博士论文指导老师之一，也是邓肯·霍尔丹现在的同事——1977 年的诺贝尔物理学奖得主菲利普·安德森。

（二）所获荣誉

除了获得诺贝尔奖之外，三人还获得过许多其他著名的奖项。

其中，戴维·索利斯是英国皇家学会会员、美国国家科学院院士，于 1973 年获得了麦克斯韦奖章及奖金，2000 年获得了拉斯·昂萨格奖；迈克尔·科斯特利茨于 2000 年获得了拉斯·昂萨格奖；邓肯·霍尔丹于 1993 年获得了奥利弗·巴克利凝聚态物理奖。

二、值得关注的价值点和问题点

（一）个人特质：对科研保持持久兴趣

戴维·索利斯有很强的数学天分，并且十分重视数学在物理学中的应用，如果没有扎实的数学基础，戴维·索利斯恐怕不可能取得今天的成就。戴维·索利斯非常好学，异常勤奋，讷于言而敏于行。对于戴维·索利斯来说，下午茶时间是与其他人交流的最好时机。为了了解其他科学领域的最新动态，即使是与本专业无关的研讨会，他也会去参加，并且在遇到问题时能够大胆地说出“我不懂”。戴维·索利斯在研究上不跟风，不随波逐流，具有独立的思考能力，对未知的领域充满好奇，从而开创了凝聚态物理学中的拓扑物态研究。另外，戴维·索利斯非常重视实验结果，虽然他本人是做理论研究的，但是他十分注重物理实验。

迈克尔·科斯特利茨为人谦逊，智商极高，对学生的要求非常严格，并且注重在科学研究时获得乐趣。获奖之后，他在芬兰与布朗大学的师生视频通话时就说：“同学们，如果你们痴迷于物理，就去研究吧，并从中获得乐趣，因为如果你不能从中得到乐趣，你会发现你所做的一切都是不值得的。而且物理学中还有很多的未解之谜等待着你们去探索，在我看来，这是永无止境的。”可见，他本人在研究过程中享受着极大的乐趣，并且始终保持着一颗好奇、尝试探索的初心。据他本人所说，他与戴维·索利斯一起研究凝聚态物理是因为自己对这一领域一无所知。

邓肯·霍尔丹不走寻常路，思路特别独特，工作具有原创性。“他不大容易听懂别人讲什么，习惯于沉浸在自己的问题之中；而他本人好像没有察觉到自己的与众不同，做报告时即使听众一片茫然，他依然能笑容满面地讲解，仿佛觉得他的理论特别通俗易懂。”他对教学有种神圣的使命感，认为老师对学生的引导非常关键。在科学研究方面，邓肯·霍尔丹认为，要在学术上取得成功，需要对研究充满兴趣，并在研究中获得乐趣。

（二）敢于挑战主流观点的勇气

1965 ～ 1978 年，戴维·索利斯在英国伯明翰大学担任数学物理学教授。在与迈克尔·科斯特利茨一起研究电子定位和自旋玻璃时，他发现了二维情况下的拓扑相变，并提出了 KT 相变理论，推翻了当时认为超导现象和超流体现象不能在薄层中产生的理论，并且证明了超导现象能够在低温下产生，阐释了超导现象在较高温度下也能产生相变的机制。

邓肯·霍尔丹发现了量子反常霍尔效应的一个机制。他指出，在某些材料中，如果时间反演和空间反演的对称性破缺的话，即使没有外加磁场，这些材料也能有量子霍尔效应。在 20 世纪 80 年代，大家普遍认为实现量子霍尔效应的必要条件之一是朗道能级，他却天真地做出一个像是理论玩具一样的“霍尔丹模型”。简单得不可思议，朗道能级完全没有在其中出现，居然也能实现量子霍尔效应。这个模型沉寂多年少有人问津，十几年后才终于在拓扑绝缘体的研究中复兴。

（三）国家的科技政策对人才流动的影响

三位获奖者均在英国剑桥大学踏入科研的大门，但是后来又均选择了美国的高校作为自己的研究机构。这其中的原因部分归结于当时英国国家科技政策的影响，这对我国当前科技政策的制定有很重要的参考价值。其实，在美国就职的科学家中，不少具有英国求学背景。比如，2003 年的诺贝尔物理学奖获得者安东尼·莱格特、2007 年的诺贝尔生理学或医学奖获得者奥利弗·史密斯等。这些伟大的科学家几乎都是在 20 世纪 80 年代来到美国任职的。

邓肯·霍尔丹获奖之后，在普林斯顿大学回答采访者的提问时就谈道：“20 世纪 80 年代我来到美国，因为当时英国资助大学科研的基金被大幅度压缩，并且更重视能立即产生效果的应用型研究，所以我来到美国，因为美国的国家科学基金会更加支持基础科学的研究。”确实，英国虽然是老牌的资本主义强国，科研实力一直位居世界前列，但是在 20 世纪 60 年代工党上台后，科学研究和开发的重点始终徘徊在防务上，没有扭转第二次世界大战后国家科技政策偏重防务的基本趋势。比如，1971 ～ 1975 年，英国在防务方面的资金投入占比是 28.9%，比同时期的美国、法国、意大利、日本、联邦德国都要高。

另外，英国的研究与开发经费虽然低速增长，但是部分经费被劳动成本的提高及通货膨胀等不利因素抵消了。进入 20 世纪 80 年代后，撒切尔夫人上台执政，又将英国的国家科技带入了“冰川时代”。虽然其科技政策重视科学与生产的结合，但是在后期产生了很多弊病，主要表现在国家的科技和教育开支被大幅度地削减，重新增加英国国防的科技研究与开发费用。1985 年 12 月，英国内阁办公厅科学顾问罗宾·尼克尔森向政府提交了一份报告，指出英国的研究与开发费用增加的太少，且其中很大部分还用于军事科研工作，使一些需要新技术才能发展的部门（如电子、生物和新材料）的前景堪忧。

然而，20 世纪 80 年代的美国却大力加强基础研究，这已经成为美国政府科技政策的要点之一。1950 年，美国在联邦政府内设置了专管基础研究的独立机构——美国国家科学基金会，将其作为基础研究的主要支持者（提供 60% ～ 70% 的经费），并且经费逐年增加，1987 年为 93 亿美元，1988 年达到 97 亿美元，占联邦政府全部 R&D 经费的 16%，几乎相当于当时世界上其他国家用于基础研究的经费的总和。美国为基础科学研究的发展提供了肥沃的土壤，优秀的科学家为了追求科学上的突破而转移到美国的研究机构进行工作是完全正确的选择，并且他们也都取得了实质性的进展。比如 1980 年后，戴维·索利斯来到华盛顿大学，他主要的研究兴趣在于量子霍尔效应、超流体旋涡及其他与拓扑量子数有关的问题，他成功地解释之前的实验，即超薄导电层中的电导系数能够被精确测量到整数。他证明了这些整数在自然属性中处于拓扑状态。从拓扑的视角对“整数量子霍尔效应”现象做出了深刻的理解。这也是戴维·索利斯获得 2016 年的诺贝尔物理学奖的原因之一。

（四）现代科学劳动以科学家之间的合作为基础

纵观近十年诺贝尔物理学奖的获得者，其中 60% 都是以合作的形式获奖的。作为 2016 年的诺贝尔物理学奖获得者，戴维·索利斯与迈克尔·科斯特利茨所取得的成就也是二人合作的结果。

现在不同学科之间的联系越来越紧密，这就需要有不同学科背景或处于不同研究领域的科学家进行合作研究。合作研究是一个不可动摇的发展趋势，闭门造车是不可能取得成功的。

当德国化学家维勒提议和李比希合作时，李比希当即回应表示很愿意。后来他在自传中说：“我有大好的运气，即得到一位气味相投和目的相似的朋友。”

钱三强教授也说过：“在居里实验室，我发表了约 30 项科研成果，其中半数是与人合作的。如果不善于与人合作，在 10 年里是不可能做出这些工作的。”

数据显示，在 1901 ～ 1972 年的 286 位诺贝尔获奖者中，有 185 位是与别人合作研究获奖的，占比近 65%。在诺贝尔奖设立的第一个 25 年里，这个比例是 41%。在第二个 25 年，这个比例为 65%。

（五）拓扑物态研究中的中国力量

1988 年，邓肯·霍尔丹提出可能存在不需要外磁场的量子霍尔效应，但是多年来一直未能找到实现这一特殊量子效应的材料体系和具体物理途径。2010 年，中国科学院物理研究所方忠、戴希带领的团队与张首晟教授等合作，在理论与材料设计上取得突破，他们提出 Cr 或 Fe 磁性离子掺杂的 Bi_2Te_3、Bi_2Se_3、Sb_2Te_3 族拓扑绝缘体是实现量子反常霍尔效应的最佳体系；2013 年，中国科学院物理研究所何珂、吕力、马旭村、王立莉、方忠、戴希等组成的团队和清华大学物理系薛其坤、张首晟、王亚愚、陈曦、贾金锋等组成的团队合作攻关，最终成功地在 Cr 掺杂的 $(Bi,Sb)_2Te_3$ 拓扑绝缘体磁性薄膜中观测到了量子反常霍尔效应。

除此之外，我国科学家成功预言了三维拓扑绝缘体并很快在实验中将其发现，进而推动了整个国际上拓扑绝缘体的研究热潮。首先预言并观测到了外尔费米子，量子计算机的研究取得进展……这些都是拓扑物态研究中的中国力量。

2016 年 9 月，中国科学技术大学的乔振华课题组与国内外同行合作，在二维体系拓扑量子态的理论研究方面取得系列进展。相关成果发表在《自然·纳米技术》、《物理评论快报》和《物理学进展报告》上。量子反常霍尔效应（即零磁场条件下的量子霍尔效应）自石墨烯和拓扑绝缘体发现以来受到凝聚态物理和材料科学领域的广泛关注，最近几年在实验上也取得巨大的突破。

与如何制备出整数量子化的反常霍尔效应截然相反的一个问题是，在无序/杂质存在的情况下，量子反常霍尔效应如何被破坏并最终变为 Anderson 绝缘体？通过系统地利用电子输运特性研究、贝利曲率分析及局域化长度计算，乔振华课题组与其合作者发现了一种新型的量子反常霍尔效应在自旋反转杂质情况下的 Anderson 局域化的全新物理机，即与价带和导带对应的贝利曲率在杂质的作用下发生交换从而实现量子反常霍尔效应的局域化。

中国科学院物理研究所所长王玉鹏说：“最近七八年，中国关于拓扑物质态的研究在国际上做出了举世瞩目的贡献。”因为在 2016 年获奖的三位理论物理学家是拓扑学在凝聚态物理应用中的奠基者，为后续研究铺平了道路，很多人预测在后续的应用成果转化过程中，该领域仍会有新的诺贝尔奖产生。

三、讨论

（一）基础科学研究需要宽松的研究环境

诺贝尔奖获得者、华裔物理学家丁肇中曾经说过：基础研究是社会发展的原动力。尤其在当下，国家将创新作为驱动发展的主要动力，其中最关键的就是要提升中国的原始创新能力。我国以往很重视对具有重大技术突破的材料、航空航天等领域的发展，但是在能够引领未来发展的、具有长期性和基础性特征的领域投入更多的支持，才能保障我国步入科技强国之列。先进的东西往往都是周围人一时所不能理解的，这就需要国家给予科学家研究这些东西的充分权权。中国科学院院士李德仁说：创新的东西，往往被大多数人认为在现在不可能实现，如果科学家的想法大家都能理解，那就没法创新了，就不先进了。希望从这方面给科学家松绑，不要动不动就设限，要相信科学家，让科学家尤其是顶级科学家放手发挥自己的才华。2016 年的诺贝尔物理学奖获得者邓肯·霍尔丹也有类似的言论，他说："宽松的研究环境很重要，研究不能只追求发现一些非常有用的东西，非常有用的东西经常是因为其他原因发现、后来证明是有用的。"

当前，各个高校和研究机构烦琐的管理制度，影响了研究人员的创新积极性，不利于宽松研究环境的建立。比如，研究经费的使用、设备采购、相关单据报销等烦琐流程等。我国在这方面已经迈出了改革的步伐，在全国科技创新大会、中国科学院第十八次院士大会和中国工程院第十三次院士大会、中国科学技术协会第九次全国代表大会第二次全体会议上，李克强同志就明确指出要让科研人员少一些羁绊束缚和杂事干扰，多一些时间去自由探索。今后，我国应完善保障和激励创新的分配机制，提高间接费用和人头费用比例，推进科技成果产权制度改革，提高科研人员成果转化收益分享比例。

除了要在管理制度上营造宽松的学术环境外，在执行过程中，还应该允许学术的失败、失误。美国伊利诺伊大学厄巴纳–香槟分校的约翰和凯瑟琳·麦克阿瑟基金会的特聘教授安东尼·莱格特在上海交通大学演讲时列举了自己的一个失败案例。1972年，“超流体氦3”物理系统的第一批实验结果出来的时候，安东尼·莱格特教授在英国的苏塞克斯大学工作，他对这些实验结果的反应非常惊讶，认为这有可能表明在当时已经存在50年的量子力学是错误的，于是他开始做研究，以验证自己的想法；使他有勇气从事这项工作的原因正是20世纪70年代初苏塞克斯大学宽松的学术氛围，如果是在今天的许多大学，作为一个没有名气的年轻教授，他不可能有勇气从事这项工作。虽然量子力学最后被证明还是正确的，但安东尼·莱格特教授沿着这个思路取得的发现使他在2003年获得了诺贝尔物理学奖。

2016年的诺贝尔物理学奖获得者邓肯·霍尔丹也有类似的经历。如果没有一个宽松的研究环境，邓肯·霍尔丹根本没有精力去研究一个在当时违反常理的理论模型，也就更不会有日后的诺贝尔奖研究成果。

因此，我国的大学应致力于发展这样宽松的学术环境，建立有效的评价系统，而不是单纯依据硬性的发刊指标等。此外，宽松的学术环境还应该包含一个重要的元素，即学术自由。学术自由并不等于“自由化”，而是有限定范围的自由。武汉大学原校长顾海良认为，学术自由，首先是以《中华人民共和国宪法》为基础和基准的学术自由，违宪的，就不是学术自由，也不在学术自由范围之内。在美国，涉及种族歧视、反对政府的都不会被视为学术自由。

美国教育学名著《学术的秩序》曾提出：“一名物理学教授如果在他的课堂上对美国税收政策表示不满，即使发表议论也是不被允许的，因为这不是他的研究领域。同样，如果论证的数据是他人的，自己没花费劳动，也不受学术自由的保护。可见，学术自由是有限制的。”

学术自由的概念是对问题进行科学、诚实探讨的学术结果的自由表达。这意味着抄袭来的、凭空想象的都不是学术自由，是不受保护的。另外，学术自由还包括学者间的平等探讨和坦诚交流。

（二）加大对基础科学研究的支持力度

现在，只要提起科学技术是第一生产力，就要求科研成果马上转化为商业成品，并且能够产生具体的、看得见的价值。在我们惊叹发达国家层出不穷的高科技产品时，殊不知这也是它们在基础科学领域积累了几十年的成果。“今天的科学是明天的技术，后天的产品。”这是科学发展的一般规律。

从事基础科学研究对科研人员本身也有较大的生存风险。1990年，美国超导超级对撞机事件，堪称美国粒子物理衰落的起点。由于对撞机这类基础性研究的投资巨大，在已花费2亿美元挖了1/4地道的时候，美国国会突然决定中断资金，将资金投入国际空间站（ISS）。此举直接导致大批科学家失业，不得不转行，世界粒子物理的中心也因此从美国转移到了欧洲。

对于从事基础科学研究的人员来说，科研资金主要依靠国家的财政投入。基础科学研究的特殊性质决定了它不可能像应用型研究一样，将阶段性成果转变为商品以接受产业部门的资助，基础科学研究难以实现自筹经费、自负盈亏。此时，国家拨款或其他来源的经费就变得十分重要。

因此，在国家宏观层面上，应对基础科学研究进行必要的战略布局以保障科研的持续性。在我国，国家自然科学基金主要负责对基础科学研究的经费投入，2017年的规模是248亿元，并且按照每年10%的幅度递增，与此同时，进一步提高人员费用比例，承认智力和人才劳动的价值。

在微观研究经费的使用上，我们可以参考美国的一个案例。2014年，《科学》杂志公开了美国一位普通教授所承担的一项联邦政府基金课题的账目。通过这份账目表，我们可以直观地对美国的科研项目预算机制和科研人员薪酬机制有所了解。账目显示，密歇根大学安娜堡分校的微生物学家迈克尔·伊姆佩里尔（Michael Imperiale）申请了美国国立卫生研究院（NIH）一项为期5年的R01基金项目，经费总额为115万美元。该课题的预算表包含以下部分：人员费用约50万美元，占43%，其中包括迈克尔·伊姆佩里尔三个月的薪水及课题组1位博士后、1位科研技师、1位研究生和2位本科生的薪水和补贴；实验材料费用约23万美元，占20%；差旅、会议费约1万美元，占1%；校方管理费或间接费用约41万美元，占36%，包括实验室运营、维护费用及学校行政成本等。由此可以看出，在美国的科研经费中，人员费用通常是占比最大的一块。

四、启示和建议

基础科学研究的突破既是一个国家真正迈入科技强国的指标之一，也是科学进一步向前发展的原动力。这三位获奖者让我们看到了理论突破对于学科领域的影响之大。拓扑材料、量子信息、超导材料等应用领域的发展正是基于这三位奠基者将拓扑学引入了凝聚态物理学。培养出真正对基础科学保持有研究兴趣的科研者，并通过相关学术政策、学术环境的引导，留住这些人才，加强与国外高水平理论家的交流，是促进我国基础科技水平发展的必经之路。

第二节 诺贝尔化学奖案例分析

在化学研究的长河中不乏一些璀璨的“明星”，他们有的默默耕耘了几十年才获得丰硕的成果，有的“偶然”原创出一些意想不到的成果。我们选取了国际化学领域非常重要的奖项——诺贝尔化学奖中的8个案例进行分析，即2001年的诺贝尔化学奖获得者巴里·夏普莱斯，2002年的诺贝尔化学奖获得者田中耕一，2004年的诺贝尔化学奖获得者阿龙·切哈诺沃、阿弗拉姆·赫什科、欧文·罗斯，2006年的诺贝尔化学奖获得者罗杰·科恩伯格，2007年的诺贝尔化学奖获得者格哈德·埃特尔，2008年的诺贝尔化学奖获得者下村修，2009年的诺贝尔化学奖获得者托马斯·施泰茨，2011年的诺贝尔化学奖获得者达尼埃尔·谢赫特曼，以期找到这些获奖者成功的必要条件和因素，研究其所处时代的科学发展战略、科技政策、创新文化、经济环境等，对其创新活动进行溯因并将其解构为若干具体要素，结合其所在的创新生态进行分析，从而对我国培育重大突破性进展科技发现的工作思路提出建议。

案例1 不对称氧化反应的开拓者

——2001年诺贝尔化学奖获得者巴里·夏普莱斯（Barry Sharpless）

获奖原因：在催化不对称氢化反应研究进行得如火如荼的时候，巴里·夏普莱斯独辟蹊径，开创了催化不对称氧化反应的研究，夏普莱斯-香月不对称环氧化反应在有机合成化学中有广泛的用途。

> 研究价值点：自由灵活的合作形式值得我国研究借鉴，夏普莱斯的不对称环氧化反应研究都是以合作研究的方式完成的，包括内部合作和外部合作，团队成果丰硕；此外，他的研究体现出很强的连续性与前瞻性。夏普莱斯的案例对于我国的科学研究合作模式及保持研究的连续性和前瞻性具有启示意义，夏普莱斯近年研究的“点击化学”使他成为当今有机化学领域全球前三的领军人物。

- **国籍：**美国
- **获奖年份：**2001年
- **成果取得年份：**1980年
- **成果检验期：**21年
- **获奖原因：**对手性催化氧化反应的研究
- **成果所属领域：**有机化学不对称合成研究
- **研究领域类型：**实验
- **所属研究机构：**美国斯克利普斯研究所

一、生平和经历

（一）教育与工作经历

巴里·夏普莱斯的主要研究领域为有机合成化学。1980 年，他发现了利用 $Ti(O^iPr)_4$- 手性酒石酸二乙酯 (DET)-过氧化叔丁醇 (TBHP) 体系，进行烯丙醇的不对称环氧化的方法（夏普莱斯-香月不对称环氧化反应）。同一时期，他还发现了夏普莱斯不对称双羟基化反应和夏普莱斯不对称胺羟基化反应。

夏普莱斯-香月不对称环氧化反应、夏普莱斯不对称双羟基化反应、夏普莱斯不对称胺羟基化反应等成功开发了直至今日依然为人熟知的不对称环催化氧化反应。这些催化反应有极高的适用性，在创新精密合成潜在医药化合物领域有十分重要的地位。由于在不对称环催化氧化反应领域和选择性控制化学反应领域的开拓性研究，夏普莱斯被称为不对称环催化反应和“点击化学”的奠基人。

巴里·夏普莱斯于 1941 年出生在美国宾夕法尼亚州的费城。1963 年在达特茅斯学院取得学士学位，1968 年在斯坦福大学取得博士学位，之后，先后在斯坦福大学、哈佛大学研究组从事博士后研究。后来，在麻省理工学院取得研究职位。1990 年之后，在美国斯克利普斯研究所化学系担任教授。

在学术影响力方面，巴里·夏普莱斯的论文总共被引用 11 万余次，*h* 指数为 151，单篇引用在 1000 次以上的文章有 15 篇。

（二）获奖经历

巴里·夏普莱斯一直对实用化学情有独钟。由于将碳链的氧化看作是有机合成中用途最广、最有效和最可靠的转化类型，因此他专注于对现有氧化反应范围的拓展，以求发现新的反应形式。他非常痴迷化学元素周期表和催化作用，其中他最喜欢的元素有硒、硫、锇、氟。就连他自己都承认“这种痴迷也可以说是一种偏执”。有时候，他在实验室里工作到凌晨两三点，坐在试剂库的地上思考，在试剂瓶上信手就把一些想法写出来。

夏普莱斯不对称环氧化反应在有机合成化学中有广泛的用途。在催化不对称氢化反应研究进行得如火如荼的时候，巴里·夏普莱斯独辟蹊径，造创性地开始了催化不对称氧化反应的研究。夏普莱斯不对称环氧化反应是一种不对称选择的化学反应，可以从一级或二级烯丙醇中制备 2,3- 环氧醇，已经被用于全合成碳水化合物、萜烯、白三烯、信息素和抗生素。夏普莱斯不对称双羟基化反应与夏普莱斯不对称环氧化反应一样，也是现代有机合成中最重要的反应之一。大多数烯烃在上述条件下，能以高产率、高 ee 值生成光学活性的邻二醇，而且反应条件温和，无需低温、无水、无氧等条件。

夏普莱斯不对称环氧化反应生成的环氧化物的绝对构型仅由 DET 的绝对构型决定，到目前为止无一例外都是以前手性底物作为反应物。底物的官能团不影响最后的立体选择性，因此，在全合成中也经常被使用。该反应在放大生产上也是非常实用的。

2001 年 10 月 10 日瑞典皇家科学院宣布，将 2001 年的诺贝尔化学奖奖金的一半授予美国科学家威廉·诺尔斯与日本科学家野依良治，以表彰他们在手性催化氢化反应领域所做出的贡献；奖金的另一半授予美国科学家巴里·夏普莱斯，以表彰他在手性催化氧化反应领域取得的成就。

二、值得关注的价值点和问题点

（一）团队合作里的国际友人与科研接班人

巴里·夏普莱斯在研究不对称催化氧化反应时是以合作的形式进行的。不对称催化氧化反应研究的开始到丰富主要在 20 世纪 70 ～ 90 年代。其间，与巴里·夏普莱斯一样参与工作较多、与之合作持续时间较长且有重要贡献的合作者有美国的 E. N. Jacobsen、M. G. Finn、J. M. Klunder、R. M. Hanson，日本的香月勗，Y. Gao（华裔）等。

从 1980 年“夏普莱斯-香月不对称环氧化反应”的命名可以看出香月勗的重要贡献。他于 1946 年出生在日本九州的佐贺市，在日本九州大学取得博士学位。香月勗 1979 年来到美国斯坦福大学并成为巴里·夏普莱斯的博士后研究员。1980 年 1 月 18 日，他在将酒石酸酯、四烷氧基钛、叔丁基氢过氧化物和外消旋烯丙醇组合的体系应用到不对称氧化反应时，发现反应速度在中途明显减慢了，一个不那么挑剔的化学家可能会否定这个观察结果，以为这个反应失败了，但仔细又敏感的香月勗意识到它不寻常的性质。这一发现使巴里·夏普莱斯发现了烯丙基醇的不对称环氧化（AE）反应，其均匀的高对映选择性引起合成化学界的强烈兴趣。可以说，香月勗的这一发现帮助巴里·夏普莱斯拿到了诺贝尔奖。

除了在不对称全合成路线开发中的工作和对用于其他反应的有机和金属催化剂的探索之外，香月勗在对非官能化烯烃的不对称环氧化反应的研究方面付出了大量努力。

其中的一个重要研究是香月勗和巴里·夏普莱斯团队中的 E. N. Jacobsen 合作发现了 Salen- 配合物体系催化下的非官能团化烯烃的不对称氧化反应。香月勗还独立提出了这一反应的反应机理，并且根据该反应机理成功扩大了此反应的应用范围。

1981 年，香月勗回到九州大学继续其研究，1988 年担任教授。香月勗的另一个主要研究是使用空气开发氧化催化剂。2000 年，他在［（ON）Ru（Salen）］络合物的存在下，发表了关于在室温可见光辐照下仲醇的氧化动力学拆分的开创性文章。他曾回忆：“1980 年获得发现的日子是他一生中最令人兴奋的时间。”香月勗于 2014 年去世，巴里·夏普莱斯撰写了关于他的纪念文章。

美国人 E. N. Jacobsen 也在这期间担任博士后工作，参与了至少三种不对称氧化反应的研究。除了不对称氧化，他在 20 世纪 80 年代之后还专注于不对称 Diels-Alder 反应的研究，并取得了很好的成果。1993 年，E.N. Jacobsen 到哈佛大学担任化学系教授，研究方向转向了生物化学。

美国人芬恩（M.G. Finn）于 1986 年在加州理工学院取得博士学位后与巴里·夏普莱斯教授合作研究不对称环氧化反应的机理；1988 年，芬恩团队开发和研究了各种过渡金属有机化学的过程；1999 年，芬恩到美国斯克利普斯研究所担任化学系教授，他与巴里·夏普莱斯又成为同事。

从巴里·夏普莱斯在 20 世纪七八十年代的合作研究可以看出，这个研究团队由巴里·夏普莱斯牵头，先后有多位化学研究者加入，在同一个主题之下进行研究，既有他们与巴里·夏普莱斯之间的合作，也有他们相互之间的合作和自己独立的研究。研究可以是开拓性的，也可以是改良性的，夏普莱斯团队的研究环境自由、宽松，其团队成员日后也多自立门户，形成了具有自己特色的科研道路，并各自取得了很好的科研成果。

在巴里·夏普莱斯的研究重心转向点击化学之后，这样的团队合作模式依然没有改变，其团队中任职于斯克利普斯研究所的成员，既有教授、资深研究者、夏普莱斯曾经的搭档芬恩，也有他的新学生哈特穆特·科尔布（Hartmuth C. Kolb）这样的年轻人。2005 年以后，他致力于研究组合与微流体方法原位点击化学的方法，该方法使开发新型抑制剂变得特别容易并可用于各种酶的合成。哈特穆特·科尔布最近的工作是处理用于正电子发射断层扫描（如用于阿尔茨海默病的检测 tau 蛋白），并进行这些示踪物的临床测试及新的示踪剂的合成。

这种合作模式的特点是由领军人物牵头主导并坚持研究的方向性、连贯性；团队成员相互配合、相辅相成；年轻成员能自由发展，取得长足的进步。之后成员们各自带领的科研团队无论是延续之前的研究，还是从事崭新的研究方向，大都取得了很好的成果。

在这样的合作研究模式下，巴里·夏普莱斯教授培养了 270 余名博士生和博士后，其中 80 多人已在世界顶尖学府担任教授。可以看出，巴里·夏普莱斯不仅是顶尖的科学家，也是成功的导师。

此外，巴里·夏普莱斯有许多来自国外的合作者，其跨国合作方式也值得关注。

巴里·夏普莱斯教授长期与中国科学院上海有机化学研究所保持着密切的学术交往。2004 年 10 月，巴里·夏普莱斯被聘任为中国科学院上海有机化学研究所的荣誉教授，并一直担任该所学术委员会的外籍委员。2016年5月，他与中国科学院上海有机化学研究所签约合作，这对于双方而言都是一个新的开始，期待未来他能与中国化学家共同丰富点击化学的内涵，创造开创性的科研成果。

巴里·夏普莱斯教授在谈到与中国科学院上海有机化学研究所将来的合作时表示："我一直很喜欢中国科学院上海有机化学研究所的学术氛围、科研底蕴与化学风格，诚挚地想与该所建立更密切的关系。我相信好的科学需要共同努力，希望未来我们可以互相启发，做出一些有意义的成果，让中国在改变未来的化学变革中占据重要而独特的地位。"

（二）继往开来的研究

近年来，巴里·夏普莱斯的研究重点已经发生转移，主要是减少在不对称氧化研究方面的投入，推广并致力基于点击化学的研究，将其作为目前的研究重心并制订长远计划。

巴里·夏普莱斯在有机合成领域取得的开创性成果，产生于2001年他获得诺贝尔化学奖前后的一段时期，巴里·夏普莱斯在1998年初步提出了点击化学的概念，并在2001年将点击化学的合成理念进一步完善——选择性控制化学反应。

点击化学的主旨，正如其名字的含义一样，像点击按键一般简单迅速，通过高官能团选择性、小单元的拼接、高效的反应，快速可靠地完成形形色色分子的化学合成。它尤其强调开辟以碳-杂原子键（C-X-C）合成为基础的组合化学新方法，并借助这些反应来简单高效地获得分子多样性。点击化学所研究的有机反应已被广泛应用于有机、聚合物半导体材料合成、超分子聚集体与分子自组装、生物分子标记、抗体修饰、药物开发等一系列重要的研究和生产领域。

有趣的是，1998年，也就是巴里·夏普莱斯获诺贝尔奖之前的几年，在他刚提出了点击化学这一新的概念时，很多人都不理解。2001年，巴里·夏普莱斯获得诺贝尔奖，同年，他的关于点击化学的论文被《德国应用化学》的三位业界知名审稿人退回，但是被《德国应用化学》总编慧眼相中，并力排众议发表。如今这篇论文已成为该杂志创刊以来乃至整个有机化学领域引用最多的文章之一，达8500多次，超过为他赢得诺贝尔奖的那篇不对称环氧化论文的3倍之多。

巴里·夏普莱斯在2001年的诺贝尔奖颁奖典礼上的演讲也主要是关于点击化学的内容，他仿佛并不在意20年前的不对称催化氧化研究。

基于对点击化学的贡献，巴里·夏普莱斯教授被汤森路透评为“引文桂冠奖”。世界同行认为，他在点击化学领域的成就有望使他再次捧得诺贝尔奖。

（三）提高世界对手性合成的知识水平

2001年，诺尔斯与野依良治共同获得诺贝尔化学奖一半的奖金，巴里·夏普莱斯获得另一半奖金。威廉·诺尔斯的贡献是，发现可以使用过渡金属让手性分子进行氢化反应，以获得具有所需镜像形态的最终产品。他的研究成果很快便转化成了工业产品，如治疗帕金森综合征的药L-DOPA就是根据诺尔斯的研究成果制造出来的。野依良治的成就是进一步完善了用于氢化反应的手性催化剂的工艺。巴里·夏普莱斯的贡献在于开发出了用于氧化反应的手性催化剂。

瑞典皇家科学院的新闻公报称，许多化合物的结构都是对映的，好像人的左右手一样，这被称作手性。而在药物中也存在这种特性，有些药物成分只有一部分有治疗作用，而另一部分没有药效甚至有毒副作用。这些药是消旋体，它的左旋与右旋共生在同一分子结构中。2001年的诺贝尔化学奖获得者就是在这方面做出了重要贡献。他们用一种对映体试剂或催化剂，把分子中没有作用的一部分剔除，只利用有效的一部分，就像分开人的左右手一样，分开左旋体和右旋体，再把有效的对映体作为新的药物。

从三位化学家标志性成果取得的年份（1968年、1980年）来看，其不对称合成研究的社会背景与行业背景都很有针对性。针对的是光学纯（只含有单一的对映异构体）的手性药物合成与生产的需要。

在欧洲发生过妊娠妇女将没有经过拆分的外消旋体（一对手性异构体，两种各占一半，整体不显示旋光性）药物作为镇痛药或止咳药，而导致大量胚胎畸形的“反应停”惨剧①，这使人们认识到拆分消旋体药物的重要性。

单一对应异构体药物一方面提高了药物的疗效，减少了药物剂量的浪费；另一方面，避免了有害异构体对使用者造成损害。

从学理的层次上说，手性是自然界的本质特征之一，也是一切生命的基础，

① “反应停”（酞咪哌啶酮）于20世纪50～60年代初期在全世界广泛使用，它能够有效地阻止女性怀孕早期的呕吐，但也妨碍了孕妇对胎儿的血液供应，导致1.2万名“海豹畸形婴儿”出生。自20世纪60年代起，“反应停”就被禁止作为孕妇止吐药物使用，仅在严格的控制下被用于治疗某些癌症、麻风病等。

生命现象依赖于手性的存在及识别，这使不对称合成有广阔的成果扩散区域（化学、生命科学、药学）和较高层次的科学意义，这对于不对称催化氧化反应研究的获奖有着很大的推动作用。

从巴里·夏普莱斯的不对称环氧化反应的研究成果的实用性来看，其针对实验室合成与化工生产的要素就非常明确。对于实验室合成而言，这是一个创建手性中心的反应，而且处于合成线路的早期，对于提高生产率至关重要。对于化工生产而言，一是其使用的催化剂选择性高，获得的手性产物纯度高（ee 值）；二是这个反应的反应条件温和，在无水条件下即可，对温度和压力都没有苛刻的要求，适合大规模生产。

巴里·夏普莱斯的不对称催化氧化反应研究的针对性、学理性、实用性都很强，这使其科学意义与成果扩散都处于很高的水平，也是其获得诺贝尔奖的原因。

（四）不对称合成的政策启发

伴随着手性拆分技术及不对称合成技术的日益成熟，手性药物的研究逐渐成为新药研究的一大热点。

正是由于手性药物的不同立体异构体在药效、药代及毒理等方面都可能存在差异，美国食品药品监督管理局（FDA）在关于开发立体异构体新药的政策中要求，在对手性药物进行药理毒理研究时，应分别获得该药物的各立体异构体，并进行必要的比较研究，以确定进一步开发的药物。所以，手性药物药学研究的主要任务就是为药物的筛选与进一步研究提供足够数量和纯度的立体异构体。对于手性药物的指导原则是在一般化学药物药学指导原则的基础上，充分考虑手性药物的特殊性而起草的，其目的是为手性药物的药学研究提供一般性的指导。美国食品药品监督管理局指导原则中所说的手性药物主要针对的是由单一的立体异构体、两个以上（含两个）的立体异构体组成的不等量混合物。

1999 年美国食品药品监督管理局批准上市的 37 种新药中，18 种为手性药物，其中有 16 种为单一的对映体。目前世界上正在开发的 1200 种新药中，有 820 种为手性药物，其中有 612 种以单一的对映体进行开发。在实际使用中，手性药物所占的比重也越来越大。例如，1999 年手性药物在全世界的销售额达到 1150 亿美元，比 1998 年的 998 亿美元增加了 15.2%，约占当年药品总收入（3600 亿美元）的 1/3。

手性药物的研究及审评有其特殊之处，主要在于手性药物的立体化学特征，以及体内酶、受体等生物大分子的立体特异性和其对手性药物的立体识别性。为更好地合成此类药物，应尽量争取在合成路线的早期就高效地引入不对称中心。巴里·夏普莱斯发现与改良的三个不对称催化氧化反应就可以做到这一点，对合成单一的立体异构体药物有很重要的作用。一方面，使设计有机合成路线符合科学性与艺术性；另一方面，使合成产物符合政策的要求，也符合行业的需求。除美国食品药品监督管理局外，欧盟、加拿大及人用药物注册技术要求国际协调会（ICH）对手性药物都有详尽的要求。

三、启示与建议

（一）服务民心而动的研究方向

巴里·夏普莱斯的研究，无论是不对称催化氧化还是点击化学，其中的一个重点就是不对称有机合成，这样研究出来的科学成果很有针对性地解决了相关应用化学行业中的难题。这个难题就是既要符合政策的要求，又要有利于生产化学产品。

通过深入观察可知，科研政策的倡导有其合理性，但是政策的制定也有其相应的依据。其中一条就是民众的需求，既有使用的需求，也有安全的需求。巴里·夏普莱斯研究不对称合成，就应对了民众使用不对称药物的需求；开发不对称氧化的方法使构型固定下来，就应对了民众对不对称药物安全的需求。

要从科技政策背后看到社会的需求，这反映出真正重要的诉求是民众对于科研成果合理性和有效性的期盼。也就是科学研究要有利于民生，科研成果也要有利于民生。科学家也要努力做到得民众之心，才能更好地拓展出科学的“天下”。

（二）科研团队的研究只有高瞻远瞩，才能源远流长

做到科研的源远流长是十分不易的。仅仅分析实用化学，就能看到冰山一角了。从政策上看，实用化学研究需要予以长效性的支持；从成果转化上看，实用化学既需要注重培养符合成果扩散规律的研究项目，又要兼顾大规模生产；从学理性上看，要致力于对学科与行业有重要推动作用的科研项目，要注重科学研究的理论性。只有多管齐下，才能促进有益、有效的科研成果的产生。

化学领域的研究需要有一定的持续性。虽然处理的方法会有所改变，但整体的思想要有一个连贯的轨迹，这样可以有效地利用科学家的经验和研究成果。这个连贯的轨迹能否持续下去，就要看当前研究与后续研究的价值如何了。从今世的研究到后世的研究，如果能有一部分有理论的或是实用的价值，更进一步，能有一小部分对于整个学科有启发性，就足以称得上是高瞻远瞩了。如果研究中有一两点能对科学界起到订立新准则的作用，那就是不朽的研究了。

科学研究的价值越大，科学研究的持续性就越能得到保证。而要保证后继研究的连贯性与开拓性，就需要科学家的高瞻远瞩。

当然科学研究也有其自身的规律，许多科学探索都是在重重迷雾中进行的。科学研究的发展演进，既要靠一代代科学家的努力奋斗，亦要考虑历史的行程。

一项研究，在短期之内没有明显的发展前景，这不算作高瞻远瞩？要不要放弃呢？短期之内很难断言。即使当下看来这项研究没有很大的价值，但时代一变，社会的需求一变，就很可能变得很有价值了。

尽管科学探索“路漫漫其修远兮”，但如果能够高瞻远瞩，科学的线索也就不至于中断，科学研究就能源远流长，继往开来。

（三）领军人物带动团队建设，培养科学接班人

科学研究需要有效的合作模式，既要能把握住研究方向，又要有连续性与开拓性，还要能取得关键的与长效的成果。而科学研究的开拓性与连续性需要强大的科研团队作为保障。

团队成员之间的合作要相互促进，这样才能发挥集群的优势，有效提高整个科研团队的知识水平与实践水平。团队成员的成果能交叉运用，有利于增加科研成果的拓展方向，扩宽科研成果的应用范围，提升团队学科交叉的能力。团队的领军人物要有很强的领导力与学科影响力，这一方面是从人才培养的角度考虑，名师出高徒；另一方面是从团队发展的角度考虑，只有影响力大的团队领军人物，才能有效地扩大团队科研成果的影响力，极大地提升自己团队与其他科学家和科研团体的交流水平，促进团队的研究视野走向深远与高远。团队成员要想得到长足的发展，不仅要有高超的科研水平，更要具备出色的领导才能。只有这样，现今的团队成员以后才能够独立领导新的团队，使知识与人才一代代延续下去，这就从科研团队的建设上保证了科学研究的连续性与开拓性。

案例2　非传统路径培育的“三无”工程师传奇

——2002年的诺贝尔化学奖获得者田中耕一（Koichi Tanaka）

获奖原因：田中耕一解决了化学领域质朴分析方法中的难题，最早实现了激光直接成像（LDI）离子化技术，即用激光轰击成团的生物大分子，使得生物大分子相互完整地分离，同时也被电离，这项发明奠定了科学家对生物大分子做进一步分析的基础。

研究价值点：田中耕一是诺贝尔奖获奖历史上十分特殊的人物，他是一个无博士学历、无海外留学经历、无高级职称、无SCI论文的企业工程师。他毕业于日本东北大学工学部电气工学专业，与化学、生化等领域完全无缘。他的获奖可以说是一个传奇，但并不是一个奇迹。田中耕一的获奖与日本的教育制度和科技战略有着极大的关系，他的案例研究对我国的教育及科技战略具有相当大的参考价值。

- **国籍：**日本
- **获奖年份：**2002年
- **标志性成果取得年份：**1985年
- **成果检验期：**17年
- **获奖原因：**发明了生物大分子的质谱分析法
- **成果所属领域：**质谱分析、生物大分子
- **研究领域类型：**实验
- **所属研究机构：**日本岛津制作所

一、生平和经历

（一）家庭背景

田中耕一出生于一个普通的日本家庭，还没满月，母亲就去世了，由于家境贫穷，他被父亲托付给叔叔抚养，自小在叔叔家长大。

（二）教育和工作经历

1983 年获得日本东北大学工学部学士学位；1988 年至今，任京都市岛津制作所研发工程师。

（三）研究工作

刚进岛津制作所时，田中耕一没有加入自己向往的医疗仪器开发项目，却意外地被分配到成立没多久的分析仪器组。1985 年，当田中耕一用激光离子化法发现生物大分子时，人们对这一成果的认识并不一致，技术人员多认为该成果难以商品化。这时，岛津制作所的一位中层干部认为，这是以前没有过的装置，早晚会有用处，于是支持田中耕一继续研究。在接下来的几年里，田中耕一制造出了应用其原理的第一台机器，岛津制作所支持他在此后的 20 年间继续从事这项研究。

（四）成果过程

1984 年 10 月以后，在岛津制作所的持续支持下，田中耕一用钴超微粉末作为基质进行了一系列激光解吸电离试验。可是，在此后一段时期，无论他怎么改变实验条件，都无法使有机化合物分子完整地转换成离子。1985 年 2 月下旬，每日都在不停地做实验的田中耕一误将甘油当成自己要取的丙酮倒入了放有钴超微粉末的试管，他马上意识到了自己的失误。但幸运的是，田中耕一没舍得将甘油和钴超微粉末的混合液倒掉，而是十分好奇地将其倒入准备测试的维生素 B12 之中，并进行了带有多重偶然性的实验，结果检测到了热稳定性非常差的维生素 B12 分子的离子峰。就这样，一个意外的失误在田中耕一这里演变成了一项重大的发现。

二、值得关注的价值点和问题点

（一）个人特质是成功的内在因素

1. 坚持

当时在岛津制作所的实验室里有几百种介质可供选择，在理想的激光吸收介质是否存在都未知的情况下，化学知识极其有限且从未研究过离子化理论的田中耕一只能日复一日地进行机械性尝试。他拥有和阿甘一样简单的思维模式，能够不知疲倦地将筛选工作不断地进行下去，用田中耕一在自传中的话来讲："我当时感觉自己简直就与介质和质谱仪融为一体了。"

领队民生吉田是这样说的："我们五个人通过测量电路开发每一件从质量分离器和检测器的原始设备。而且我相信，我们最终的成功归因于一个事实，即所有的技术都是一流的，不过，让最终的突破成为可能的是田中耕一的才华。任何普通的研究人员或许都会扔掉一损俱损的矩阵或已标记的初始数据……他废寝忘食地将实验重复了一遍又一遍，对于我来说，只能对他这样的热情和毅力脱帽致敬。"

2. 兴趣

田中耕一从不羡慕象牙塔中的学者。在获奖后出席的每一个场合中，当提到自己的研究成果时，田中耕一回答的关键词只有一个，就是"兴趣"。他说："我从小就喜欢研究。就职后，多次拒绝升职进管理层，也是因为要留在研究部门进行研究。今后，我也将继续研究。我有兴趣也喜欢搞研究。"或许，他正在提醒一个目前已经被日本象牙塔中的人士忘记的问题——"学问的源头就是兴趣"。

田中耕一在获奖的纪念讲演中说："我在大学里学的专业并不是化学，在诺贝尔化学奖的获得者中，我是化学的最大的挑战者。我的成功证明，没有高度专业知识和学历也能为化学技术的发展做出贡献。"

（二）团队合作是成功的重要因素

注重合作而不是竞争，重视团体绩效而不是个人利益的团队组织方式对刚去岛津制作所的田中耕一帮助极大。导致田中耕一后来发明蛋白质软激光解吸电离法的关键之一——使用钴超微粉末作基质的主意——就是由应用物理专业出身的吉田佳一在田中耕一实验受阻时提出来的。

课题合作者民生吉田说，虽然课题组内各位成员的研究分工不同，但他们并非彼此独立地进行着各自的研究。无论有多忙，课题组成员每周一都要召开一次研究例会，相互交流各自研究的进展情况、遇到的困难、下一周的打算等。在会议上，全体成员畅所欲言，群策群力，毫无保留地发表自己的见解，介绍自己所掌握的研究信息。不仅如此，课题组每个月还要召开一次论文报告会，每个人都必须按照规定的格式提交一份书面研究报告，对自己在一个月里采集到的数据、理论计算的结果、实验调试情况、收集到的参考文献、外出开会时获得的信息、今后的研究思路等一一进行总结、汇报。这既有利于信息共享，又有利于相互督促。他们还时常利用午休时间同日本中央研究所中与自己专业方向完全不同的研究人员聚在一起交流研究信息。

田中耕一认为，独创性并不是一种特殊的能力，每个人都具备从事独创性工作的素质。一个人的能力和知识有限，这就需要不同学科领域的学者交叉合作，以便推动科学技术更快地发展。

（三）所处平台对科技的支持是成功的外在条件之一

田中耕一在岛津制作所的研究环境非常宽松，对于科研人员提出的研究项目，只要厂方认为该项目在 5 年后能够实用化就批准进行研究。这样，科研人员就有时间和可能在研究过程中发现那些往往会被忽视的问题。

岛津制作所是科学仪器生产厂家，蓄积了一大批能工巧匠。为了支援科研人员的研究，岛津制作所专门成立了一个由熟练技工组成的试作班。因此，当田中耕一所在的项目组遇到一些自身无法着力的装置加工制造方面的难题时，就可以交由试作班来协助解决。如果没有这支由熟练技工组成、可随时增援的内部协作队伍，单靠项目组成员的努力，质谱仪实验装置的改进将很难实现。

（四）科学协同体完善的制度是成功的必要条件

田中耕一等能够快速地从外文文献中捕获大量有价值的科研信息，这与日本社会高度重视科技信息平台的建设是分不开的。西方的任何发明专利，都被翻译成了日文，全社会所有企业均可享用。如果田中耕一等没有能及时捕捉和有效跟踪国际学术共同体的最新发展走向的渠道，那么，他们很难在软激光解吸电离法的开发方面做出世界一流的贡献。

日本的特色制度如下。

1. 日本的科技战略

日本的科技战略不同于欧美的“从基础研究，到应用研究，再到开发研究”的政策，它的政策是“从开发研究着手，再向应用研究溯源，最后再深入基础研究层面”。

2. 日本的教育制度

日本的教育制度对田中耕一的影响很大。在日本，中小学等教育资源没有明显的区域集中现象，因此，孩子可以就近上学。当没有升学压力的时候，孩子会依照自己的兴趣学习。小学教师的素质也很高，除非是师范专科毕业，其他的均是本科以上学历。小学三年级就已开设科学课程，引导学生观察自然，而不是在书本里找答案，这是一种求异的培养过程，不同于求同的教育模式。同时，政府持续投资，建设大量科技馆、图书馆和儿童馆，并在城市设计中有意形成在三千米之内就有一所公共图书馆的格局，存有大量藏书。这样，孩子从小就能对大自然产生浓厚的兴趣。田中耕一从小就经常去科技馆和图书馆，这种训练的结果是使他进入日本东北大学后可以迅速地进入学业。

日本的大学教育也很特别。日本的高校实行宽口径教学，分为文科和理科，各自又分为三类。比如，生物和化学分在一类，数学和物理分在一类，工程技术又是另外分类。小的分类里不分专业，到三年级的时候，学校会根据学生前两年的成绩让学生自己挑选专业，成绩好的学生可以优先挑选自己喜欢的专业。到三四年级，学生开始进入教研室，跟着老师学习和研究。这样会有两个结果，一是挑选专业的时候比较明确，可以选择自己满意的专业；二是在大学的前两年学生会非常努力，不会放任自流。所以，中学和大学的过渡阶段很成功。这种管理方法的质量非常高，学生知道自己的长处所在，并且是通过努力才争取到自己想要学习的专业和知识，因此他们会非常珍惜这样的机会，这对他们未来的创造是有帮助的。

三、启示与建议

日本的科技信息平台建设十分完善，翻译系统高效迅速，对于一些外语不太擅长的研究者而言，他们可以在最短时间内获得世界上最先进的想法和技术理念，促进科技的发展。建议我国完善翻译系统等科技信息平台，将各种先进的想法理念和技术以最短时间传入国内。

案例3 泛素介导的蛋白质降解

——2004年诺贝尔化学奖获得者阿龙·切哈诺沃（Aaron Ciechanover）、阿弗拉姆·赫什科（Avram Hershko）、欧文·罗斯（Irwin Rose）

获奖原因：三人于20世纪80年代发现了泛素介导的蛋白质降解，即人类细胞对无用蛋白质的“废物处理”过程。这项研究可以使我们从分子水平来理解一些重要的生化过程，如细胞分裂、DNA的修复、基因复制和新生蛋白质的质量控制等，解释免疫系统是如何工作的，探索一些包括恶性肿瘤在内的疾病的发生机理。这些研究成果将有助于攻克子宫癌和囊肿纤维化等疑难疾病。

研究价值点：三位获奖者之间存在长期的师承关系，他们之间的合作方式较为典型，对国内的科学研究工作尤其具有借鉴意义；三位获奖者拥有相似的文化背景和教育经历，他们共同的通识教育及泛学科化的知识背景为获奖奠定了很好的基础，这对国内的科学工作者提供了参考和借鉴意义。

- **国籍：**以色列（阿龙·切哈诺夫、阿弗拉姆·赫什科）、美国（欧文·罗斯）
- **获奖时年龄：**57岁（阿龙·切哈诺沃）、67岁（阿弗拉姆·赫什科）、78岁（欧文·罗斯）
- **标志性成果取得年份：**1980年
- **成果检验期：**24年
- **成果所属领域：**生物化学：细胞研究–泛酸与蛋白降解
- **研究领域类型：**创新领域、实验研究
- **所属研究机构：**以色列理工学院（阿龙·切哈诺沃、阿弗拉姆·赫什科）、美国加利福尼亚大学欧文分校（欧文·罗斯）

一、生平、工作、成长叙述

我们以获奖者之一的阿龙·切哈诺沃为线索，梳理出三位获奖者的研究生涯和人生脉络。

（一）起步学术，投身化学

阿龙·切哈诺沃于 1947 年出生在以色列的海法，父母为波兰裔犹太人，父亲为律师，母亲为英语教师。在这样的家庭，他从小便耳濡目染，对犹太宗教和文化产生了浓厚的兴趣，也从很早开始接受正统的现代教育和法律、医学知识，思考科学道德和伦理问题。

在当时的犹太家庭里，投身医学事业被认为是孩子较为理想的职业规划。

然而阿龙·切哈诺沃与儿时的同伴不同，他对生物学产生了浓厚的兴趣，他利用闲暇时光收集不同标本，进行各种实验。在高中时代（1963～1965年），他主修生物，按照他自己的说法，他已经开始“思考物理、化学、生理医学和社会科学间的融合和平衡”。

1965～1969年，阿龙·切哈诺沃进入以色列医学院，研究基础和临床医学，出于扩大知识面的考虑，他广泛涉猎生物化学和药理学知识。在毕业前进行临床实习、对患者进行检查时，他意识到自己之前学习的局限性，认为自己今后的科学生涯旨在了解病症的机制和病理，而非描述性的症候表象，从这时起，他的科学生涯开始真正朝基础研究领域转向。

不久后，阿龙·切哈诺沃参加了以色列医学院的基础研究培养计划，为期一年，他选择了生物化学，并因此推迟了一年服兵役。在这一年内，他在生物化学家雅各布·塔纳娜和本杰明·夏皮拉的指导下，发现了某项生物合成的关键酶，并获得硕士学位。他在完成额外一年的临床实习（1970～1972年）后，从以色列医学院毕业，获得医疗执照。

毕业之后，阿龙·切哈诺沃从同事处得知，刚刚从美国加利福尼亚大学博士后出站的阿弗拉姆·赫什科将要来以色列医学院，筹建一个生物化学的研究组。他便写信给阿弗拉姆·赫什科，提出希望到他的研究组工作，并在他的指导下完成博士论文的研究。从1972年10月起，他们便开始了长达30余年的合作，阿龙·切哈诺沃于次年毕业，决定将生物化学研究作为自己的职业方向。

（二）喜遇良师，初露锋芒

无论是成长经历还是学术生涯，阿龙·切哈诺沃的老师阿弗拉姆·赫什科都与自己的学生有不少相似之处。他1937年出生于匈牙利的考尔曹格，父亲是镇上犹太小学的一名教师，母亲接受过良好的教育，在镇上教授英语和音乐。他的童年时光快乐，且家庭和睦温暖。然而，第二次世界大战开始后，他的父亲被纳粹党抓去前线，为苏联军队俘虏，1946年始被释放。战争中，他们一家也险被抓去奥斯维辛关押，后被抓往奥地利充当苦力。第二次世界大战后，他们全家团聚，并于1950年迁往以色列。

定居以色列后，他的父亲决定将自己的大部分工资作为学费，供阿弗拉姆·赫什科和其弟弟就读昂贵的私立学校。在高中，阿弗拉姆·赫什科曾因对太多科目有浓厚的兴趣，一度无法定夺未来的方向，最终和弟弟一样选择了学医。

1956 年，阿弗拉姆·赫什科进入希伯来大学，就读当时以色列唯一的一所医学院。在基础医学部学习期间，当时教授几门专业课程的老师令他印象深刻，并使他开始对生物化学“情有独钟”。他的生物化学老师雅各布·马格备受他的推崇，尽管他在课堂上的表现并不佳，但他具有广阔的知识背景，并热衷于实验室研究。1960 年，阿弗拉姆·赫什科进入雅各布·马格的实验室工作，同时进行着三四项完全不相关的生物化学研究。之后数年，他在雅各布·马格的指导下完成了博士论文，这段经历有助于培养他严谨的学术素养，并为他奠定了雄厚的专业背景基础。

1963 年，阿弗拉姆·赫什科与朱莉相识，后结为伉俪，朱莉亦是生物学者，供职于耶路撒冷一家医院的血液实验室，在泛素系统研究中对他多有帮助。

1969 ～ 1971 年，阿弗拉姆·赫什科到加利福尼亚大学的生物化学与生物物理系跟随戈登·汤姆金斯做博士后研究。阿弗拉姆·赫什科形容他更“外向、活泼、充满创意，不在意对实验过程的控制和细节，但总能很好地启发其他研究者的工作”，认为他给自己的研究开拓了新的维度。

1971 年，阿弗拉姆·赫什科回到以色列，进入希伯来大学新建的医学院，主持生物化学部的工作，组建起一支高度专业的研究团队。阿龙·切哈诺沃正是在这一时期加入的，他在该研究团队中完成博士论文并进行博士后研究。

即使 1973 ～ 1976 年在为以色列国防军服役期间，阿龙·切哈诺沃仍然积极继续参与阿弗拉姆·赫什科组的研究，并接过教鞭，为医科三年级的学生教授临床生物化学课程。1976 年 11 月，服役期满后，阿龙·切哈诺沃回到以色列医学院，跟随阿弗拉姆·赫什科进行博士后研究。在后来接受采访时，阿龙·切哈诺沃认为，5 年的博士后研究生活使自己受益匪浅，不仅学到了解决一项科学难题的基本和关键性原则，而且还从他的导师阿弗拉姆·赫什科那里受到了两点重要的启发：①选择一个重要的生物学问题进行研究，最好是不那么显而易见的且非主流化的；②在实验阶段，确保有适合的研究方法去实现它。

（三）合力研究，终结硕果

1977 年夏季，阿龙·切哈诺沃随同阿弗拉姆·赫什科利用公休假期来到美国费城，申请共享实验室的场所和设施，与福克斯·蔡斯癌症中心的欧文·罗斯等进行联合研究，许多重要的发现在此期间完成。

师生二人的合作研究者欧文·罗斯也出生于犹太世家（1926 年），父亲和母亲的家族均为犹太教徒，幼时欧文曾就读于希伯来学院。家族中的成员并无从事科学研究的经历。起先，他想学习神经生物学，但因受到老师赫伯特·伊斯特利克的强烈影响，开始进行动物学研究。1952 年在芝加哥大学获得博士学位后，他来到位于美国费城的福克斯·蔡斯癌症中心，当阿龙·切哈诺沃和阿弗拉姆·赫尔什科到来时，他正在这里主持工作。

研究期间，阿龙·切哈诺沃曾于 1978 ～ 1981 年连续四年夏天在欧文·罗斯实验室进行合作研究。在漫长的科研岁月里，阿龙·切哈诺沃自比为“大部头作者”而非“短篇小说家”，他将科学研究比作“剥洋葱”，坚持在一项工作中进行深度挖掘，按照条理和科学规律简化分析进而解决复杂的问题。他还指出注重细节的重要性，关键性的结论很难从表面的结果中得出。阿龙·切哈诺沃认为，正是这些信条构成了他的人生观及对科学的研究方法，这也成为他后期始终向学生灌输的思想。

1980 年，《ATP 在蛋白质分解中的作用：蛋白质与多肽链依赖性蛋白水解的结合》（*Proposed Role of ATP in Protein Breakdown: Conjugation of Protein with Multiple Chains of the Polypeptide of ATP-dependent Proteolysis*）和《网织红细胞蛋白与蛋白质降解所需的多肽的 ATP 依赖性缀合》两篇论文发表在《美国科学院报》（*PNAS*）上。三位研究者成功地揭示了细胞内蛋白质的降解是一个多步骤反应的过程：蛋白质先被泛素（一种多肽）标记，然后被分解。通过这个需要能量消耗的过程，细胞以高度特异性的方式对不需要的蛋白质进行降解。

1981 ～ 1983 年，阿龙·切哈诺沃、阿弗拉姆·赫什科和欧文·罗斯及其小组成员新发现了 3 种酶，分别将其命名为 E1、E2、E3。在此基础上，他们提出了“多步泛素引发”假说，即通常在哺乳动物的细胞中含有一种或数种 E1 酶、几十种 E2 酶、几百种 E3 酶。不同的 E3 酶标记蛋白酶体中不同的蛋白质，并介导其降解。

此后多年，阿龙·切哈诺沃继续着对蛋白质泛素研究的探寻。1981 ～ 1984 年，他来到麻省理工学院从事研究工作。1984 年，为寻求独立学术的地位，他在阿弗拉姆·赫什科的帮助下回到以色列理工学院的生物化学部，建立了自己的实验室，继续对核糖核酸酶在泛素蛋白质水解中的影响进行研究。

二、值得关注的价值点和问题点

（一）通识型的文化养成

在三位获奖者的成长过程中，文化的养成与科研的进阶并驾齐驱、从未偏废。阿龙·切哈诺沃幼年时受家庭影响，对犹太宗教和文化兴趣浓厚，接受正统的现代教育和法律、医学知识，并开始思考科学道德和伦理问题。到了高中，他又对物理、化学、生理医学和社会科学间的融合与平衡这样深奥的问题产生了兴趣，并有自己独特的见解。

阿弗拉姆·赫什科的父亲是小学教师，母亲接受过良好的教育，在全家定居以色列后，并不富裕的父亲将自己的大部分工资作为学费，供阿弗拉姆·赫什科和其弟弟就读昂贵的私立学校。这种尊师重教的家庭氛围让阿弗拉姆·赫什科早年便认识到文化的精深博大，也认识到知识在生活中的地位和无穷的能量。

欧文·罗斯的父母家族均为犹太教徒，他在幼时曾就读于希伯来学院。在高中时，曾因对太多科目有浓厚的兴趣，他一度无法定夺未来的方向，最终和他弟弟一样选择学医。在博采众长之后毅然选择学医，这一人生选择的洞察力与含金量不言而喻。

在三位获奖者的履历中，均拥有犹太裔血统或犹太文化的家庭环境。幼时由于家族信仰和父母的影响，他们也或多或少受到了犹太宗教的浸染，将犹太教在社会伦理方面的要求（克己、平等、勇敢、和睦等）内化，这在日后的工作生活中多有显现。同时，他们也很早就接受犹太文化体系化（教育、法律、科学）的知识训练，以及多种艺术形式的熏陶，在人文素养日臻发展的同时，他们对科学世界也有了全景视角的初步认知。

（二）泛学科化的知识背景和研究工作

阿龙·切哈诺沃在本科学习期间，主修基础和临床医学，出于扩大知识面的考虑，他涉猎了生物化学和药理学知识。毕业前意识到之前学习的局限性，他开始青睐基础研究领域的学习研究。为此，他参加了为期一年的医学院的基础研究培养计划，选择了生物化学，并因此推迟了一年服兵役。

阿弗拉姆·赫什科本科学习的是基础医学，但由于对当时教授几门专业课程的老师十分推崇，他开始对生物化学产生兴趣。他的生物化学老师雅各布·马格为他提供了进实验室研究的机会。1960 年，阿弗拉姆·赫什科进入雅各布·马格的实验室工作，同时进行着三四项完全不相关的生物化学研究，这段经历为他日后的研究提供了丰富的专业背景。

欧文·罗斯在谈到他所供职的福克斯·蔡斯癌症中心时说道："这里能够对癌症进行更广泛的生物科学视角的研究，交叉学科的研究者们共同工作，彼此没有部门的界限，经常研讨、自由学习。""我们自己无需因美国国立卫生研究院的资金申请事宜而分心，研究经费和研究者薪水的分发由独立的机构负责。"

在青年时期的通识教育阶段，三位获奖者都曾有过以基础性研究为抓手，广泛涉猎、跨界学习的经历，综合性的知识架构为他们打下了扎实的功底，开辟新领域、研究交叉学科问题的道路也因此变得左右逢源。

（三）科研素养、性格因素与科学家合作

前瞻性科技成果的培育离不开科研人员的深度合作。尤其是在科研和创新网络日益成熟的今天，优秀的合作不仅意味着融洽的人际关系，也意味着高效率的产出；拥有良好科研素养的合作者不仅能在性格上彼此互补，还能在研究上相互促进，快速提升研究者和其成果在科学界的话语权，产生“1+1>2”的效应。

在联合获奖者的自述或访谈中，他们对与其他两位合作者多有评价。阿龙·切哈诺沃如此评价阿弗拉姆·赫什科和欧文·罗斯：“阿弗拉姆·赫什科的思考方式让我逐渐学会提问、质疑和讨论，并且不要总是理所当然地接受别人的建议和指导。有时相信自己的直觉是必要的，即便这样会逆流而上。欧文·罗斯向我展示了理性思维并非在科学研究中的任何时候都是必要的，有时甚至会阻碍研究，非传统的思维方式可能会产出美妙的想法和成果；同欧文的交流有种不稳定之感，让人怀疑自身的基本知识和信仰，真正的挑战是接受欧文那些正确的主张，摒弃掉传统、渐进式的方法。”

阿拉弗姆·赫什科如此评价阿龙·切哈诺沃和欧文·罗斯：“阿龙·切哈诺沃令人难以置信地努力工作，并是个天生的管理者；在回到以色列后，正是阿龙·切哈诺沃和欧文·罗斯一同向我建议申请美国国立卫生研究院的拨款资助，这一资助帮助我渡过了难关。欧文·罗斯擅长解决问题和进行分析式思考，经常提出有益的批评，自己则比较直观，因此我们配合得很好，他在共同工作时表现出的无私和大度也令我印象深刻。”

（四）学科设置导向与弱势学科发展

1984年，阿龙·切哈诺沃为寻求独立的学术地位，在阿弗拉姆·赫什科的帮助下回到以色列理工学院的生物化学部，建立了自己的实验室，继续对核糖核酸酶在泛素蛋白质水解中的影响进行研究。

然而，在工程科学为传统优势学科的以色列理工学院，生命科学和生物医学未受到规划者的重视，甚至时有学院被撤销的传闻，这些都严重地阻碍了学科建设和基础设施的发展。在具有广阔前景的生物和医学对现代科技的巨大影响面前，阿龙·切哈诺夫认为，这种限制弱势学科发展的做法亟待修正，他本人也以实际行动为平衡学科发展做出了努力。

三、讨论

幼年接受高质量的通识教育，形成良好的文化素养和全面的知识架构，是三位获奖者发展健全的人格、进而取得合作研究成功的基础。

在对自己的研究方向进行选择前，获奖者都或长或短地经历过一个广泛涉猎、全面学习、埋头于基础研究的阶段，多维学科的学习背景、循序渐进的学习能力和触类旁通的研究方法，不仅是他们确定自己未来所志的参考，也为他们日后的研究提供了更广阔的视野和更独特的视角。

基础科学研究是推动产业革命最重要的知识基础，如何为科学共同体内的基础研究创造氛围、提供条件，治理科研资源过于集中的问题，并对它们进行合理公平的分配，需要政策制定者的论证。

高水平的国际学术交流是突破科研瓶颈的有效途径。在这一合作关系中，研究人员的科研素养，甚至是人格（性格）特征的传承和人际关系的影响将会起到重要的作用；有些是人际间的双向影响，有些是研究习惯、性格因素互补的研究者彼此取长补短，共同促成目标的实现，这些值得进一步的研究。

四、思考

获奖者所在的以色列理工学院以工科闻名，生物化学的研究实力相对不足。获奖成果所处的领域——蛋白质降解研究，长期以来也较被忽视，那么，高等院校和研究机构是如何适应“冷门出诺贝尔奖”的新常态，以前瞻性眼光，为非强势学科、非主流研究提供发展空间，改变其长年受优势学科、主流研究领域排挤甚至压制的现状，为诺贝尔奇迹的出现创造可能的呢?

五、以色列的科学技术政策与办学特色

（一）科技管理体制

政府—高校—企业为主干的科学技术研究体系。政府主管的研究机构在

国家的研究与开发工作中占有很大的比重，政府对研究与开发也投入了大量的资金。据统计，以色列70%的研究与开发费用来自政府财政部门，其余来自各种形式的基金会、企业本身的投资及国外犹太社团的捐助。根据联合国教育、科学及文化组织1995年的资料统计，以色列在民用研究与开发上的投入占GDP的2.3%，低于日本、瑞士，但高于法国、美国、英国、丹麦、加拿大和意大利。

1949年，以色列建立了中央级的管理机构——科学委员会，负责制定科技政策及宏观设计研究规划。1959年，以色列政府用全国研究与开发委员会代替了科学委员会。在20世纪60年代以前，以色列政府对研究与开发的总政策是统一调控，集中管理，全面布局，以基础研究为主。60年代以后，在经济形势变化、产业结构逐步调整的情况下，对研究与开发工作提出了新的要求，为此以色列政府在多出成果、早出成果的思路下，重点推动了应用科学的研究。70年代初，以色列政府开始逐步改革科技管理过分集中于中央的局面，把管理权下放到各个部，由各部根据自己的实际情况制定可行的政策与目标。大部分由政府资助的研究机构转由有关各部的首席科学家直接领导，各部相继成立了本部门的科技领导机构——首席科学家办公室。

（二）科研体系

高等院校是以色列高级科技人才的聚集之地，也是基础研究的中心，研究领域十分广泛。以色列的每所大学除设立标准的系外，大部分都有跨系的研究中心和研究所，专门从事跨学科的基础课题研究，如大规模集成技术、旱地生态系统等。大学基础研究预算的15%由大学自己筹集，政府拨款和企业委托研究也提供一部分经费，大部分经费依靠研究人员向国内和国际组织申请资助。以色列所有的大学都有科工贸一体化的开发公司专门从事应用研究并推广研究成果，寻找外部的投资者和战略伙伴。

（三）科技移民政策

在以色列建国后，世界各国的犹太人纷纷移居以色列，其中不乏一流的科学家、工程师和技术人员，为吸收安置科技移民并充分发挥其价值，以色列专门设立了移民吸收部。

（四）国内和国际的科学技术合作

学术界、政府和企业之间建立了紧密的合作关系，政府部门特别是科学和艺术部成为学术界和企业之间的桥梁；以色列政府对国际科技合作也高度重视，将其作为发展科技和振兴经济的一项重要措施。为了获得国际资助和获取信息，掌握世界科技发展的最新动态，以色列政府鼓励其科技人员在国外从事博士后研究，并利用休假期间回国服务，还鼓励科技人员出国参加科学会议。

案例4 “真核转录的分子基础研究”开创者

——2006年诺贝尔化学奖获得者罗杰·科恩伯格(Roger Kornberg)

获奖原因：罗杰·科恩伯格揭示了细胞如何依据遗传基因所提供的信息生成蛋白质。这项研究第一次将基因的转录过程细致地描述出来，使了解基因的转录过程成为可能，而基因转录的研究对解决目前医学研究中的难题具有决定性的作用。

研究价值点：生命科学领域的基因转录是目前处于上升阶段的产业之一。对罗杰·科恩伯格的案例研究有助于我国关注这一新领域并挖掘该产业的潜力；罗杰·科恩伯格的父亲阿瑟·科恩伯格于1959年获得诺贝尔生理学或医学奖，父子俩致力于遗传基因研究，虽终殊途同归，但都获诺贝尔奖。此外，罗杰·科恩伯格的两个弟弟也在科学或科学相关领域各有建树，科学世家背后的科学素养、精神传承与培养值得关注；2006年诺贝尔化学奖的成果检验期很短（5年），与历年科学类诺贝尔奖评审惯例形成对比；在研究期间，罗杰·科恩伯格长时间未发表成果却持续获得项目资助，美国的科研项目考核标准和经费资助方式值得探究，可与我国科研机构现有科研项目考核评价体系进行比较。

- **国籍：** 美国
- **出生年份：** 1947年
- **获奖时年龄：** 59岁
- **标志性成果取得年份：** 2001年
- **成果检验期：** 5年
- **成果所属领域：** 基因转录
- **研究领域类型：** 创新领域、基础研究
- **所属研究机构：** 美国斯坦福大学医学院

一、生平和工作经历

罗杰·科恩伯格，美国生物学家，斯坦福大学结构生物学教授，美国国家科学院和美国艺术与科学院院士。

（一）家庭背景

罗杰·科恩伯格于1947年出生在美国，是家中的长子。其父亲为阿瑟·科恩伯格，1918年生于美国纽约，1942年进入美国国立卫生研究院从事研究工作，20世纪50年代中期用实验证明脱氧核糖核酸（DNA）的复制并分离了复制所需的酶，于1956年发表《脱氧核糖核酸的酶促合成》一文，并因此与塞韦罗·奥乔亚共获1959年的诺贝尔生理学或医学奖。12岁的罗杰·科恩伯格曾跟随父亲前往瑞典斯德哥尔摩领奖。罗杰·科恩伯格的母亲是一名生化学家，生前一直与丈夫共同进行研究。罗杰·亚恩伯格的妻子赫丽·洛赫来自以色列，曾任斯坦福大学的结构生物学教授。在科恩伯格的大家庭中，热爱科学的不仅仅是获得诺贝尔奖的父子两人，罗杰·科恩伯格的二弟托马斯·比尔·科恩伯格现为加利福尼亚大学旧金山分校的生物化学和生理学教授。三弟肯尼思·安德鲁·科恩伯格是一名建筑师，但也与科学渊源不浅，其特长就是建造科学实验室。因家中多名成员从事与科学相关的研究，其家庭也被称为“科学之家”。

（二）教育和工作经历

1967年，在哈佛大学获得学士学位；1972年，在斯坦福大学获得博士学位；1972～1975年，在剑桥大学英国医学研究理事会分子生物学实验室从事博士后研究；1976年，在哈佛大学医学院生物化学系担任助理教授；1978年，重返斯坦福大学任教，一直未离开生化领域。

（三）获奖情况

罗杰·科恩伯格曾获得很多奖项，包括2001年获得的化学类最高奖韦尔奇奖，2002年获得的法国科学院生物医学类最高奖查尔斯利奥波德迈耶奖。2006年，因其对“真核转录的分子基础所做的研究”而获得诺贝尔化学奖。

二、值得关注的价值点和问题点

（一）长期专注于研究领域，坚守理想

科学界公认，罗杰·科恩伯格是在分子层面提供真核转录实际过程画面的第一人，并为此坚守了20年。斯坦福大学医学院的教授约瑟夫·普格利希认为，“和所有伟大的科学家一样，罗杰·科恩伯格没有中途放弃，他就是这么顽强。许多研究人员可能坚持不了5年就会放弃”。

（二）殊途同归，父子均获诺贝尔奖

科恩伯格家族是“科学之家”，罗杰·科恩伯格的父亲是杰出的科学家，两个弟弟也在科学或与科学相关的领域各有建树，因此科恩伯格家族也被人们称为“一门四杰”。1959年，父亲阿瑟·科恩伯格与塞韦罗·奥乔亚一道获得诺贝尔生理学或医学奖。2006年，罗杰·科恩伯格获得诺贝尔化学奖。阿瑟·科恩伯格和罗杰·科恩伯格是历史上第6对同为诺贝尔奖得主的父子，父子二人所获奖项虽不同，却都涉及遗传基因。

（三）“站在巨人的肩膀上”砥砺前行

身为美国斯坦福大学医学院的教授，罗杰·科恩伯格没有忘记包括父亲在内的众多科学前辈的贡献。“我一直仰慕他（父亲）及在我之前的其他许多人的工作，”他说，“我把他们视为最近50年间真正的巨人。我难以把自己列为他们中的一员。”罗杰·科恩伯格始终保持谦逊、踏实、求实的研究态度，对前人的研究成果给予充分的肯定，同时不忘吸收他人研究成果中的养分，并激励自己前行，在真核基因转录的土地上默默耕耘，最终收获了丰硕的果实。

（四）长期的项目资助保证了研究活动的持续性

到2006年获得诺贝尔化学奖时，罗杰·科恩伯格在近10年间没有发表过任何一项重大的发现成果，却得以继续从事研究活动，在美国科学界并不多见，因为一般情况下这很难被研究项目的资助者所容忍。罗杰·科恩伯格所在的研究机构给予了他长期的项目资助，保障了其研究项目能够继续进行下去。

（五）成果检验期短，与历年的诺贝尔奖评审惯例形成对比

2006年度的3项诺贝尔奖都已产生结果，生理学或医学奖由安德鲁·法尔

和克雷格·梅洛获得，物理学奖由约翰·马瑟和乔治·斯穆特获得，化学奖则由罗杰·科恩伯格获得。获奖者相关论文的发表时间分别是，生理学或医学奖为1998年、物理学奖为1989年、化学奖为2001年。罗杰·科恩伯格的论文发表时间与获奖时间之近，与历年的科学类诺贝尔奖评审惯例形成对比。在过去，诺贝尔奖评审委员希望评审对象的成果能够获得广泛的公认和检验，因此需要耗费相当长的时间。

三、讨论

（一）对科研项目的经费资助一定要以科研成果为考核标准吗？

科研项目的经费资助能够保障项目进行系统性和持续性的研究。然而，一个大的科研项目往往历时很长，在短期内难以取得突破性进展，此时资助方如果只是以阶段性的科研成果作为考核标准，那么项目负责人恐怕就难以维系其科研活动了。罗杰·科恩伯格将近10年没有发表过任何一项重大的发现成果，却一直得以继续从事研究活动。对于历时长、短期内难以出现重大科研成果的项目，不一定非要将科研成果作为资助的考核标准。比如，可以对具有前瞻性或颇具潜力的科研项目予以持续的资金支持，资助方评判资助的标准不是阶段性的成果，而是科研成果可能会引发的创新突破或对前沿产业的引领作用、产生巨大的经济效益和社会效益的潜力，这就需要资助方具有足够的远见和投资能力。

目前，我国的科研项目资助大多将科研成果作为评判标准，科技界普遍缺少一种允许和宽容失败的氛围和环境，这种环境氛围的缺失不利于创新型科研工作的开展。宽容失败和奖励成功同等重要，二者是建立科研激励机制的两个方面。因此，科研项目的经费资助应适度宽容失败，努力推动原始创新，保持对重大科研项目资助的持续性。

（二）诺贝尔奖成果检验期的长短取决于研究成果本身的重大意义还是广泛的社会认可度？

2006年度诺贝尔奖论文的发表时间与获奖时间间隔很短，其成果检验期相比历年诺贝尔奖来说比较短，这也与诺贝尔奖评审惯例形成了对比。就诺贝尔化学奖来说，罗杰·科恩伯格的研究成果检验期只有 5 年。他发表的论文揭示了细胞如何依据遗传基因所提供的信息生成蛋白质，第一次将真核转录的过程细致地描述出来，了解基因转录过程对医学研究起着决定性的作用。正如瑞典皇家科学院在一份声明中所说："基因转录过程至关重要，如果转录过程停止，基因信息就不会被转移到机体的各个部位，生命体也将在数天内死亡。"罗杰·科恩伯格是首位在分子水平上揭示真核生物转录过程的科学家，这一过程在医学上具有基础性作用，因为人类的多种疾病，如癌症、心脏病等都与这一过程发生紊乱有关，此研究成果具有重大的医学应用价值，属于原始创新领域。可以说，此次的诺贝尔奖评审委员会没有等评审对象的成果获得广泛公认和检验后才颁奖，而是考虑到研究成果的重大原始突破和创新价值，而大大缩短了成果检验期。这说明，科研的原始创新和基础性突破将产生巨大的价值，诺贝尔奖的成果检验期可以取决于研究成果本身的重大意义，并不一定非要等上十几年或几十年的时间。等待科研成果得到广泛公认和检验，一方面，可能因为耗时太长而使科研成果的价值难以及时发挥和运用；另一方面，也会让研究者有漫长的等候期，使科研成果在短时间内难以得到权威性的认可。

四、启示与建议

（一）完善项目考核评估机制，优化合理的科研经费管理和资助办法

合理、完善的科研项目经费管理和资助方式对推动项目研究的可行性、稳定性和持续性具有重要的保障作用，而对项目成果的阶段性考核和评估则是衡量项目经费资助合理性和持续性的重要指标。科研经费的管理和资助在很大程度上影响着科研项目最终能否取得成果。本案例中的罗杰·科恩伯格将近 10 年没有发表过任何一项重大的发现成果，却一直可以继续从事研究活动，这足以表明其所在的研究机构建立了独特、灵活而又稳定的科研资助方式，这对于我国建立更加成熟、合理的科研项目管理和资助方式具有启发意义。相比而言，目前我国对于科研项目的考核和评估更多地聚焦于科研成果本身，对于项目的资助也多以科研成果为参考，而往往忽视科研项目所具有的巨大潜力或潜在的原始创新的突破性价值，经费管理和资助方式缺乏一定的灵活性，项目的考核和评估标准也较为单一。对此，需要改革和完善现有的科研项目管理和资助方

式，根据研究类型、研究方式、项目进度和研究难度的不同建立灵活多样、公平合理的项目评估考核机制，从而保障科研项目经费资助的系统性、多元性、稳固性和持续性。

（二）鼓励原始创新，营造宽容、开放的科研氛围

一项重大的科研成果的获得需要坚持不懈的探索和勇往直前的追求，而在科学研究过程中科学家往往也面临着层层考验和重重难关，科研具有一定的偶然性和不确定性，为此，建立完善的科研激励机制并营造良好的科研氛围显得格外重要。在本案例中，罗杰·科恩伯格所在研究机构的长期项目资助及较短的诺贝尔奖成果检验期都表明科研注重原始创新，体现了科学界对科研成果前瞻性和创新性的准确把握，也体现了科研机构营造宽容、开放的科研氛围的重要性。宽容失败和奖励成功同等重要，二者是建立科研激励机制的两个方面。优秀的科研人才固然重要，但是营造宽容开放的科研环境、发挥科研人才的价值和推动科技创新迅速发展也很重要。因此，罗杰·科恩伯格的诺贝尔化学奖案例对于我国营造更加良好的科研氛围和建立鼓励原始创新的激励机制有借鉴意义。

案例5　“表面工作”的深入探究者

——2007 年诺贝尔化学奖获得者格哈德·埃特尔（Gerhard Ertl）

获奖原因：2007年的诺贝尔化学奖颁给了格哈德·埃特尔，以表彰他在“固体表面化学过程”研究中做出的杰出贡献。他的观察为现代表面化学提供了科学基础，他的方法不仅被用于学术研究，而且被用于化学工业研发，如人工肥料的生产。

研究价值点：研究成果具有巨大的产业价值，表面化学反应对许多工业生产起着重要的作用，如人工肥料的生产；获奖领域具有首创性，这是诺贝尔化学奖第一次颁发给表面化学研究领域，这对于诺贝尔奖尚未涉及的领域具有参考价值；提供了科学传承的新视角，格哈德·埃特尔发明的研究方法基于哈伯·博施法的研究，为人工固氮技术哈伯-博施法的原理提供了详细的解释，发现了原有方法中化学反应最慢的步骤。正是对原有研究方法的研究和创新，促成他获得诺贝尔奖。

- **获奖年份：**2007年
- **标志性成果取得年份：**1985年
- **成果检验期：**22年
- **获奖原因：**对固体表面化学进程的研究
- **成果所属领域：**表面化学：固体表面化学
- **研究领域类型：**实验
- **所属研究机构：**马克斯·普朗克科学促进学会

一、生平和经历

（一）学习经历

格哈德·埃特尔于1936年生在德国的斯图加特。他于1955年开始在斯图加特大学学习物理学，其间学业曾两度中断，最后在海因茨·格里舍尔（Heinz Gerischer）的指导下完成学业并继续工作。格哈德·埃特尔于1965年通过《论锗单晶表面上的催化氢氧化的动力学》的论文答辩，取得了博士学位。

1967年，格哈德·埃特尔完成了题为“用低能量电子衍射研究表面结构与反应活性”的研究项目。随后他获得了一个商业项目的资助，从此进入了德国的“表面科学”领域。

（二）工作经历

1967年，仅31岁的格哈德·埃特尔被聘为汉诺威大学物理化学系主任。同年，他又担任汉诺威大学物理化学与电化学研究所的教授和主任。

1973年，格哈德·埃特尔担任慕尼黑大学物理化学系主任，他的整个研究组都跟随他从汉诺威搬到了慕尼黑。此后，他还担任了德国和美国多所大学的客座教授。

1985年，他离开慕尼黑，接替他的老师担任弗里茨·哈伯研究所的所长。同时，他还担任柏林技术大学和柏林自由大学的荣誉教授。

1989年柏林墙倒塌之后，他又成为柏林洪堡大学的荣誉教授。他可能是第一位在三所柏林大学担任荣誉教授的人。

1986～2004年，格哈德·埃特尔出任德国马克斯·普朗克科学促进学会弗里茨–哈伯研究所的所长，目前他是这家研究所的名誉教授。

从1997年开始，分别担任中国科学院大连化学物理研究所《催化学报》的顾问和催化基础国家重点实验室的国际顾问。

（三）研究工作

从其科学生涯一开始，格哈德·埃特尔就从事化学反应表面过程的研究。开始时研究小分子，如O_2、CO、H_2、N_2、NO等与金属和合金表面的相互作用。后来，他的研究组采用分子束技术、激光光谱等技术研究反应动力学。

格哈德·埃特尔采用低能电子衍射，定量地描述了氢在金属表面的吸附作用。他的研究不仅解决了长期困扰人们的有关催化机理的问题，而且建立了低能量电子衍射与其他实验方法相结合的研究分子表面科学中的重要问题的方法。

格哈德·埃特尔在氨的合成机理研究方面做出了重要贡献。他与合作者采用表面化学的方法对氨合成过程的分子行为和机理进行了深入、系统的研究。

格哈德·埃特尔研究组的研究重点之一是CO氧化。1982年，格哈德·埃特尔及其研究组报道了在单晶表面上的CO_2形成过程中的动能振荡，这是一个化学反应中的非线性现象。

这些基础研究表明，格哈德·埃特尔的方法学不仅适用于单反应速率控制的动力学研究中的反应过程，如合成氨的反应过程，而且适用于非线性动能研究。他的方法学体系已经成为表面化学过程研究的标准方法。

（四）享有的盛誉

格哈德·埃特尔获得了5个荣誉博士称号，还获得过许多重要的科学奖项。他曾在德国科学基金会、国家科技部、同步辐射研究委员会等学术机构任职，还是包括美国国家科学院在内的10个国家科学院的院士。

格哈德·埃特尔与中国的学者和研究机构交往密切，多名中国学者在格哈德·埃特尔研究组进行博士后研究、做访问学者或从事联合研究工作。

2000年，格哈德·埃特尔所在的德国马克斯·普朗克科学促进学会与中国科学院大连化学物理研究所建立了“纳米催化技术”伙伴关系研究小组，利用表面科学的表征、制备手段，研究催化反应纳米作用的基础。2006年6月，双方又共同组建了“基于第一性原理的高压氧化催化理论”伙伴关系研究小组，致力于发展基于量子力学的、准确的并具有预言能力的、真实的氧化环境条件下的催化理论。

2007 年 10 月 10 日，是格哈德·埃特尔 71 岁的生日，当他正和妻子共进午餐庆祝生日时，一个电话打破了原本平静的氛围，他被告知获得了诺贝尔化学奖。这个消息让格哈德·埃特尔的喜悦之情无以言表，他称“这是一辈子只有一次的生日礼物”。

二、值得关注的价值点和问题点

（一）杜绝急功近利，培养科学工匠精神

出于对现实的考量，很多研究者更愿意做一些应用领域的研究，以便尽早投入应用，他们认为基础科学研究枯燥又没用，就算基础科学真正有用，那可能也要等到上百年以后。因此，有多少人愿意花一生的心血在这见效如此缓慢的基础研究上呢？殊不知，基础科学研究的进展往往是技术革命背后的驱动力，基础研究重大突破的影响往往更加深远和持久。正是基于此认识，诺贝尔奖有偏爱基础科学成果的传统，纵观 100 多年来诺贝尔奖的获奖名单就会发现，90%以上的诺贝尔奖奖项都授予了在基础科学方面取得重大发现与理论成就的科学家。

无论是帮助大隅良典夺得诺贝尔生理学或医学奖的细胞自噬研究，还是帮助戴维·索利斯、邓肯·霍尔丹和迈克尔·科斯特利茨斩获诺贝尔物理学奖的拓扑相变及拓扑相理论，或是帮助让-皮埃尔·索瓦日、弗雷泽·司徒塔特、伯纳德·费灵格赢得化学奖的分子机器，2016 年诺贝尔奖无一例外地颁给了基础科学研究。

2007 年的诺贝尔化学奖也是一样，并不是授予某一项具体的科研成果，而是对格哈德·埃特尔在表面化学领域的多年研究给予肯定，当时获奖呼声很高的另外一位科学家在论文等数量上都超过了格哈德·埃特尔，但最后并没有把奖颁给他，这也说明只有具备科学工匠精神的人才有可能获此殊荣。毫无疑问，格哈德·埃特尔就是一个杰出的代表。格哈德·埃特尔是一个非常聪明和执着的人，他长期立足于一个领域工作，对合成氨表面化学的研究持之以恒，这凸显出一个科学家科学研究的深厚功底。

另外，此奖的颁布是继 1932 年表面物理化学和化学物理领域的美国科学

家欧文·朗缪尔获得诺贝尔化学奖之后的第二个诺贝尔奖，长达半个多世纪的等待终于迎来了表面化学领域的再次辉煌。这一消息令很多在化学领域苦心钻研的学者很是欣慰，因为近年来的诺贝尔化学奖都颁给了一些偏向生物的研究领域。格哈德·埃特尔的获奖让这个长期缺乏公众关注的化学领域重新被关注和认可。

格哈德·埃特尔为此确实付出了数十年的坚守和心血，一直默默地在这个完全基础性的研究领域耕耘，不去理会一些实用主义者的责难和批评，因为他们总是批评基础科学研究是闭门造车。机会总是留给有准备的人，20世纪60年代的半导体产业的发展为他多年的基础研究提供了解决问题的新办法，格哈德·埃特尔日积月累的观察为现代表面化学奠定了科学基础，反复的实验过程为其发明的研究方法提供了支撑，这也是他最终获得诺贝尔奖的重要原因。

格哈德·埃特尔的一生耐得住基础科学研究的艰苦与寂寞，他的发现最终奠定了表面化学研究的方法论，更在诸多实践应用领域获得了重要的研究成果，这些无疑是对那些急功近利的实用主义者最具说服力的回应。

（二）站在巨人肩膀上，善于横向思维

格哈德·埃特尔在大学学习的是物理专业，大学期间他系统地学习了专业知识，并且有幸听了德布罗意、居里、海森堡等顶级物理学家的讲课。他的博士论文指导老师格里斯彻教授是20世纪电化学领域具有代表性的科学家。格里斯彻教授建议他研究固体和气体的分界面，于是格哈德·埃特尔在刚刚浮出水面的表面化学领域迈出了他的第一步，这为其后期的研究工作指明了正确的方向。这些大师们的授课和指导让格哈德·埃特尔站到了科学的前沿，让他科研工作的起点站到了相当的高度上。大师们往往工作在当代尖端科学的前沿阵地上，掌握着该领域的最新信息和发展动态，具有深邃的洞察力和敏锐的直觉，以及卓越的眼光，能给出预见性的建议，因而他们能指导学生紧跟时代脉搏进行前瞻性科学研究，这往往可以促进重大科学发现的出现。格哈德·埃特尔很幸运地遇到了这样的大师，令他站得高，看得远。

格哈德·埃特尔最重要的贡献有两方面：一是对表面化学反应，尤其是合成氨的机理研究；二是对非线性动力学过程的研究。

合成氨是20世纪最伟大的科学发现之一，大规模人工固氮的成功，使大规

模生产化肥成为现实，德国化学家哈伯因此获得 1918 年的诺贝尔化学奖。德国的化学工程师卡尔・博施开发了大规模合成氨高压催化工艺，并因此获得 1931 年的诺贝尔化学奖，他的主要贡献是改进了哈伯首创的高压合成氨注，找到了合适的氧化铁型催化剂，使合成氨生产实现工业化，此方法被称为哈伯-博施法。但那个时候还没有针对表面化学的研究，人们对氮气分子是如何发生化学反应的也并不清楚。

随后，格哈德・埃特尔在表面化学领域长达 40 年的系统研究让人们了解了合成氨表面化学反应的机理。基于对人工固氮技术哈伯-博施法原理的解释和长期的研究，格哈德・埃特尔发明的研究方法也因此创立。在了解了提取氮元素的整个过程后，格哈德・埃特尔发现了原有方法中化学反应最慢的步骤。这一突破有利于更有效地计算和控制人工固氮技术，格哈德・埃特尔对哈伯-博施法的研究具有重要的经济意义，因为氮是促进农作物生长的重要元素，固氮技术的提高意味着能获得更多的肥料[①]。

和很多获得诺贝尔奖的科学家一样，诺贝尔获奖者的成功离不开对前人科学劳动的继承与发扬。“前事不忘，后事之师。”格哈德・埃特尔的成果得益于对前人成果的透彻研究及自己的创新发现。和格哈德・埃特尔对哈伯-博施法的研究一样，1932 年的诺贝尔物理学奖得主莱比锡大学的海森堡，也是得益于爱因斯坦相对论的思路而创立起了量子力学。

对非线性动力学过程的研究是化学和物理研究中一个非常基本的过程，格哈德・埃特尔不仅用现代表面科学的手段对其进行研究，而且发展了一些理论。此外，他还用表面科学的方法和手段来研究很多相关领域的科学问题，包括燃料电池、臭氧层的改变等。格哈德・埃特尔在非线性动力学过程方面的研究成果得益于其大学时期扎实的物理知识基础，反过来，他对非线性动力学领域的贡献也有助于破解物理学现象和生物学之谜。这些都得益于格哈德・埃特尔在多个基础学科研究基础上的横向思维。

（三）潜心基础研究需要良好的学术生态环境

诺贝尔奖不仅是对获奖者及其成果的承认，更本质的是对获奖者所受到的教育理念的充分肯定、对其工作的科研单位环境的认可，历史上曾为世界科学技术中心的英国、法国、德国、美国都是靠发展教育起家的。德国的科研机

① 张卓勇，朱若华 . 2007 年度诺贝尔化学奖获得者简介 . 首都师范大学学报（自然科学版），2007, 28（6）：4-6.

构和社会体制都是不以名利为导向，不以经济激励手段来催生效益的。格哈德·埃特尔所从事的基础科学研究在短期内很难看到经济效益，但是他不会因此而失去支持，他受到的项目资助也不会因此而减少。

有调查数据表明，诺贝尔奖往往集中分布在一些著名的科研机构中，这里有先进的科研设备及大师云集、高徒辈出的氛围，格哈德·埃特尔所在的德国马克斯·普朗克科学促进学会，便是其中著名的诺贝尔奖获奖大户。它创建于1911年，是世界上历史悠久的科研机构，也是德国最大的研究组织，主要从事自然科学的基础理论及人文科学方面的研究。自成立以来，产生了33位诺贝尔奖获得者，其中有9位是诺贝尔化学奖得主。

可以说，马克斯·普朗克科学促进学会的化学学科具有绝对的优势，即使在现在，它仍然是欧洲的化学研究中心，实力不可小觑。格哈德·埃特尔在这里的学习、工作也得益于马克斯·普朗克科学促进学会强大的科研实力和自由的科研环境。在这里，所有的科研项目都由科研人员自己选择，科研班子的成员也由科研负责者自己选择。金字塔形的用人体制使得大多数科研人员在科研的黄金年龄段可以潜心于科研工作，不用各自为战，不用将宝贵的时间浪费在课题申请和其他杂事上。这样的工作环境也有利于项目的延续和发展。

（四）对生活充满激情，不做“科研呆子”

诺贝尔奖获得者的共同点是乐在其中，充满信念。科学研究是非常辛苦且枯燥反复的工作，在经历了一整天的工作或感到渐渐失去耐心时，应学会释放压力。兴趣和热情是坚持科研工作的动力和源泉，多种学科的涉猎能够开拓思路，音乐则能够放松身心。

格哈德·埃特尔不仅是一位卓越的化学家，他对人文科学也有着浓厚的兴趣，而且他还是一位技艺娴熟的音乐爱好者，弹得一手好钢琴。对科学研究的热爱是他一生坚持科研的巨大动力，但是这不妨碍他对生活充满激情。

（五）前人栽树，后人乘凉

格哈德·埃特尔取得的卓越成就离不开前人打下的研究基础和大师们的教育培养。一位伟大的科学家往往还是一位杰出的教育家，将科研和育人相结合，只有这样，才能使一位科学家的能量得到最大程度的发挥，并将科学研究的优良火种代代相传。

在进行研究工作的同时，格哈德·埃特尔还注重对学生的培养。他一共培养了 100 多名博士生，其中一半成了物理学家，一半成了化学家。为了传授自己开创的各类精妙的化学实验和丰富的经验，他还成立了专门的学校。他培养学生的原则是给学生足够的自由，同时给他们提供充足的条件，培养他们成为有责任感的人。在他眼里，成为杰出科学家的最重要的条件就是对学科拥有热情。

三、启示和建议

（一）优化科研评价机制能让科研工作者安心前行

从机构导向来看，就硬件而言，我国的高校和科研机构与国外差距并不大；就科研环境的自由度而言，我国的科研机构环境相比马克斯·普朗克科学促进学会还有很大的差距，如条条框框的束缚很多，科研管理行政化问题突出。虽然我们的科研工作者的学习能力很强，一旦别人提出一个设想，我们就能很快地证明，别人开拓一个领域，我们也能很快地跟上，但我们自己的创新和开拓较少，“中国速度”确实让世人惊愕，但是我们缺乏的是原创性思维、工匠精神，以及对基础科学研究的重视、耐心和对其持续的投入。

究其原因是科研工作与各项指标挂钩，带有很强的功利色彩，现行的科研评价机制促生了“短平快”的行为，评价体系重数量、轻质量等现象突出；人员考核的周期短，导致科研人员不得不急功近利，选择能够在短期时间内出成果的科研项目，对需要耐得住寂寞、沉得下心才能出成果的领域进行研究的动力不足，势必很难做有深度的科学研究。很多科研工作需要长期的努力和付出，短时间内难以出成果。用短期的评价机制评价这类科研工作不利于发挥科研人员的创新潜质。这些都是我国创造原创性科研成果的制约因素。

（二）兴趣和热情是最好的老师，科研工作也需工匠精神

从个人发展而言，我国的科研工作者的操作能力很强，但如果仅仅专注于工作而忽视社交，忽视学科间的融合，就会导致思维不开阔、想法不大胆。在

我国，有很多科研工作者为了写论文而做研究，为了写专利而搞发明创造，更有一些人冒着风险通过造假、抄袭来达到目的。

在这方面，我们真应该向格哈德·埃特尔学习，保持良好的心态，平和地享受科学的过程，将科研和育人相结合，这也有利于科学研究工作的延续和发展。

科研工作不是简单重复的劳动，它需要长期的积淀、深度的思考、高度的专注，做好科研工作需要研究者发扬脚踏实地、求真务实、精益求精的工匠精神，同时也需要一个可以发扬工匠精神的科研环境。决策者应该正视我国当下的科研环境和氛围中存在的问题，通过深化科研体制改革，持续增加对基础性和独创性科研的投入，切实提高科学研究的质量和内涵。

案例6　发光的绿色荧光蛋白的探寻者

——2008年诺贝尔化学奖获得者下村修（Osaumu Shimomura）

获奖原因：下村修作为绿色荧光蛋白的发现者及其结构研究的开创者，与查非、钱永健一同荣获2008年的诺贝尔化学奖。绿色荧光蛋白质被称为现代生物化学中的“北斗星”。在它的帮助下，研究人员能够看到以前所不能看见的新世界，其中包括大脑神经细胞的发育过程和癌细胞的传播方式等。

研究价值点：下村修的成功除了归功于其自身因素外，还极大地归功于名古屋大学和普林斯顿大学的科研平台及导师的贡献，其研究平台与研究环境对于国内杰出人才的成长具有借鉴意义。

- **国籍：**日本
- **获奖时年龄：**80岁
- **获奖年份：**2008年
- **标志性成果取得年份：**1961年首次发现绿色荧光蛋白，1974年关键试验全部完成
- **成果检验期：**34年
- **成果所属领域：**细胞与分子生物学
- **研究领域类型：**实验
- **所属研究机构：**美国普林斯顿大学约翰逊实验室

一、生平和经历

（一）教育和工作经历

下村修在我国读了三年小学，在日本的边远地区——长崎读了三年；初中几乎每周都要接受军事训练，而且中途还转了一次学；上高中后不久就由大阪转学到长崎，之后他再没有坐在教室里听过一堂课，每天都要到学校附近的军工厂跟班作业。1945 年日本战败投降后，他又在社会上漂泊了两年多。这样一位在 20 岁前只读过 9 年书的年轻人尽管后来得以步入大学的殿堂，但他所上的大学是一所被战火摧毁后又易地重建的普通高校，而且还是三年制的长崎医科大学药学专科部。虽然 32 岁时在名古屋大学获得了理学博士学位，但他从未在名古屋大学取得过研究生学位，只不过在那里进修了两年。在长崎医科大学药学专科部上学期间，下村修就对化学实验产生了浓厚的兴趣。1951 年从长崎医科大学药学专科部毕业后，下村修获得了在普林斯顿大学生物系累计工作 18 年的机会。1960 年获名古屋大学有机化学博士，同年到美国普林斯顿大学约翰逊实验室做博士后。1963 ～ 1965 年，下村修回到日本名古屋大学任副教授，1965 年又回普林斯顿大学，继续在约翰逊实验室做博士后，直到 1980 年约翰逊退休，不久后他也离开了普林斯顿大学。1980 ～ 2001 年到麻省海洋生物学研究所工作并任波士顿大学兼职教授。2001 年从美国海洋生物学实验室退休回家后，他仍然在进行生物发光物质研究。退休时，美国海洋生物学实验室将下村修在职期间所使用的实验仪器设备转让给了他。于是，下村修在自己的住宅中设置了一间实验室，继续从事生物发光研究。尽管年事已高，但他仍不时地参加一些与自己的研究主题相近的学术会议，甚至还使用自己的家庭住址发表论文。

（二）成果取得过程

海萤荧光素结晶方法的发现具有一定的偶然性。当时，下村修制作的荧光素与浓盐酸混合液只不过是为第二天的氨基酸分析实验准备的。那时是冬季，正巧他离开实验室时把取暖炉关掉了，以致荧光素结晶在低温环境下不断从混合液中析出，结果连混合液的颜色也发生了明显的改变。无独有偶，数年后下村修又非常偶然地发现了多管水母发光物质的有效提取方法。通常情况下，从多管水母中提取的含有发光物质的液体会不停地发光，若听之任之，不用多久发光物质的活性便会完全丧失，因此必须找到一种能遏制这种提取液持续发光的方法，而且这种方法还必须是可逆的。为此，下村修和约翰逊教授进行过无数次的探索，但始终未能取得突破。巧合的是，一天傍晚，在下村修把含有多管水母发光物质的溶液倒入污水池时，旁边的水槽正往污水池里排放海水，多管水母发光物质遇到海水中的钙离子发出一道耀眼的蓝光。此后，下村修明白了一个道理，消除钙离子便可遏制多管水母发光物质发光，同时下村修成功地分离出了水母素和绿色荧光蛋白质，但在深入探索水母素和绿色荧光蛋白的结构与性质时，他却耗费了好几年。欲对水母素和绿色荧光蛋白的结构与性质开展深入的研究，必须获取一定量的水母素和绿色荧光蛋白，而要获取足够多的水母素和绿色荧光蛋白，就必须大量捕捉多管水母。而要大量捕捉多管水母并迅速提取其体内的发光物质乃是一项十分艰苦的工作，辛苦一年获得的水母素和绿色荧光蛋白质的数量非常有限，以至于下村修等前后花费了 8 年时间，才基本弄清了水母素发光基团的化学结构。之后，下村修又埋头干了好几年才开发出水母素钙离子探针及研究多管水母的发光机理。

（三）获奖情况

2004 年，获英国王室显微镜学会皮尔斯奖；2005 年，获美国伊利诺伊州显微镜学会查莫特奖；2006 年，获朝日新闻社朝日新闻文化财团朝日奖。

二、值得关注的价值点和问题点

（一）个人特质是成功的内在因素

1. 坚持

在长期研究水母素的过程中，下村修积攒了不少绿色荧光蛋白。可是，绿色荧光蛋白的意外丢失，导致下村修又花费了几年时间才提取到一定数量的绿色荧光蛋白，并最终推出了绿色荧光蛋白发光基团的化学结构。

2. 兴趣

早在长崎医科大学药学专科部上学期间，下村修就对化学实验产生了浓厚的兴趣。那时，他甚至将一些化学试剂带回家继续做观察实验。在普林斯顿大学接触多管水母之后，他便被多管水母发光现象深深地吸引住了，以至于在名古屋大学获得正式教职担任副教授后，仍迷恋着多管水母。对多管水母发光现象的痴迷使他宁愿依靠申请研究经费生活，也要放弃名古屋大学提供的优厚待遇，去普林斯顿大学继续从事多管水母发光物质的研究。为了弄清多管水母发光物质的结构与发光机理，他每年夏天都要带着家人横穿北美洲大陆，到美国西北海岸去捕捉多管水母，十几年如一日，从不间断，他捕捉的多管水母多达85万匹。从美国海洋生物学实验室退休回家后，他仍然念念不忘生物发光物质的研究。

其实，在开始做研究时，下村修并不知其重要性，只是对生物发光好奇。发光的生物学意义，至今尚不清楚；而发光蛋白应用的重要性，下村修不仅当时不知道，而且在以后相当长的时间内都不清楚。将水母素应用于检测钙，是在1967年由里奇韦（Ridgway）和阿什利（Ashley）提出的。最初下村修和约翰逊只为提取水母素，而绿色荧光蛋白则是副产物。现在，这个副产物的用途比原来的正产物还大。

如果不是兴趣使然，下村修很难在收入都不稳定的情况下在普林斯顿大学坚持那么多年。倘若下村修当年放弃了对多管水母发光物质的研究，那么，掩藏在多管水母中的一些自然之谜便有可能长期无法解开，因为20世纪90年代后人们已很难在太平洋中找到多管水母了。

（二）师承关系是成功的重要推动力

1955年下村修在日本做研究生时，他的导师让他到另外一个实验室去开阔眼界，而那个实验室的导师介绍他做荧光素。1959年他的导师逝世，1960年他到了美国普林斯顿大学的约翰逊实验室。约翰逊给他看水母发光，并要他做提取水母素的工作，下村修被感染了，于是决定做这个课题。1963～1965年下村修回日本名古屋大学任职副教授，1965年又回普林斯顿大学，继续在约翰逊实验室从事博士后研究，直到1980年约翰逊退休。下村修在1961年（33岁时）取得了重要发现（1962年发表），到1974年（46岁时）才完成全部关键实验。

（三）著名的科研平台是成功的外在因素

下村修的创造高峰期主要是在名古屋大学和普林斯顿大学。实际上，下村修也是在这两所大学里做出了主要的科学贡献。名古屋大学的前身是名古屋帝国大学——日本本土七个帝国大学中的后起之秀。第二次世界大战后，名古屋大学理学院率先废除沿袭德国模式设立的讲座制，按照美国的做法推进研究室的民主化改革，后来名古屋大学理学院走出了包括下村修在内的4位诺贝尔奖得主。尽管在第二次世界大战时和第二次世界大战后初期，研究所需的物质条件不佳，但在日本分子生物学创始人江上不二夫等的推动下，名古屋大学理学院在生物化学领域仍然开展了一系列卓有成效的研究。天然物有机化学研究室的平田义正教授就是江上不二夫教授在第二次世界大战后期从东京大学理学院化学系招聘过来的。由于名古屋大学在生物化学领域的研究实力雄厚，日本为解决第二次世界大战期间热带雨林夜间作战照明问题而组织人力采集的海萤后来全部转交给了名古屋大学。

后来，下村修竟然获得了在普林斯顿大学生物系累计工作18年的机会。普林斯顿大学的哈维教授在第二次世界大战前就已启动了生物发光研究。邀请下村修来做博士后的约翰逊教授也于1936年在普林斯顿大学取得博士学位后一直从事相关研究。在哈维教授和约翰逊教授的努力下，普林斯顿大学生物系迅速发展成为美国生物发光领域的研究重镇，以至于美军把当年从日军手上缴获的干燥海萤等发光生物全部移交给了普林斯顿大学。

三、启示与建议

（一）优秀科研平台与导师队伍建设

下村修的成功除了归功于其自身因素外，还极大地归功于名古屋大学和普林斯顿大学的科研平台及其导师的贡献，好的研究平台和研究环境对杰出人才的成长至关重要。一个优秀的科技人才，潜力再大，如果一直找不到适合自己发展的平台，也很难做出有别于常人的科学贡献。

名古屋大学存有第二次世界大战期间日本采集的海萤，进行生物化学研究的实力雄厚。普林斯顿大学接管了美军当年从日军手上缴获的干燥海萤等发光生物，普林斯顿大学生物系成为美国生物发光领域的研究重镇。这些平台雄厚的基础，为之后包括下村修在内的研究者进行进一步的研究与学习提供了条件，也为相关领域的研究取得突破与进展提供了可能。

师承关系非常有利于科研的开展和延续。下村修最初接触荧光素并选择自己的研究领域就是经过导师的介绍，之后又受到约翰逊的感染，一直在约翰逊实验室工作了数年。下村修在导师的实验室里完成了研究的关键性试验，并度过了自己的黄金时期。我国应加大与国内外著名科研平台的联系和合作，注重在国际一流实验室、一流研究者的条件下研究探索先进的技术和理念，使科研工作者在研究的时候站在巨人的肩膀上更好地研究。

（二）兴趣培养与坚持

下村修曾寄语后生："年轻人在遇到困难时容易产生畏难情绪，但是，一旦发现自己感兴趣的课题，应该排除万难，奋力攀登。"下村修的求学之路可以说并不平坦，在学校教室里接受教育的时间非常短，但他对自己课题的研究一直是兴趣使然，从观看水母发光和提取水母素，到后来十几年如一日地自行捕捉多管水母并对其进行研究，再到之后成为"孤高的研究者"，独自在自己感兴趣的领域反复实验，毅然前行。与下村修属同一研究领域的日本学者宫协敦史说，下村修淡泊名利，研究风格属于"孤身奋进"一类。"只为兴趣而科研"，最初下村修甚至不知道自己的研究有何价值和意义，仅仅是兴趣使然，使得他即使在收入不稳定的条件下都在坚持研究，数十年如一日，从而取得如今的成就。

案例 7 破解"蛋白质机器"加工厂的秘密

——2009 年诺贝尔化学奖获得者托马斯·施泰茨（Thomas Steitz）

获奖原因：由于在"对核糖体结构和功能方面的研究"，托马斯·施泰茨、阿达·约纳特、文卡特拉曼·拉马克里希南获得2009年的诺贝尔化学奖，利用X光结晶学和分子生物学方法揭示了蛋白质及核酸的构造和运行机制，这对于了解生命具有重要的意义。

研究价值点：在个人特质方面，托马斯·施泰茨兼具人文学科及音乐背景，他曾多次提到文科课程对他所起的作用，这对于我国文理区分过分明显的科学家具有一定的启示作用；在学术环境方面，托马斯·施泰茨提出"用成功催生成功，用人才吸引人才"的人才聚合催生方法；多学科的联合趋势明显，2009年的三位获奖者的成果虽然均属于化学领域，但是研究内容涉及生物学知识；由于其独特的合作方式，2009年的三位获奖者被称作"孤独合作者"。

◆ **国籍：**美国
◆ **出生年份：**1940年
◆ **获奖时年龄：**69岁
◆ **成果所属领域：**生物晶体学
◆ **所属研究机构：**霍华德·休斯医学研究所、耶鲁大学

一、个人生平和工作经历

托马斯·施泰茨，美国生物化学家。现为耶鲁大学分子生物物理学和生物化学系的斯特林教授、霍华德·休斯医学研究所的研究员。研究蛋白质晶体学，特别是与DNA复制转录相关的蛋白质结构。到2009年获得诺贝尔化学奖，研究时长为14年。

（一）家庭背景

托马斯·施泰茨于1940年出生在美国威斯康星州的密尔沃基，是家里五个孩子中最大的一个，他和家人直到1949年都住在市中心的一所公寓里。他的父亲在密尔沃基的马凯特大学获得法律学位后成为密尔沃基县医院的一名管理人员。他的母亲是一位家庭主妇，所有的时间都用于做家务和精心抚养五个孩子长大成人。他的祖父经营着“卡车农场”，年少时期，他的大部分暑假都在祖父、叔叔的农场中度过。

（二）教育和工作经历

1962年，本科毕业于劳伦斯大学化学系；1966年，获得哈佛大学分子生物学和生物化学博士学位；1967～1970年，在剑桥大学医学研究理事会分子生物学实验室做博士后；1976～1977年，担任哥廷根大学“梅西研究员”；1984～1985年，担任加州理工学院“公平儿童学者”。

（三）获奖情况

2006年，获庆应医学奖；2007年，获盖尔德纳国际奖；2009年，获诺贝尔化学奖。

二、值得关注的价值点和问题点

（一）个人特质：重视人文学科和交流

托马斯·施泰茨曾是一位音乐家和唱诗班歌手，初中时就加入了乐队和合唱团，同时他也是一位非常严肃的萨克斯管演奏家。高中时，托马斯·施泰茨就表演过独奏、二重唱、四重奏。除在学校乐队演奏之外，他还组织了一个大乐队风格的舞蹈乐队。托马斯·施泰茨曾经认真地考虑过成为一个音乐家，但后来他总结说："如果我进入科学，我可以将音乐作为爱好；但如果我进入音乐，就不能将科学作为爱好。"

除了音乐，托马斯·施泰茨表示，在劳伦斯大学学到的文科类知识对自己也产生了重要影响。由于劳伦斯大学是一所文科学校，因此他被要求参加许多人文课程，作为对他的化学专业的补充。这些课程开始于新生研究课程，每个学生都被要求广泛阅读古典书籍，并修习讨论和写作课程。更重要的是，他们还被要求修习哲学课程、学术（如尼布尔等）宗教课程、人类学课程，以及英语、历史和语言课程。在获得诺贝尔奖后，托马斯·施泰茨回忆说："这些文科课程使我们学会了提问以及回答问题。"

或许也是由于对文科知识的重视，在托马斯·施泰茨的办公室有一个不成文的规定：午餐最好不要独自进行。托马斯·施泰茨也曾说过，"在我的办公室独自吃午餐对进行优质的科学活动有不利影响"。

对于这一点，托马斯·施泰茨是这样解释的："与同事、学生、博士后和教师等共进午餐的非常重要的原因在于你可以与他们讨论实验与科学想法。这是一个与他人交流的极好机会。你可以知道他们在做什么，并告诉他们你在做什么。这一方式是我在英国剑桥分子生物实验室期间提出的。大家都愿意聚集在餐桌旁并交换意见，这有助于刺激思考从而提出新的实验概念，或者你会发现你正准备进行的实验也许并非是最佳的方案。这是双方面的。在这里（指耶鲁大学）我们经常与其他学科，如地质学、化学、物理学的老师共进午餐。显然我不可能与他们讨论实验的细节，但我仍然学到了很多有趣的东西，举个关于地球变暖的例子——盐沼侵蚀及海平面上升。有些观点认为科学家是与世隔绝、安静且沉默寡言的，这并不正确。虽然在我的实验室里有一些这样的学生，但他们并不是最优秀的科学家。我不排除有的领域依赖于个人研究的可能性：理论物理学也许就是这样，它更注重个人的思考。但就生物科学这样一门由大量的微小信息拼凑在一起形成的复杂学科而言，进行交流并互相学习对答疑解惑非常有用。”①

（二）环境氛围：用成功催生成功，用人才吸引人才

高中三年级之前，托马斯·施泰茨只能算是一位中等生。高中三年级时，施泰茨跟随父母搬到沃瓦托萨郊区，他的学业也发生了转变。

他转到了罗斯福学校，在新的学校里，他有了更好的学习环境及更好的老师和同学。他的弟弟迪克也进入了初中，并且成绩一直是“A”。在周边环境的激励下，托马斯·施泰茨的学习开始有了转变。更重要的是，他所在的高中也是根据学生的学术特长划分所有课程的，这样就可以把全校在特定学科有特长的同学集中在一个班级进行教学，就等于将校园里最好的学生和老师集合在一起，这样学生不仅可以获得更好的教学课程，而且相互竞争更有利于进步。

关于周边环境对个人的影响，2011 年托马斯·施泰茨在接受《深圳特区报》的访问时曾表示：“用成功催生成功，以优秀人才吸引优秀人才。特别要营造一种研究的气氛，也就是对科学的好奇心、甘于潜心研究苦苦守候的毅力，因为一些有突破性的科研发现有时需要 10 年甚至更长的时间才能完成。”

他目前所在的霍华德·休斯医学研究所也是人才汇聚的地方。霍华德·休斯医学研究所是一个非营利性医学研究所，由著名飞行员、工程师霍华德·休斯于 1953 年创立，是美国规模最大的由私人资金资助的生物和医学研究组织之一，是全球规模最大的非营利性私立医学研究所和基金会，拥资 120 亿美元，为美国第二大慈善机构，仅次于比尔及梅琳达·盖茨基金会。

多年来，霍华德·休斯医学研究所已经拨款 15 亿美元用于支持医学研究与教育。该基金会拥有 318 名研究员，他们大多来自全美一流学府，其中不乏大师级的学界泰斗，包括 7 位诺贝尔奖得主。还有 100 多位美国国家科学院院士，以及才华横溢的新星。入选的二十几位华裔研究员，如王晓东、许田、张毅等都是各自专业领域中的佼佼者。

霍华德·休斯医学研究所支持的范围包括数百个国际一流实验室，每年为每位研究员提供大约 100 万元的研究经费，每次任期 5 年，以支持有创造性但高风险的研究工作，使这些科学家可以集中精力，不必再为申请美国国立卫生

① 刘珈辰．餐桌边的科学．世界科学，2011（12）：44-45.

研究院的基金而分心。医学及本科基础教育亦属于其支持范围。

（三）多学科联合

从托马斯·施泰茨获得2009年的诺贝尔化学奖也可以看出学科联合的优势。这主要表现在两个方面：一是此奖项成果的学科联合性；二是该奖项获得者兼有多学科的功底。

就奖项成果而言，在生物化学领域，核糖体被亲切地称作“蛋白质合成的加工厂”，更有科学家将其称为“蛋白质机器”。虽然人们早已获悉它的功能是生产蛋白质，但其生产过程如何，却一直难以破解。托马斯·施泰茨利用X光结晶学和分子生物学摸清蛋白质及核酸的构造和运行机制，有助于人们理解基因表达、复制和重组。目前他的研究重点仍是核糖体，他还与同事成立了一家公司，希望能够利用有关核糖体亚单位结构的知识研发出新型抗生素。

就托马斯·施泰茨来说，他拥有多方位的学科基础。托马斯·施泰茨本科在劳伦斯大学修习的是化学专业，研究生时在哈佛大学做的是核酸的生物物理研究。在去伯克利之前，托马斯·施泰茨在剑桥大学的分子生物学实验室戴维·布鲁小组工作了3年（1967～1970年）。1970年年初，在弗莱德·理查兹的邀请下，托马斯·施泰茨来到耶鲁大学，开始酵母己糖激酶捕获与底物葡萄糖结合结构的研究。

2009年的诺贝尔化学奖给予世人尤其是专业人员一个明显的信号，多学科的交叉是科研成果造福于人类的一个重要基础，将化学奖授予生物学和医学领域的成果在诺贝尔奖历史上屡见不鲜。从1901年以来，诺贝尔奖评审委员会共将106个诺贝尔化学奖颁给168位科学家，其中有50次颁给了生物化学领域，几近化学奖的一半。

（四）非传统意义上的获奖合作——“孤独合作者”

2009年获得诺贝尔化学奖的三位科学家被誉为“孤独的合作者”，一名以色列女性和两名美国人各自独立地从事核糖体研究，在各自的漫长旅途上寻获“金钥匙”，成功破解蛋白质合成之谜的“最后一块碎片”。

说到“孤独合作者”，托马斯·施泰茨是这样回答的：“至于说‘孤独合作者’，我猜想是有这样一段故事，和我同时获奖的以色列女科学家阿达·约纳特从 1980 年就开始了对核糖体结构的开创性研究。当时诺贝尔奖评审委员会的评价是，约纳特在 20 世纪 80 年代率先对核糖体展开深入研究，就像一名‘孤独的旅行者’。而我是在 1995 年才正式开始了对核糖体结构和功能的研究。核糖体研究‘相当复杂’，为获取先前难以获取的生物信息，我们三个都设计了不少‘把戏’，而另一位美国科学家文卡特拉曼·拉马克里希南的研究成果则令一些有关核糖体的数值得以精确测量，从而突破先前的局限。”

托马斯·施泰茨和卡特拉曼·拉马克里希南都是在布鲁克海文国家实验室同步辐射研究中心完成自己的工作的，2000 年发表了研究成果。同年，阿达·约纳特博士发表了自己对核糖体两个部分的分析结果。虽然这三名获奖者各自独立开展研究，但在不同时期得到的不同发现能够彼此启发、互相补充，堪称“非传统意义上的合作”。

托马斯·施泰茨后来参与创立了纽黑文 Rib-X 制药公司，该公司将核糖体研究的成果用于研发和生产药物，用于对由多重耐药性细菌所致疾病的治疗。

谈及与两位同行在同一研究领域分享诺贝尔奖，托马斯·施泰茨表示这并不是个人之间的一场竞争，而有点儿像是一场竞赛，只是各人选择了不同的路径。在他看来，三人分别研究核糖体，继而破解蛋白质合成之谜，就像是尝试着攀登珠穆朗玛峰。“我们知道这在理论上可行，但实际上我们并不知道是否有能力抵达那里，不知道究竟应该选择哪条路径。”

（五）研究成果的实际应用价值

2009 年的诺贝尔奖获得者让我们知晓了核糖体的“外貌”，而且在原子层面揭示了核糖体功能的机理。三名获奖者通过独立的研究工作，分别采用 X 射线蛋白质晶体学方法绘制出三维模型来体现合成核糖体的成千上万个原子的位置，他们绘制的模型已被广泛应用于新抗生素的研制，以减少患者的病痛并拯救生命。

生物体的每个细胞中都含有 DNA，基于 DNA 上携带的信息，核糖体便能合成蛋白质，如血红蛋白、免疫系统的抗体、胰岛素、皮肤中的胶原蛋白等。这些蛋白质在生命中具有不同的形式和功能，它们在化学层面上组成并控制着生命。

因此，有关核糖体结构和功能的研究能够被迅速应用到实际中，没有核糖体的存在，病菌就无法存活。当今医学上的很多抗生素类药物都是通过抑制病菌的核糖体来达到治疗目的的。

核糖体是进行蛋白质合成的重要细胞器，核糖体的工作就是将DNA所含有的各种指令翻译出来，之后生成任务不同的蛋白质。例如，用于输送氧气的血红蛋白、免疫系统中的抗体、胰岛素等激素、皮肤的胶原质或是分解糖的酶等。人体内有成千上万种蛋白质，它们各自拥有不同的形式和功能，在化学层面上构建并控制着生命体。

三位科学家的研究不仅使我们知晓了核糖体的外貌，还在原子层面上揭示了核糖体功能的机理，这对于科学地理解生命非常重要。这三位科学家构筑了三维模型来显示不同的抗生素是如何抑制核糖体功能的，这些模型已被用于研发新的抗生素，直接帮助人类减轻病痛，拯救生命。

每年约有10万人死于耐甲氧西林金黄色葡萄球菌（MRSA），死于MRSA感染的人数比因感染艾滋病失去生命的还要多，因此更多抗菌药物的开发非常必要。真菌的感染更加难以治疗，因为细菌是原核生物，而真菌是像人类一样的真核生物，所以需要开发以真菌为目标而不伤及人本身的药物。

托马斯·施泰茨与几位同事一起，创办Rib-X制药公司，目标是利用细菌50S核糖体亚基与现有的抗生素构建合成，从而研究出新的抗生素。他们使用计量化学设计新的能够有效地对付细菌的化合物。有一种化合物通过了第二阶段的临床试验，似乎对所有的MRSA菌株都有效；另一种化合物基于所设定目标的认识，完全从头开始设计，这些化合物对革兰阴性菌和阳性菌有效。

三、启示和建议

（一）人文学科多有助益

尽管我们都在说文科和理科同等重要，但实际上文理科的地位在现实中并没有真正实现同等，文科在国家、社会、经济、科技发展中的地位和作用没有真正得到全面、客观的落实。无论是在国内还是国外，都更倾向于“学会数理化，走遍天下都不怕”。我们可以看几个数字，感受一下国内乃至世界重理轻文的环境。美国只有7%的大学生选择文科专业，日本文理科比例为1∶20，而中国高中学文科比例接近 40%。

殊不知，通识教育、人文素养是让我们的人生不一样的根本。《高等教育纪事报》曾刊登罗斯 2009 年为纪念威斯利安大学人文中心而做的演讲。他在这篇名为“超越批判性思维”的演讲中提到：“人文科目会给予你的内心和脑海必要的元素，让你今后几十年在完成创造性和集中性工作时都受益无穷。”创造性思维可以应用在包括科学、技术、工程、数学在内的任何领域，对人的一生至关重要。

PayPal 的创始人彼得·泰尔、时代华纳前首席执行官杰拉德·莱文和 Flickr 的创始人之一斯图尔特·巴特菲尔德的经历都证明了这一点。另外，苹果公司的创始人乔布斯在大学里学习“无用”的书法、字体，多年以后他把这方面的知识应用到苹果电脑的字体设计中，大大增进了苹果产品的美感。《商业内幕》杂志 2014 年的一篇文章将包括他们在内的一组人命名为“九位学哲学出身的著名总裁”。

科学家不能只学习理科内容，而应该像托马斯·施泰茨一样，修习一部分文科内容，对自己纯粹的理科研究类思维进行部分改造，也许会得到更好的结果。

（二）依赖于高绩效的科研团队

从托马斯·施泰茨的案例中可以看出良好的学术环境对研究的重要性，所以如何实现“用成功催生成功，用人才吸引人才”就显得尤为重要。托马斯·施泰茨也多次表示，获得诺贝尔奖绝不是他一个人的成果，而是整个优秀团队的结晶。

事实证明，以团队为基础的工作方式取得了令人瞩目的成功，团队的合力展现出强大的威力，团队精神的魅力正渗透到社会生活的各个层面。人类社会已经步入知识经济时代，社会环境瞬息万变，在世界信息化、科技化、全球化的时代背景下，随着国家教育体制、科研体制改革的日益推进，高校的科研管理工作必须注重团队建设。

美国学者乔恩·卡曾巴赫认为，团队是指由具有一定的互补技能，愿意为了共同目标而相互协作的个体所组成的正式群体。团队精神是团队的核心和灵魂，集中体现着团队的组织追求、管理理念及其成员的素质和价值取向。因此，在科研团队的建设上，要注重团队精神的培养。

一个高效的科研团队应具备以下几个基本特征。

1. 共同的奋斗目标

共同的奋斗目标是构成科研团队的基本条件，是维系科研团队的关键所在。科研团队的建立主要基于其成员追求特定目标的能力，成员之间的吸引力则为次要因素。共同的目标是联系成员与团队利益的纽带，只有基于共同的奋斗目标，团队成员才会认可彼此的优势，包容彼此的缺点，促发凝聚力。全体成员的向心力、凝聚力是从松散的个人集合走向团队最重要的标志。

2. 良好的沟通与协调

沟通是指团队成员相互传递思想、交换信息，从而达到认识上的一致。协调是指取得行动上的一致。良好的沟通与协调能力是团队成熟程度的重要标志。沟通的效果与团队工作的成败密切相关，必须注意消除障碍、提高效率，选择有效的途径和方式进行沟通。成员应在相互信任的气氛下，交流彼此对问题的看法和观点。团队成员由于价值观、信仰、态度及行为方式的不同而存在差异、冲突，没有任何团队能够完全和谐。差异会导致分歧，分歧发展到一定阶段会导致冲突。但是，冲突并非都是破坏性的，冲突不仅不可避免，在某种情况下反而会是一种积极的表现，许多创新的观念就是在冲突中产生的，只要冲突保持在恰当的水平上，通过有效的沟通，就能在冲突中解决问题。

3. 全体成员的高度参与

团队的运作往往采用协商和共同参与的方式。团队的协作之所以具有强大的威力，是团队要吸引其成员直接参与各种管理活动，使全体成员贡献脑力和智力、献计献策，充分调动每个成员的积极性，形成一股巨大的向心力。

4. 注重团队的学习

当今时代是急剧变革的时代，科技发展日新月异，信息量、知识量迅速增长。科学发展的分支化和综合化趋势，使现代科学发展的交叉性和渗透性特点表现得空前突出，适应这种快速变化的环境的最有效的方法就是不断补充新知识，学习新的观念和思维模式。一个团队只有不断学习，扩展与外界信息交流的深度和广度，才能立于不败之地。

（三）把握多学科的联合趋势

回顾近 15 年的诺贝尔化学奖获奖史，人们惊讶地发现其中 1/3 的桂冠被结构生物学家摘得，这也从另一个角度说明了在原子层面上研究生命现象的重大理论意义。结构为生物学界很多悬而未决的研究及具有重大生物学意义的争论画上了句号；同时，它又为基于这些结构的应用研究写下了序章。因此，结构生物学在将来很长的一段时间内仍然是生命科学研究的一个重要战场。

不仅是化学，在诺贝尔奖的其他学科中，同样存在跨学科研究的现象。基于对 1969 ～ 2015 年诺贝尔经济学奖获得者的学科背景的统计分析，发现多达 30 位非经济学专业的科学家获得了诺贝尔经济学奖。一般而言，重大的科学研究项目往往需要数十年的时间才能完成，研究者如果没有过人的毅力恐怕很难完成。

在此过程中，只有敢于挑战世界难题、打破常规思维、大胆假设、小心求证，并且持之以恒，才有可能取得具有重大意义的研究成果。因此，在科研过程中要学会跨学科汲取研究灵感，要把握多学科的联合研究趋势，同时要培养批判性思维和创新性意识。

案例 8 开辟了固体物质第三种可能的“逆袭”之路

——2011 年诺贝尔化学奖获得者达尼埃尔·谢赫特曼（Danielle Shechtman）

获奖原因：2011年的诺贝尔化学奖获得者达尼埃尔·谢赫特曼在20世纪80年代初发现了具有准晶体结构的合金，在晶体学研究领域和相关学术界引起了很大震动。目前，准晶体的相关研究成果已被应用到材料学、生物学等多个领域。

研究价值点：在个人特质方面，谢赫特曼在不被认可并面临很大争议的情况下，坚持维护自己的发现，并被迫离开当时的研究小组，这对于我国科研机构如何制定评价机制来处理具有争议的发现有很好的借鉴意义；在教育方法方面，以色列的教育特色对于谢赫特曼获奖有很大的帮助，他在各种访谈中不停地提到以色列教育从幼儿园开始的多领域视角和对独创性的培养，这提醒我们，教育过程中的方法培养和视角拓展也是不可忽视的一部分。

- **国籍：**以色列
- **获奖年份：**2011年
- **标志性成果取得年份：**1982年
- **成果检验期：**29年
- **获奖原因：**准晶体的发现
- **成果所属领域：**晶体学研究
- **研究领域类型：**实验
- **所属研究机构：**以色列理工学院，成果在约翰·霍普金斯大学（参加国家统计局合作方案）期间取得

达尼埃尔·谢赫特曼，理论物理学家，现为以色列理工学院工程材料系教授。经历过被否定、嘲笑和驱逐，谢赫特曼终于等来了被承认的一天，他的发现促使科学家开始重新思考对物质结构的认知。目前，准晶体的相关研究成果已被应用到材料学、生物学等多个领域，产业前景良好。

一、生平和经历

（一）教育经历

谢赫特曼于 1941 年出生在以色列的特拉维夫，1972 年从位于以色列海法的以色列理工学院获得博士学位，随后在美国俄亥俄州赖特-帕特森空军基地的航空航天研究实验室从事了 3 年钛铝化合物的研究。1975 年，谢赫特曼进入以色列理工学院材料工程系工作。1981 ～ 1983 年，谢赫特曼利用假期赴美国约翰·霍普金斯大学从事合金研究，并在此期间发现了准晶体。1996 年，谢赫特曼当选为以色列科学院院士，2000 年当选为美国国家工程院院士，2004 年当选为欧洲人文和自然科学院院士。自 1986 年起，谢赫特曼获得物理、化学等领域的共计 10 余个奖项。

（二）获奖经历

谢赫特曼首次发现准晶体时，他正在约翰·霍普金斯大学从事合金研究。1982 年，谢赫特曼正在研究用急冷凝固的方法使较多的铬、锰和铁等合金元素

固溶于铝中，以期得到高强度的铝合金。在电子显微镜下急冷的铝锰合金呈现出了一幅违反自然规律的图画，这使谢赫特曼发现了一种奇特的具有金属性质的相，这种相具有相当明锐的电子衍射斑点，但不能标定成任何一种布拉维点阵，其电子衍射花样明显地显示出传统晶体结构所不允许的五次旋转对称性。这前所未有的发现令谢赫特曼对自己有所怀疑，因为这颠覆了晶体学大师熊佛利斯、费多洛夫等构筑的晶体对称理论。经典的晶体学理论经历过极严格的推导和论证，人们认为该理论已经达到了天衣无缝、精妙绝伦的地步。因此，谢赫特曼的发现在当时引起了极大的争议，甚至连他的研究团队也不相信这一发现，为了维护自己的发现，他被迫离开了当时的研究小组。著名的化学家、诺贝尔奖获得者鲍林更是直言不讳，他在《自然》中用“胡言乱语”来形容谢赫特曼的发现。该发现的研究论文也一度被美国的《应用物理杂志》退稿。物质存在的客观实在性不以人的意志转移，谢赫特曼的发现促使科学家开始重新思考对物质结构的认知。1984 年，美国《物理评论快报》发表了谢赫特曼及其合作者的研究成果。谢赫特曼在《具有长程取向序而无平移对称序的金属相》一文中，首次表示发现了一种具有包括五次旋转对称轴在内的二十面体点群对称合金相，并称之为二十面体相。莱文（Levine）及合作者从理论上计算出具有明锐的五次对称性的衍射图，并称这种具有五次对称取向序而无周期平移序的物质为准周期性晶体（简称准晶）。理论与实践的完美结合，充分肯定了五次旋转对称的客观存在。至此，谢赫特曼的研究成果才逐步得到广泛承认。准晶体独特的层叠结构类似于中世纪阿拉伯和伊朗的马赛克镶嵌图案，谢赫特曼将这种独特的马赛克式原子结构物质命名为准晶体。准晶体的发现丰富了经典晶体学理论，扩大了理论研究的范畴。谢赫特曼曾经说：“当我告诉人们，我发现了准晶体的时候。所有人都嘲笑我。但我并不在意。我知道我是对的，他们是错的。时间终于证明了这一点。”

二、值得关注的价值点和问题点

（一）以色列科研特色介绍

在以色列，已经有不少科学家获得过诺贝尔奖，这个仅占世界人口 0. 2% 的国家的诺贝尔奖获得者人数已经占了所有诺贝尔奖获得者人数的 20% 以上。在 1994 ～ 2014 年的 20 年里，曾有 7 位以色列人摘得诺贝尔奖桂冠；以色列科学家则5次获得诺贝尔奖。

谢赫特曼认为，以色列的教育体系成就了这些科学家。谢赫特曼说："我认为，以色列的大学都是很好的大学。工学院的工程学和科学都很好。其他的大学也不错。我们不但有很好的教育，而且我们的教育体系也鼓励人们的独创性。""如果要引导一个人研究科学，或者其他领域，需要从幼儿园开始（培养）。为了实现（这种引导），我们需要优秀的教师，不仅要会教学，还要会教育。这是一个挑战。""那是个非常完美的老师。他从伊拉克来到以色列，他很有活力，也很严谨。他在黑板上画线的时候，一定是直线。他的希伯来语（发音）很蹩脚，（因为）他是跟着字典读的。有一天，他在黑板上画了一个带电阻的电路图，他把我叫到黑板前，让我解答。我解决了这个问题。他对我说，'你懂物理'。17岁的我，记住了这句话。"

（二）我国准晶体研究相关情况的介绍

1984年，中国、美国、法国和以色列等国家的学者几乎同时在淬冷合金中发现了五次对称轴，确证这些合金相是具有长程定向有序，而没有周期平移有序的一种封闭的正20面体相，并称之为准晶体。以后又陆续发现了具有8次、10次、12次对称的准晶结构。①

1983年，郭可信领导的科研团队在用于喷气发动机叶片的Ni基和Fe基高温合金中加入强化元素生成合金相的研究中，发现了许多新的与Sigma相和Laves相有关的四面体密堆合金相①。1984年夏，该团队在这些合金相的纳米畴中发现了五次对称，1984年年底，又在钛镍合金的急速凝固实验中获得钛镍合金相的五次对称电子衍射图，1985年春，发现Ti-V-Ni 20面体准晶，这也是全世界首次在过渡族金属合金中观察到准晶，扩大了准晶出现的合金范围。当时，郭可信等与谢赫特曼等独立进行同类研究，主要区别在于谢赫特曼等研究高强超轻铝合金，而郭可信等研究铁基、镍基高温合金。1982年，谢赫特曼为了发展高强度铝合金，采用急冷凝固的工艺迫使更多的锰固溶在铝中（锰在500℃时在铝中的固溶度仅为0.2%），因此他得到了五重对称电子衍射图。虽然谢赫特曼等的文章发表在前，郭可信等论文的发表晚几个月，但郭可信等的工作是独立的发现，在Ti合金中更是首次发现。因此，国际同行也称其为"中国相"（China Phase）。1987年，郭可信、叶恒强、李斗星、张泽和王大能因"五次对称性及

① 张刚，宋子煜.解读2011年诺贝尔奖——介绍我国在诺贝尔奖颁奖领域的领军人物及研究进展.科学中国人，2011，（22）.

Ti-Ni 准晶相的发现与研究”获第三届国家自然科学奖一等奖。

1988 年，郭可信等在他们首次发现的稳定的 Al-Cu-Co 二维十次对称准晶中观察了它的扫描电子显微像，显示十棱柱生长形貌。这些准晶不仅稳定，而且长到毫米的尺寸，明确地显示了准晶的两个必备特征，即五次（或八次、十次、十二次）“非晶体学”对称和结构的准周期性，再次证实了准晶体的存在。郭可信等还通过对 Al-Cu-Co 十次准晶与 Al-Cu-Co 晶体的细致结构分析证实了在晶体中实际上存在着类似于准晶的赝五次对称亚结构单元。准晶与这种晶体拥有相同或相似的局部结构；区别在于在晶体中这种局部结构呈周期排列，而在准晶中则呈准周期排列。郭可信等的这些研究，揭示了准晶与传统晶体的共性，准晶的出现扩大了晶体的范畴，把晶体具有单胞的三维周期性重复排列，扩展为晶体具有三维严格位置序。位置序既可以是周期性的，也可以是准周期性的。在每一种周期性晶体中，仅有一种单胞，了解了这种单胞的几何及内容就了解了整个晶体。而在准周期性晶体中，不但要了解两三种单胞的几何及内容，还要了解它们的三维准周期排列。显然，郭可信等对准晶的研究加深了人们对千变万化的客观世界的多样性和复杂性的认识。

郭可信先生早年曾在欧洲从事过近 10 年的合金钢中的碳化物及合金相研究，在合金钢的基础研究方面处于当时国际的前沿。他在一系列高合金钢中测定了起强化作用的众多碳化物结构，阐明了它们在合金钢中生成的规律，弄清了高速工具钢的红硬性的起因。1956 年春天，在“向科学进军”的号召下，郭可信先生回到北京，随后被分配到中国科学院金属研究所。然而，前后赶上“大跃进”和“文化大革命”两次大动荡，直到 1983 年在 60 岁时才重新开始合金相的电子显微镜研究。在短短的几年内取得了世界瞩目的成果，在从高温合金中分离出来的 Laves 相、Frank-Kasper 相及 C 相的单晶衍射图中，都发现有五次对称分布的强斑点。

据《科学时报》报道，郭可信带领的团队，一举将中国的准晶和电子显微研究带入了世界前列，并在随后的 20 多年中，一直与美国和日本并列“准晶研究三雄”。准晶的研究创造了中国科学的一个奇迹，被认为是真正达到国际水平的一项研究。

三、启示与建议

谢赫特曼虽然是在美国约翰·霍普金斯大学发现的具有准晶体结构的合金，

但是他的成果并没有在该大学获得认可，谢赫特曼的发现在当时引起了极大争议。甚至他的研究团队也不相信这一发现，为了维护自己的发现，他被迫离开当时的研究小组。幸好以色列理工学院有个同事帮助他一起将准晶体的有关研究成果公开发表。因此，我国的科研机构如何制定评价机制、处理有争议的发现是一个值得思考的问题。

谢赫特曼在各种访谈中不停地提到以色列教育从幼儿园开始培养多领域视角和独创性。因此，我国的教育体系不仅要关注教学，方法培养和视角拓展也是不可忽视的一部分。

第三节　诺贝尔生理学或医学奖案例分析

案例 1　让人类能够清楚看到自己的器官

——2003 年诺贝尔生理学或医学奖获得者保罗·劳特伯（Paul Lauterbur）

获奖原因：保罗·劳特伯和彼得·曼斯菲尔德在如何用核磁共振技术拍摄不同结构的图像上获得了关键性的发现。这些发现导致了在临床诊断和医学研究上获得突破的磁共振成像仪的出现，使得人类能够清楚地看见自己或其他生物体内的器官，为医疗诊断和科学研究提供了非常便利的手段。

研究价值点：核磁共振是获得诺贝尔奖次数最多的一个科学专题，从核磁发现到磁共振成像（MRI）的70年时间里，有关核磁共振的研究曾在三个领域（物理、化学、生理学或医学）获得了6次诺贝尔科学奖，这足以说明此领域及其衍生技术的重要性，同时展现了从基础科学研究到应用技术研究的发展路径。化学教授劳特伯、物理学教授曼斯菲尔德获得2003年的诺贝尔生理学或医学奖，说明这次获奖是物理学与医学结合的产物，是对未来医学科学发展的一种预示：与其他学科交叉发展，是医学科学取得突破的关键。

- **国籍：**美国
- **出生年份：**1929年
- **获奖时年龄：**74岁

◆ **标志性成果取得年份**：1973年
◆ **成果检验期**：34年
◆ **成果所属领域**：核磁共振（医疗影像学）
◆ **研究领域类型**：创新研究、实验研究
◆ **所属研究机构**：伊利诺伊大学厄巴纳-香槟分校

一、生平与经历

保罗·劳特伯于1929年出生在美国俄亥俄州的小城西德尼，1951年在凯斯理工学院获得了理学学士学位，并于1962年获得了费城匹兹堡大学的化学博士学位。1969～1985年，保罗·劳特伯作为化学和放射学系教授执教于纽约州立大学石溪分校。在此期间，他致力于对核磁共振光谱学及其应用的研究。劳特伯还把核磁共振成像技术推广到生物化学和生物物理学领域。1985年开始，他一直担任着美国伊利诺伊大学生物医学部核磁共振实验室教授兼主任。因在核磁共振成像技术领域的突破性成就，和英国科学家彼得·曼斯菲尔德共同获得2003年的诺贝尔生理学或医学奖。2007年3月27日，保罗·劳特伯在美国的伊利诺伊州乌尔班纳市逝世，享年77岁。

二、值得关注的价值点与问题点

（一）研究热情和自由探索精神

保罗·劳特伯对探索世界具有极大的热情，当他还是一个小男孩的时候，在俄亥俄州的乡下，他到处去抓龟捉鳖、捕鱼捉鸟。十几岁的时候，他在自家的地下室建起了自己的实验室，整天沉迷于摆弄那些用来做化学实验的小瓶子，喜欢闻燃烧硫黄发出的臭味。他说，他最大的乐趣就是独自地、不受打扰地去探索世界或做实验。他的化学老师非常理解他，在保证安全的前提下，允许他在教室后面摆弄那些化学仪器。20世纪50年代，他应征入伍，长官很和善，允许他花时间建造和操作一台早期的核磁共振仪；到他服役期满时，他已完成了4篇科学论文。学术当局——先是在纽约州立大学石溪分校，接着是在伊利诺

伊大学香槟分校——意识到他极易对常规性的研究感到厌倦，便任由他在自己的化学、物理学和医学世界漫游。他的主要发现——关于在磁场中获取原子的三维信息的方法——是他在匹兹堡的一家名为“大亨”的餐馆里吃晚饭时，在吃汉堡包的间隙，用潦草的字体写在一张餐巾纸上的。他在这方面的早期探索——利用光谱学建立机体内部软组织二维图像——是用青椒和他的小女儿从海滩上捡来的蛤蜊完成的。1971 年，他寄了一篇论文到《自然》杂志，结果被拒。《自然》杂志的编辑对这篇论文所附的模糊照片十分不以为然，虽然这些照片以一种前所未有的方式显示出了重水（含氘原子）和普通水（含氢原子）之间的区别。而且核磁共振首次被用于拍摄这些照片，此后经过稍许改进，便可对大脑和脊髓拍摄非侵入式图像。虽然后来这一技术使保罗·劳特伯与彼得·曼斯菲尔德在 2003 年获得了诺贝尔生理学或医学奖，但是，在《自然》杂志的编辑看来，当时的那篇论文还不够专业。

（二）核磁共振的研究历史

核磁共振在研究的早期主要以物理学的纯基础理论研究为特征。1919 年，斯特恩在法兰克福大学开始和玻恩一起工作，玻恩时任该校理论物理系主任。就在这一年，斯特恩观察到，注入高真空室内的原子或分子沿直线运动，形成了一束粒子流，该粒子流在某些方面类似于光束，使斯特恩成名的实验工作就是由此发展起来的。1919 年，斯特恩对银原子束首次应用了这一方法，以检验 1850 年前后气体中分子速率的理论计算结果。1920 年，斯特恩在他的助手彼得·勒特斯和盖拉赫的帮助下，用实验事实无可辩驳地说明了在外加的非均匀磁场的作用下，原子的空间取向是量子化的，并测量出了质子这一亚原子粒子的磁矩。这就是举世闻名的斯特恩-盖拉赫实验，也是因为这个实验，斯特恩在 1943 年获得了诺贝尔物理学奖。1927 年 6 月，申请到哥伦比亚大学赴欧留学奖学金的拉比（Isidor Isaac Rabi）偕妻子海伦踏上了赴欧求学之路。当时，斯特恩已成了汉堡大学的物理化学教授和实验室主任，并且创建了颇有影响的分子束实验室。在见到斯特恩后，拉比将自己对分子束实验的一个改进思想告诉了斯特恩，斯特恩立即建议拉比在他的分子束实验室里将这一想法付诸实践。拉比在均匀磁场中完成了他的第一个分子束实验。1929 年回到美国后，拉比在哈罗德·尤里（Harold Urey）的帮助下，在哥伦比亚大学创建了分子束实验室。从此，原本专攻理论物理的拉比开始了他的一系列成就非凡的核磁共振实验研究。1944 年，拉比因发明了精确测定一些核磁属性的方法而获得了诺贝尔物理学奖。[①]

第二次世界大战结束之后，核磁共振才开始真正进入实用技术领域。第二次世界大战是美国科技政策的一个重要转折点。在第二次世界大战期间，美国政府向麻省理工学院的辐射实验室注入资金，罗斯福总统任命万尼瓦尔·布什为此实验室的领导人，率领一大批物理学家从事军事研发工作，这其中就包括拉比、布洛赫和珀塞尔。此实验室无疑对美国战后物理学的研究和发展影响深远，意义重大。也正是这一时期与拉比等物理学家的合作和交往，为布洛赫和珀塞尔在核磁共振领域的研究和做出的贡献打下了坚实的基础。[②]

在 1945 年第二次世界大战刚结束时，分别回到斯坦福大学和哈佛大学的布洛赫和珀塞尔就同时用新的方法，在精确测定物质的核磁属性方面取得了突破和进展，并因此而共同获得了 1952 年的诺贝尔物理学奖。20 世纪 50 年代是核磁共振技术创新、发展和应用的全面繁荣阶段。核磁共振在理论上也不断取得突破和创新，比如，在分析和解释弛豫现象方面，先后有 1953 年布洛赫提出的布洛赫方程（Bloch Equations），1955 年所罗门提出的所罗门方程（Solomon Equations）和 1957 年的雷德菲尔德理论（Redfield Theory）等。

从 1952 年第一台商用核磁共振波谱测定仪诞生之后起，核磁共振技术就迅速地在应用技术领域不断取得突破和进展。而这些进展几乎都和一些科技公司或技术创新的诉求相联系，已不再像早期的发展那样，主要是以基础科学研究为目的。1962 年，世界上第一台超导磁体的核磁共振波谱测定仪在瓦里安公司诞生。1965 年，在瓦里安公司工作的恩斯特（Richard R. Ernst）提出了利用核磁共振技术测定物质结构的新方法，将傅里叶变换方法真正引入了核磁共振技术中，相较于化学界所使用的传统光谱学方法，这一创新数十倍甚至数百倍地提高了物质结构测定的敏感度。[③]

1966 ~ 1968 年，为了用傅里叶变换方法处理大量的数据，将计算机引入了核磁共振的数据处理和程序控制当中。1970 年，世界上第一台用于商业化目的的超导磁体傅里叶变换核磁共振波谱测定仪在德国的布鲁克公司正式诞生。1971 年，美国科学家雷蒙德·达马迪安（Raymond Damadian）在实验鼠体内发现了肿瘤和正常组织之间的核磁共振信号有明显差别，从而揭示了核磁共振技术在医学领域应用的可能性。

①②③ 刘志军 . 2011. 核磁共振研究的历史 . 广西民族大学学报（自然科学版），2011，17（02）：25-28.

1973 年，保罗·劳特伯和彼得·曼斯菲尔德分别独立发表文章阐述磁共振成像的原理。他们认为用线性梯度场获取核磁共振的空间分辨率，这确实是一套有效的方案，因此为磁共振成像奠定了坚实的理论基础。就在同一年，世界上第一幅二维核磁共振图像产生。1974 年，劳特伯获得活鼠的核磁共振图像。

1976 年，曼斯菲尔德获得世界上第一幅人体断层像。从此，磁共振成像技术向医学临床应用和其他更广泛的领域迅速扩展，引发了众多学科的基础研究和技术发展及应用的深刻变革。20 世纪 80 年代，在约翰·芬恩（John Fenn）、田中耕一和科特·维特里希（Kurt Wǜthrich）等科学家的共同努力下，又成功地解决了生物大分子的核磁共振波谱测量技术，这对于生物学和医学基础理论的研究都有不可估量的重要意义。例如，他们的成果几乎立即就对生物制药领域产生了深刻的影响，特别是在 20 世纪 90 年代其对艾滋病药物的研制有突出的贡献。他们也因此荣获了 2002 年的诺贝尔化学奖。

截至 2011 年，核磁共振技术的发展仍然方兴未艾。该技术在物理学的量子信息处理方面，在化学领域的分子结构测试及有机合成反应等方面，在心理学及精神卫生方面，在生物和食品制造加工方面，在煤层勘探和油气测量方面，在测井技术方面，在木材加工和处理方面，在造纸技术等众多领域的基础理论的研究和突破及应用等方面都有着非常重要的贡献和潜在的技术创新前景。

（三）颁奖风波

2003 年 10 月 6 日，瑞典卡罗林斯卡医学院诺贝尔奖委员会直接通知保罗·劳特伯和彼得·曼斯菲尔德获得了该年度的诺贝尔生理学或医学奖。与此同时，该委员会已经向全球的新闻媒体公开了这一消息。10 月 9 日在美国的《华盛顿邮报》上刊登了一家公司的一篇整版广告，内容是为一位叫雷蒙德·达马迪安的科学家没有被列入该奖的获奖行列叫屈。这样的广告随后又在《纽约时报》与《洛杉矶时报》上刊出。按照这份广告的说法，早在 1970 年雷蒙德·达马迪安就提出了用核磁共振扫描人体的设想，次年得到宾夕法尼亚州一家核磁共振公司的支持，组建了一台核磁共振扫描仪，可以使大鼠体内的癌肿组织与正常组织得以区别。1971 年 3 月，美国的一期《科学》杂志刊登了他的论文（第 171 卷第 1151 ～ 1153 页）。1972 年他申请了核磁共振成像扫描仪的专利，1977 年他成立了一家名为福纳的公司，生产出第一台被命名为“不屈不挠号”的 NRI 扫描仪。这家公司为 3 篇广告支付了 29 万美元的费用。他的友人为了支持他作为磁共振成像检测仪的奠基人理应获奖也刊登过两篇内容类似的整版广告。这些费用迄今已经达到或超过了全额诺贝尔奖奖金 130 万美元的 1/3。

雷蒙德·达马迪安公开声称，他争取的仅仅是荣誉，这涉及他在将来科学史上占据的地位。据他友人刊登的广告称，瑞典卡罗林斯卡医学院诺贝尔奖委员会事先进行过深入调查，不仅是 2003 年，而在前几年，就已把雷蒙德·达马迪安列入了候选人名单。这意味着，最终是由医学奖评选全体会议（共有 50 名成员组成）表决将他淘汰的，而诺贝尔医学奖委员会只有提名权，没有表决权，它只是一个执行和咨询机构。这一风波已经席卷美国、英国、瑞典三国的学术界（至少是有关专业）和诺贝尔基金会及其有关组织。而且社会舆论也热烈地参与了这一讨论，在互联网上支持与反对的观点都很多。支持的人理由不少，反对者也似乎很有根据。反对者中心的一点是说，雷蒙德·达马迪安的“不屈不挠号”仅仅提出了射频波信号，根据这些信号进行的扫描并不能构成清晰的图像，所以他的产品迟迟不能进入市场，达不到商用的目的。在保罗·劳特伯和彼得·曼斯菲尔德解决了成像技术后，他改进了自己的产品，才最终进入市场。

其实这类纠纷在诺贝尔奖授奖史上并不少见，落选的科学家往往采取沉默的态度。诺贝尔基金会下设的 6 个奖项都存在这个问题，但是这些争论往往都在颁奖后发生，并且一直停留在科学界内部，与 2003 年的雷蒙德·达马迪安的做法形成明显的对照。

三、启示与建议

上文对劳特伯的研究经历与个人特质、核磁共振的研究历史、颁奖后引发的风波等方面做了简要介绍，下面以此为基础，简要谈谈对我国科研发展的启示。

（一）基础研究与应用研究的良性互动

核磁共振是获得诺贝尔奖次数最多的一个科学专题，从发现核磁到磁共振成像的 70 年时间里，有关核磁共振的研究曾在三个领域（物理、化学、生理学或医学）内获得6次诺贝尔奖。从前面我们介绍的核磁共振的研究历史可以看到，早期的基础研究为后来的磁共振成像的应用研究奠定了基础。早期的研究主要以纯基础科学研究为目的，研究所需的费用也不是从政府或有利益诉求的投资方处取得的。但是随着研究的进一步发展，就有人敏锐地意识到了核磁共振技术在化学分析领域有广泛的应用前景，捕捉到其商机所在，申请了专利，并成立了公司，于1952年研制出世界上第一台商用核磁共振波谱测定仪（Varian HR-30）。同年9月，这台仪器在德州贝城市的一家石油公司（Humble Oil Company）投入使用，从而使核磁共振技术迅速地在应用技术领域不断取得突破和进展。而这些进展几乎都和一些科技公司或技术创新的诉求相联系，已不再像早期的发展那样，主要以基础科学研究为目的了，从而在基础研究和应用研究两方面形成了良好的双向互动关系。所以近百年来，核磁共振研究才在人类众多研究、生产和生活领域中做出卓越的贡献。

有统计表明，诺贝尔奖中，属于重大科学发现和重大理论突破的获奖比例平均在80%左右，很显然，诺贝尔奖的大部分属于基础研究。换言之，一个国家在某个时期内所获的诺贝尔奖的数量基本上可以代表这个国家在那个时期的基础科学研究水平。截至2011年，在有关核磁共振技术而颁发的10项诺贝尔奖中，有6项主要贡献是由美国的科学家所做出的。因此可以看出，美国在基础研究领域处于世界领先地位，表明美国的基础科学研究和科技创新之间存在密切的关联度和良性的互动性。这些情况都充分表明，基础研究和应用研究并重对一个国家的科技发展至关重要，只有在二者同时坚实而稳定发展的基础上，形成良好的双向互动关系，它们才能真正为一个国家的科学、技术、经济、文化等各方面的发展提供持久强劲的推动力。

（二）学科交叉是科技创新的重要驱动力

作为化学家的保罗·劳特伯与作为物理学家的彼得·曼斯菲尔德，他们的研究与医学研究的交叉结合产生了对人类发展具有极大影响的杰出成果——磁共振图像技术在临床诊断和医学研究领域的突破，从而共同获得了2003年的诺贝尔生理学或医学奖，这充分说明了学科交叉的重要性。劳特伯在诺贝尔奖颁奖典礼上的演讲名为“所有的科学都是跨学科的：从磁矩到分子到人类研究”。同时获奖的彼得·曼斯菲尔德说：“我从来没有想过要涉足医学界。”他儿时的愿望是制造火箭，可惜15岁那年就辍学打工。所幸的是后来又上了大学，此后就一直对火箭抛光术深感兴趣。20 世纪 70 年代中期，彼得·曼斯菲尔德开始利用磁场研究晶体。他还记得那时自己曾经有一段时间痴迷于观察固体的纵切面影像，“那确实就是我后来将研究方向转向医学的开始”。此后，彼得·曼斯菲尔德及其工作组便将观察对象转向动物组织的切片影像。当时，他们中没有人有任何的生物基础或经验，一切都从尝试开始。“我想，如果是今天，没有人会同意我们在动物身上进行这样的实验，毕竟，它有损健康，无论是实验员还是试验品”，曼斯菲尔德说，当时几乎没有医疗器械厂家愿意为他们制造设备，因此，他们自行研制的许多机器后来都获得了专利，也为工作组创造了良好的经济效益。

此外，核磁共振成像技术的发展并不是一个孤立的事件，它的发展离不开其他技术的进展。首先，运算量大且能完成复杂运算任务的高性能计算机的问世，是磁共振成像发展的前提。此外，将计算机断层扫描成像技术（其主要贡献者豪恩斯弗尔德与柯麦科获得了 1979 年的诺贝尔生理学或医学奖）应用于核磁共振，也是成功获得清晰图像所必需的磁共振成像技术发展的重要基础。

从 20 世纪末到 21 世纪初，人们发现，当代科学的发展和重大科学技术成就的取得越来越依赖于不同学科之间的交叉与融合，许多有影响的科技成果都是在学科的交互和交叉点上取得的。事实上，生物医学作为当今发展最快的学科之一，不仅其本身具有多学科的综合性，而且需要生物学、医学、数学、物理学、化学、信息科学、环境科学、工程科学等学科专家的共同努力。生物医学的许多重大突破都是通过多学科的交叉来实现的。据统计，1901 ～ 2000 年诺贝尔生理学或医学奖共颁发了 91 次，其中有 48 项成果涉及其他学科，占总颁奖次数的 53%，主要是物理和化学的技术、理论向生物和医学领域转移和渗透。因此，学科交叉现已成为科学技术更进一步发展的重要驱动力。

案例 2 胃溃疡病理的颠覆性发现

——2005 年诺贝尔生理学或医学奖获得者巴里·马歇尔（Barry Marshall）

获奖原因：2005年的诺贝尔生理学或医学奖获得者巴里·马歇尔与罗

宾·沃伦共同发现了幽门螺杆菌及其在胃炎和胃溃疡等疾病中的作用，这完全颠覆了人类对于胃炎和胃溃疡致病原因的认识，革新了胃炎和胃溃疡的治疗方法，创造了消化病学研究领域中里程碑式的革命。

研究价值点：马歇尔作为澳大利亚本土的科学家，在澳大利亚本土进行该领域的研究并取得突破性成果。马歇尔童年时期的教育和生活经历对于其后来的性格养成至关重要，这对于我国基础教育阶段的政策制定有一定的借鉴意义。同时，该案例是基础医学与临床医学相结合在诺贝尔生理学或医学奖中的又一胜利，体现出这一领域的研究始终受到诺贝尔奖的青睐。同时，马歇尔用自己的身体作为动物模型来推进研究进程的感人故事，高度彰显了科学家的献身精神和使命感。该案例的研究，在感性和理性层面都对我国科技政策的制定有重要的借鉴意义。

- **国籍：**澳大利亚
- **出生年份：**1951年
- **获奖时年龄：**54岁
- **标志性成果取得年份：**1984年
- **成果检验期：**21年
- **学科背景：**临床医学
- **研究领域类型：**创新领域
- **获奖时所属机构：**西澳大利亚大学、澳大利亚国家健康与医学研究委员会
- **资金来源：**弗里曼特尔医院、澳大利亚国家健康与医学研究委员会

一、生平与工作经历

（一）生活经历

马歇尔是一名勇敢的科学家，他敢于挑战权威，甚至不惜喝下幽门螺杆菌，将自己的身体作为动物模型，去探求科学的真知；马歇尔是一名有责任感的医生，他认真对待病患，把帮助患者摆脱病魔视为己任。就是这样一位勇敢的科学家、有责任感的医生，凭着自己卓越的观察力、不凡的勇气、极具创造性的工作，纠正了国际医学界关于消化性溃疡发病机理的悖论，彻底改写了此类疾

病的治疗方法，帮助全世界数千万名患者摆脱了疾病的折磨，照亮了消化性溃疡的治愈大道，创造了消化性疾病史上的一座丰碑。

1951 年 9 月 30 日，马歇尔出生于澳大利亚西部城市卡尔古利市。他的父亲是一名铁路工人，母亲是一名护士，马歇尔有两个弟弟和一个妹妹。1958 年，在其母亲的决定下全家搬去帕斯，也正是这个决定改变了马歇尔的一生。马歇尔在自传中提到："我非常感激母亲的这个决定。那时我 7 岁，原以为妈妈会让我们留在卡尔古利，等到 16 岁后就离开学校去矿上工作。因为那时这样的工作很有诱惑力，既能得到较高的工资，又能过上精彩的生活。但我的母亲认为孩子应该多多学习，然后找一个正当的职业。也正是这个决定，使得我和我的弟弟妹妹都有机会上大学，并在各自的领域取得成功，同时也过上了幸福的生活。"

童年时期的马歇尔充满好奇心，同时敢作敢为，具有极强的行动力。他喜欢阅读家里丰富的图书和资料，喜欢听父亲讲解有关发动机的知识。十几岁的时候，马歇尔就对工程学、化学、物理学、生物学这些学科都很感兴趣。高中毕业后，在综合考虑自己的学科能力和兴趣的情况下，马歇尔选择就读医学院，在学习过程中他被生命科学的魅力深深吸引。

在医学院的最后一年，马歇尔遇到了在西澳大利亚大学读心理学的艾德丽安，二人于 1972 年结婚，婚后生育了 4 个孩子。

（二）研究经历

1977 ～ 1984 年，马歇尔在澳大利亚皇家帕斯医院担任注册主任；1985 ～ 1986 年在澳大利亚皇家珀斯医院担任注册主任肠胃病医生，成为澳大利亚国家健康与医疗研究委员会的研究员；1986 ～ 1994 年担任弗吉尼亚大学的研究员和医学教授；1996 年担任弗吉尼亚大学的内科医学研究教授；1997 年担任西澳大利亚大学的临床医学教授；1999 年担任西澳大利亚大学的临床微生物学教授；2003 年担任澳大利亚国家健康与医学研究委员会的高级研究员；担任西澳大利亚大学 NHMRC 幽门螺杆菌实验室的首席研究员。

1981 年下半年，马歇尔在皇家帕斯医院接受医学训练，当时，作为医学训练的一部分，马歇尔每年都需要参与一个临床医学研究项目。正在埋头研究热中暑项目的马歇尔在轮转到胃肠病科后，对胃肠病领域的研究产生了兴趣，并在其导师汤姆・沃特斯博士的引荐下认识了罗宾・沃伦。

幽门螺杆菌研究开始于罗宾・沃伦的一份患者清单，在这些患者的胃组织活检中发现了一种弯曲的细菌，而这些细菌正是幽门螺杆菌。在看到这份清单后，马歇尔发现上面有一名患者是自己之前巡房时见过的女患者，这名女患者经常性胃痛，却没有诊断出明显病症，从而被转到精神科进行抗抑郁类药物的治疗（在幽门螺杆菌发现前，消化道溃疡一直被认为主要是由于压力、刺激性食物和胃酸过多所引起的）。而这名女患者的病理表现除了胃部有些发红以外，就是沃伦在胃组织活检中发现的这种细菌了。马歇尔随即对沃伦的发现产生了兴趣，并在皇家帕斯医院病理学部第一次与沃伦见面。这间位于医院地下室的办公室，后来就成为马歇尔和沃伦经常见面讨论幽门螺杆菌研究工作的地方。第一次见面时，沃伦就用幻灯片向马歇尔展示了这种弯曲的细菌，并给他解释了胃黏膜组织病理学的一些知识。

当时这种弯曲的细菌已经在很多文献中被多次报道，但由于胃肠病学对消化道病理研究的固有思维，这种细菌一直没有受到重视。而恰恰因为马歇尔并非专业出身，思想比较活跃，于是他被这一发现深深吸引。他花费大量的精力查阅文献，对已有论文进行深度调研。1982年，虽然马歇尔在胃肠病科的轮训已结束，但在血液科工作期间，他仍没有放松对幽门螺杆菌的研究，不断对罗宾·沃伦清单上的患者进行追踪。1982年7月，马歇尔举家搬到黑德兰港，这时工作相对轻松的马歇尔进行了大量的文献检索，并消化了前期的研究成果，撰写了报告。同年10月，他在黑德兰港的当地高校医师会议上正式发表了与罗宾·沃伦的基本研究发现，并引发了争议。在无法获得皇家帕斯医院的胃肠病或微生物领域工作的情况下，马歇尔经引荐来到了弗里曼特尔医院。弗里曼特尔医院是帕斯的第三医学院，也是最小的医学院，但它具有开放性和实验性的传统。马歇尔在弗里曼特尔医院得到了高级专科住院医师的职位，并得到医院的资助继续进行幽门螺杆菌的研究。马歇尔和他在弗里曼特尔医院的团队很快便发现他和罗宾·沃伦在皇家帕斯医院中发现的细菌在这座城市的其他地区也同样存在，且大多数消化道溃疡患者都带有这种病原体。1983年9月，马歇尔在英国拜访了马丁·斯基罗（Martin Skirrow）教授，他的一位住院医师克里奥娜·麦克诺提（Cliodna McNulty）在伍斯特郡一个内镜检查活动的样本里分离出了同一种细菌，进一步证实了这种细菌不仅存在于澳大利亚的溃疡病患者中，也存在于英国的溃疡病患者体内。1984年，美国、亚洲等全世界不同国家或地区的几个研究组都得到了与马歇尔在皇家帕斯医院取得的相平行的实验结果。马歇尔成功地治愈了威胁患者生命多年的溃疡，他的一些患者经过两个星期的抗生素和铋治疗后就推迟了并不必要的手术。在此基础上，马歇尔发展出了关于消化道溃疡与幽门螺杆菌的科赫法则。

然而研究并非一帆风顺。1984 年，马歇尔试图使用幽门螺杆菌感染动物模型，却以失败告终。学术界的质疑使他的压力越来越大，他的论文被绝大部分出版物拒收，甚至已经接收的论文也被无限期地延迟发表。马歇尔受到了学术界非常严厉的批评，认为他的工作是伪科学的，他的结论是不成熟的、没有证据的。学术界认为幽门螺杆菌不是环境污染物而是无害的人体共生菌。马歇尔知道如果他是对的，那么消化道溃疡的治疗方法将会彻底改变。不但治疗会变得更简单、更便宜，最重要的是，它可以被治愈。在他看来，从患者的角度出发，这项研究必须被推进。马歇尔在后来的访谈中提到，驱动他全身心投入研究的动力，一方面是他的性格；另一方面也是最主要的原因，如果他的理论被证明，那么这将为全世界数以百万计的胃溃疡患者带来有效的治疗。

在这样的情况下，马歇尔意识到他需要一个动物模型，在进行慎重考虑后，他决定用自己的身体。随后，马歇尔吞服了含有大量幽门螺杆菌的培养液，试图让自己患病。5 天后，他开始出现冒冷汗、进食困难、呕吐、口臭等症状。又过了 10 天后，在对自己进行胃镜检查时，他发现自己的胃黏膜上已经长满了这种弯曲的细菌，而白细胞在杀灭这些细菌的过程中引发了炎症，因此引发胃溃疡。实验的成功其实也大大超出马歇尔的预料，他非常惊讶于自己的感染程度。同时，他非常高兴，通过成功感染证明了自己的观点。在妻子的建议下，他开始对自己进行抗生素治疗，并成功战胜了胃溃疡。这个实验也证实了幽门螺杆菌是导致消化道溃疡的元凶。

1984 年年底，马歇尔得到澳大利亚国家健康与医学研究委员会的资助进行双盲实验，验证抗生素能否治疗十二指肠溃疡。马歇尔回到皇家帕斯医院后对大量患者进行了临床研究，再次证实了自己的观点。

幽门螺杆菌及其作用的发现纠正了当时已经流行多年的人们对胃炎和消化性溃疡发病机理的错误认识，被誉为消化病学研究领域里程碑式的革命。

（三）获奖情况

1994 年，与罗宾·沃伦共同获得沃伦·阿尔佩特奖；1995 年，与罗宾·沃伦共同获得澳大利亚医学会奖；1996 年，获盖尔德纳国际奖；1997 年，与罗宾·沃伦共同获得保罗·艾里奇奖；1998 年，获阿姆斯特丹科学艺术喜力奖医学奖；1998 年，获堪培拉弗洛里奖章（Florey Medal）；1998 年，获英国皇家医学会布坎南奖章（Buchanan Medal）；1999 年，获美国费城本杰明·富兰克林生命科学奖章；2003 年，获澳大利亚联邦建国百年特殊贡献奖；2005 年，与罗宾·沃伦共同获得诺贝尔生理学或医学奖。

二、值得关注的价值点和问题点

（一）个人特质

1. 家庭背景

马歇尔并非出生于知识分子家庭，他的父亲是一名铁路工人，母亲是一名护士。但马歇尔的成功却与其父母对他创造力与动手能力的培养有非常重要的关系。马歇尔在自传中提到，自己的好奇心和创造力得到了父母极大的鼓励和支持。上学时马歇尔的成绩经常名列前茅，但是他并没有将全部精力放在学习上。在家里，马歇尔有丰富的课外阅读材料，包括父亲的工程机械类书籍和母亲的医学书籍。马歇尔的父亲喜欢自己摆弄汽车，也喜欢给马歇尔讲解这方面的知识。马歇尔提到他可以使用父亲棚屋中的任何工具来组装或拆卸东西，虽然他因此惹了很多麻烦，但他的父母都为他的心灵手巧而自豪。马歇尔曾经按照一本儿童百科全书上的介绍，自己做过弹弓、收音机、莫尔斯电码装置，甚至枪、氢气球和炸药。

马歇尔的妻子艾德丽安在西澳大利亚大学接受过完整的心理学研究训练，并在一个教育机构担任顾问。马歇尔提到艾德丽安的心理学背景和实验研究经验对他非常宝贵，她经常参与研究设计及其他研究结果的讨论。同时，妻子对马歇尔的事业也十分热心，与他分享工作中的挑战和冒险。虽然马歇尔错过了很多机会，在他的同龄人都取得成功时，他却经常入不敷出，但是妻子给予他极大的支持，成为他坚强的后盾。另外，艾德丽安拥有自由主义艺术背景，有着出色的文笔，马歇尔的很多论文、专著和演讲稿都出自其手。

2. 性格及思维特质

（1）充满好奇心。马歇尔在自传中提到：“我天生具有非常强的好奇心，同时这种好奇心在我的童年时期还受到过激励。”马歇尔在学校时的成绩有时会不太理想，因为他的好奇心经常会促使他关注一些自己感兴趣但却不那么重要的东西。而正是因为这种天生的好奇心，马歇尔在遇到罗宾·沃伦后对幽门螺杆菌的研究产生了巨大的兴趣，并在学界不看好、周围充满质疑的情况下坚持研究。

（2）勇于作为。马歇尔将自己作为实验品，喝下一试管幽门螺杆菌培养液，最终从客观上推进了理论的快速证实。马歇尔的勇敢是令人钦佩的，而这种勇敢的性格是他从小就养成的。12 岁时，他为不慎吸入煤油窒息的妹妹做人工呼吸，学生期间自己制作枪和炸药，直到后来勇敢地放弃大有前途的热中暑研究转向幽门螺杆菌这样一个不被看好的领域，这些无不体现出马歇尔过人的勇气。

（3）“横向思维”特质。马歇尔在自传中提到，自己喜欢使用横向思维的思考方式，广泛地寻找不同的方法来解决问题。马歇尔在接触幽门螺杆菌研究之初，从广域的、科学基础的角度思考，从不被胃肠病学学界所喜欢的流行病学和抗生素治疗的角度看待这项研究，也正是这样的求异性思维带来了这次消化病领域的革命。

（二）科研合作

马歇尔在回忆自己关于幽门螺杆菌的研究工作时非常重视其他科学家与自己的合作，其中既包括与他共获诺贝尔奖的罗宾·沃伦，也包括很多在幽门螺杆菌研究领域不懈努力的其他科学家。马歇尔肯定了这些科学家的贡献，他甚至在自传中提到，自己在幽门螺杆菌领域的研究工作可能被部分夸大了，如果没有这些在世界各地的研究机构工作着的同人们的努力，自己是没有办法这么快地做到的。

幽门螺杆菌的研究工作其实开始于罗宾·沃伦与马歇尔的合作。罗宾·沃伦出色的病理学知识和技术让他在成功地分离出这种细菌的同时敏锐地发现了其研究的价值。在马歇尔加入后，罗宾·沃伦毫无保留地向马歇尔介绍了自己的发现，并细心地为并非胃肠病学专业出身的马歇尔讲解了胃黏膜的组织病理学知识。就在位于皇家帕斯医院地下的病理学部里，罗宾·沃伦与马歇尔开始了这个并不被看好却最终改变了世界的重要研究。与罗宾·沃伦这样出色的研究者共事是马歇尔的幸运，他们不仅在学术上进行交流，也发展出了珍贵的友谊。在 1982 年马歇尔到弗里曼特尔医院工作并继续研究期间，他被迫中断了与罗宾·沃伦的工作，然而这却并未从实质上破坏他们的合作关系，他们依然会经常相约，就研究结果和遇到的问题展开讨论。马歇尔说，当他喝掉幽门螺杆菌培养液成功感染该细菌后，罗宾·沃伦是第一个知道的研究者，他们共同分享成功的喜悦。

同时，马歇尔也高度肯定了其他研究者的工作，以及其对自己研究的帮助。1983 年马歇尔来到英国拜访马丁·斯基罗教授，并证实了幽门螺杆菌同样普遍存在于英国的溃疡患者体内，这为马歇尔的研究工作带来了极大的信心，同时马丁·斯基罗教授和在悉尼的艾德里安·李（Adrian Lee）在微生物领域给予了马歇尔极大的帮助。1984 年，全世界不同地区的研究组都得出了与马歇尔一致的结果，艾德里安·李小组在幽门螺杆菌研究领域取得了非常大的突破，大大推进了这一领域的研究工作。随之在布鲁塞尔召开会议，一个欧洲核心研究组马上开始了这方面的研究工作，许多出色的研究者的共同工作促成了这一领域的诸多突破。

可以说，马歇尔的成功并非一个人的成功，而是科学互助体制下的科学的胜利。

（三）资金来源

科学研究本身并不能产生直接价值，因此资金支持就显得非常重要。尤其对于马歇尔来说，幽门螺杆菌研究开始并不被看好，甚至被学界严厉质疑，被冠以伪科学的名号，他的论文被拒或被延迟发表。而在这一切压力的背后，一直给予马歇尔经费支持，并帮助他完成理论构建阶段研究的弗里曼特尔医院就显得意义非凡。直到马歇尔喝下幽门螺杆菌培养液初步证实自己的假说，并于 1984 年年底获得澳大利亚国家健康与医学研究委员会的资助前，马歇尔没有获得过任何官方的研究经费，是弗里曼特尔医院承担了其所有的工作开销。马歇尔在自传中回忆道："1996 年我回到澳大利亚，当我被邀请做弗里曼特尔医院研究基金会的资助人时，我无比骄傲地接受了这个职位。"

三、讨论

在马歇尔进行幽门螺杆菌研究的过程中，"喝细菌求真相"的故事尤为动人。

在钦佩马歇尔面对困境的勇气，以及感动于马歇尔科研的使命感和献身精神的同时，这样的实验方法是否仍有值得推敲之处，也许值得讨论。

当时，幽门螺杆菌研究面对着学界的广泛质疑，被认为是没有科学依据的、没有证据的；而马歇尔本人也面对着同行的严厉批评，他的论文被主流杂志拒收或延期发表。这些问题对研究者的整个研究工作来说是致命的打击，马歇尔需要一个动物模型来证实自己的假说。用马歇尔本人的话来说，是他的性格和年龄让他面对困难时无所畏惧，勇于作为，是对患者的责任感和使命感使他决定用自己的身体作为实验样本，进行验证实验。而正是这个实验的成功为马歇尔赢得了尊重，也初步证实了他的假说，同时推动了研究的进行。然而，在众多的科研故事中，马歇尔喝细菌求真相的故事可能并非是一个值得借鉴的经验。

首先，从科学的角度看，这个实验也许并不能直接证实理论。一方面，对于科学实验来说，样本量是衡量实验科学性的重要因素。n=1 的实验的可信性通常是较差的，换句话说，利用孤证证实假说是不太被认可的。另一方面，实验者是实验对象，且实验者对实验结果有极高的预期，这对于验证实验来说，也是一个严重的致命点。对于验证实验来说，“双盲”是对其科学性的要求，而马歇尔的实验存在太多的主观因素，降低了其科学性。所以马歇尔实验的成功，更多地为他的工作赢得了尊重，为他赢得了学界的钦佩，人们愿意从感性层面上希望他是对的。从这个角度上说，马歇尔推动了研究的进程，让他有机会补充 36 人的验证实验。综上所述，马歇尔的“喝细菌”实验的科学方法与逻辑性是有待推敲的，但它的意义可能更多的是在感性层面上帮助马歇尔证实了自己的理论。

再者，从科研伦理的角度出发，这样的实验对于医学研究来说，是否也有讨论的空间。马歇尔在自传中提到，关于这个实验的问题，他没有在医院的伦理委员会讨论过。马歇尔承认，在实验前，自己并未准确地评估到研究可能带来的风险。在没有对实验结果的风险进行科学评估和预期的前提下，贸然进行实验，这样的做法在科研伦理上是危险的。

尽管马歇尔的实验在科学性和伦理方面有值得商榷的地方，但“喝细菌”实验确实从客观上推进了幽门螺杆菌的研究工作，也成为数千万消化道溃疡患者走向治愈之路的里程碑。马歇尔的献身精神和对人类的悲悯情怀值得所有研究者学习和发扬。

四、启示和建议

马歇尔案例同 2012 年的诺贝尔生理学或医学奖获得者山中伸弥的案例有一个相同点，且令人印象深刻，那就是基础研究和临床医学相结合所获得的胜利。

马歇尔同时拥有西澳大利亚大学理学和医学两个学位，幽门螺杆菌研究工作始于他在皇家帕斯医院轮训期间。而他对这一领域的研究兴趣，恰恰是因为罗宾·沃伦所提供的带有幽门螺杆菌胃组织病理样本的患者名单中有一位女患者，而他在巡房过程中对这位女患者的症状很感兴趣。后来马歇尔成功地用抗生素疗法治愈或缓解患者的症状也坚定了对自己提出的理论的信心。与此类似，山中伸弥曾获神户大学医学博士学位，并在大阪做了两年的住院医师。临床医学的学科背景和工作经历，使他有机会处理很多疑难病症，如风湿性关节炎和脊髓损伤，在这过程中，山中伸弥意识到无论医生的技术和手术多么高明，都无法治愈有些疾病，并深深地感受到这些患者的痛苦。而在后来的研究过程中，山中伸弥看到了细胞核重编程在临床上的重要应用前景，并认准这一目标展开了艰苦卓绝的学术公关，并最终成功地完成诱导 iPS 工作，并以此获得 2012 年的诺贝尔生理学或医学奖。

马歇尔和山中伸弥并不是诺贝尔奖获得者中的特例，2000 ～ 2014 年的 37 位诺贝尔奖获得者中有 8 位具有临床医学学科或工作背景。这体现了诺贝尔生理学或医学奖对临床医学背景研究者的偏好，也体现出诺贝尔生理学或医学奖对于研究成果的临床医学应用前景的关注，这也符合诺贝尔奖推动人类社会进步和获得更好的发展的设奖初衷。在这样的背景下，我国生命科学领域的研究尤其是重大科技项目的申请和开展应与临床实践相结合，科学研究不应完全脱离实际应用。而转化医学就构成了这种基于临床的基础科学研究的主要组成部分，将基础研究的成果转化成为实际患者提供治疗的手段，使实验室与病床旁良性互动。

转化医学的概念由美国国立卫生研究院在 20 世纪末提出，为了让基础知识能够向临床治疗转化，提升全民的健康水平。转化医学的主要目是打破基础医学与药物研发、临床及公共卫生之间的固有屏障，在其间建立起直接关联；从实验室到病床，把基础研究获得的知识成果快速地转化为临床和公共卫生方面的防治新方法。转化医学致力于弥补基础实验研发与临床和公共卫生应用之间的鸿沟，为开发新药品、研究新的治疗方法开辟出一条具有革命性意义的新途径。转化医学是从实验台到临床的一个连续、双向、开放的研究过程。

转化医学的意义及其价值已经引起了欧美国家的高度关注并催生了此类战略行动。美国已在大约 40 所大学建立了转化医学中心，预计在 2012 年以前其数量会达到 60 个以上。[①] 同时，我国政府对转化医学的关注程度也日渐提高，企业也加大了公司在转化医学方面的投入。从 2007 年起，我国科学家的 SCI 发表数量已接近美国，跃居全球第二位；2010 年与美国持平，甚至还有赶超态势，然而基础研究成果的转化却寥寥无几。陈竺院士在香山科学会议第 13 次学术讨论会上指出："以肿瘤为例，从 1975 年到 2005 年这 30 年间，肿瘤的总体死亡率并没有发生太大的变化。这说明，虽然我们积累了大量的知识，但是这些知识离真正造福社会和人民健康这一目标实际上还存在很大的差距。"

案例 3 创造基因工程神话的主人公

——2007 年诺贝尔生理学或医学奖获得者马里奥·卡佩奇（Mario Capecchi）

获奖原因：马里奥·卡佩奇发现了利用胚胎干细胞（ES）可以将小鼠的特定基因进行改变的原理。他利用胚胎干细胞创造出基因敲除小鼠，使得小鼠胚胎干细胞特定的内源基因被破坏而造成其功能丧失，然后再通过胚胎干细胞的发育获得缺失某特定基因的小鼠。由此，卡佩奇也成为基因工程的重要开创人物。

研究价值点：卡佩奇在生物学前沿领域——基因工程方面的开创性研究及其在研究过程中不断地创新，在诺贝尔生理学或医学奖获奖者中具有一定的代表性。其个人特质和研究精神值得关注，对其起到重要作用的是大学教育，研究型大学应提供良好的研究环境和严谨的科研训练。

① 杨颖，周山. 美国转化医学教育培训特点对我国的启示. 转化医学杂志，2015，4（6）：332-334，346.

- **国籍：**美国
- **族裔：**犹太裔
- **出生年份：**1937年
- **获奖时年龄：**70岁
- **标志性成果取得年份：**1989年
- **成果检验期：**18年
- **成果所属领域：**分子生物学、遗传学
- **研究领域类型：**实验
- **所属研究机构：**美国犹他大学

之所以选择卡佩奇作为分析研究对象，是由于他和他的研究过程既能反映出诺贝尔奖获得者所共有的普适性价值，如对自己感兴趣的方向和领域孜孜以求并锲而不舍的精神，不畏困难和失败、敢于挑战自我的勇气和毅力。此外，他的案例也能体现出他个人所拥有的特质，如能够很快地预测并捕捉到一个特定时间段内某个特定领域的热点，并能将其很快地转化为自己的研究成果，使之成为该领域的前沿。

一、生平经历

马里奥·卡佩奇，美籍犹太人，美国犹他大学教授，基因工程研究的开创者，在分子生物学领域做出了卓越的贡献。卡佩奇自20世纪70年代起开始从事分子生物学研究，后聚焦于遗传基因方向的研究，终获诺贝尔奖。

1937年，卡佩奇出生于意大利北部城市维罗纳；1941年，其母亲被纳粹组织逮捕；1942年，年仅四岁半的卡佩奇即开始过街头流浪的生活；1946年，第二次世界大战后，卡佩奇和失散多年的母亲相聚，并到美国投奔舅舅爱德华·拉姆贝格；1961年，卡佩奇从安提阿大学毕业后，跟随哈佛大学的詹姆斯·沃森教授做研究；1967年，获得哈佛大学的生物物理学博士学位；1969年，担任哈佛大学医学院生物化学系的助理教授；1973年，担任犹他大学生物学教授；1987年，成功将基因插入胚胎干细胞的DNA（基因定位）；1989年，成功对一只小鼠进行基因打靶，从而诞生了一只“基因敲除小鼠”；1989年，成为

犹他大学医学部的人类遗传学教授；1996 年，获得京都基础科学奖；2001 年，获得阿尔贝拉斯克基础科学研究奖；2002 年，获得沃尔夫医学奖；2007 年，获得诺贝尔生理学或医学奖。

二、值得关注的价值点和问题点

（一）个人具有坚强的意志、决心和不屈不挠的品格

少年时生活艰辛、命途多舛。年仅三岁半时，母亲被逮捕，他被收养于农家，帮助干农活；一年后被遗弃，开始流落街头，靠乞讨和偷盗为生，后被寄养在孤儿院过着孤苦伶仃的生活。直到九岁时，才与分别五年的母亲相聚，他的生活和人生才开始出现转机。正是少年时期的艰辛生活磨炼了卡佩奇坚强的意志和不屈不挠的品格，对他以后的人生道路产生了重要的影响。

例如，卡佩奇在探索利用基因工程改造过的细胞引发同源重组的细胞时，面临将 DNA 片段插入含有 30 亿对碱基的基因组 DNA 中的某个位置的困难，这相当于从 15 000 册 20 万字的图书中找出一个具体的信息点所在的位置，其难度和工作量可想而知。以至于在他向美国国立卫生研究院申请补助经费时，其申请被无情地驳回，这被认为是一项准确率极低的研究，因而没有获得支持。而卡佩奇在反复实验的基础上，凭借着超人的毅力继续从事这方面的研究，最终摸索出成功率只有 1/1000 的同源重组方法。经过不懈的努力，到 1988 年，他创造了“正负双向选择法”。这一突破为后续的研究奠定了基础。经过不断地摸索、尝试，实验直到最后取得成功，与他坚强的意志和品格是分不开的。

（二）亲属的支持是很重要的外部条件

在美国，作为物理学家的舅舅开始对其行使双亲职责，包括负责卡佩奇的教育。他所接受的学校教育和社会礼仪教育都是在舅舅的支持下完成的。舅舅的支持使卡佩奇在美国接受了正规系统的教育，为他今后走上科学研究之路做了基础性的准备。

（三）集中精力做自己感兴趣的事

在安提阿大学，卡佩奇从最初的政治学专业转向自然科学（物理和化学）

专业。受益于该校独特的教学体系，在历时三个月的学习后，他得以进入麻省理工学院的研究室进行分子生物学的学习。由于粒子物理学实验条件的限制，卡佩奇希望能集中精力做自己的研究，于是他决定从自己感兴趣的物理学转向分子生物学和遗传基因的研究。

（四）良好的研究环境和科学的研究方法为其研究奠定了坚实基础

从安提阿大学毕业后，卡佩奇来到哈佛大学，师从在分子生物学领域具有重要影响力的詹姆斯·沃森教授。此后，他受到了沃森的强烈影响，从最基本的实验技术、实验流程到该领域前沿的跟踪研究，都是在这一时期掌握的。实验室严谨的科研训练和科学的研究方法，为其今后从事基因工程的研究奠定了坚实的基础。在读研究生期间，他对遗传机制的无意义抑制基因做了了不起的研究。导师沃森对卡佩奇的研究成果评价道："这项研究成果的价值超越了大多数研究者用一生的时间完成的实验。"

三、启示与建议

总结卡佩奇获诺贝尔奖的个人因素，并与其他获奖者的个人特质进行比较，可得出以下几点启发。

（一）应重视对学生兴趣的培养

浓厚的兴趣和好奇心激发了卡佩奇探索未知世界的强烈欲望，这对他的研究和获奖具有重要影响。进入安提阿大学后，卡佩奇最初的专业是政治学，之后因为对自然科学更感兴趣，遂转向自然科学（主要是物理和化学）。后来随着学习和实践不断地深入，且受到好奇心的驱使，又转向当时并不成体系的分子生物学领域，最终在该领域做出突出贡献，获得诺贝尔奖。这是大部分诺贝尔奖获得者的共同特点。2001 年获得诺贝尔奖的努尔斯曾经说过，最初激起他科学兴趣的就是一种极想去探索世界运行之谜的好奇心。他对自然界的奥秘充满着不可遏止的好奇心……可以说，努尔斯的说法道出了大部分诺贝尔奖获得者的心声。

在犹他大学做研究时，卡佩奇注意到了迈克尔·威古拉等的论文，他针对论文中得出的细胞吞噬率低的结论，通过实验手段进一步寻找提高其吞噬率的方法，而这种实验方法本身就是一种新的探索。结果是令人吃惊的，不仅达到了之前预想的效果，更重要的是发现了 DNA 的同源重组现象，为接下来的研究打开了思路。在 1981 年英国科学家马丁 · 埃文斯发现胚胎干细胞后，卡佩奇很快表现出极大的兴趣，猜想用胚胎干细胞可以培育出经过基因改造的动物，并与妻子到英国拜访埃文斯。埃文斯对此感叹说："好像从来没人对我的细胞表示感兴趣。"卡佩奇回答说："我们就是感兴趣的朋友，你只需要安静地等待就足够了。"在埃文斯传授给卡佩奇胚胎干细胞的处理方法后，卡佩奇几经努力再次证明了自己的猜想，最终培育出"基因敲除小鼠"。

从卡佩奇身上可以看出，他认知未知世界的欲望强烈，不满足于不完全的答案，能认识到现有结论和方法论的局限，即使在探索进展缓慢时仍保持对探索的渴望。这仍可以归结为他对研究对象的兴趣和热情，使他能够自始至终地执着。可见，从学生阶段就开始重视对研究兴趣的培养，对于今后的科学研究具有积极的引导作用，对我国高端人才的培养也具有建设性的意义。

（二）研究中具有充分的灵活性，并且不畏挫折，不因外界的否定而轻言放弃，能够坚持己见

卡佩奇在大学时代最初对物理产生了兴趣，当时物理学领域最尖端的内容就要数基本粒子物理学了，但当时的局限是很多研究者要共同使用一台巨大的粒子加速器进行实验。而卡佩奇更希望能够集中精力做自己的研究，他认为分子生物学或遗传基因研究应该是他所想象的那样，于是他毅然转向分子生物学。在提高细胞吞噬率的实验研究中，他能灵活地借用邻近实验室的注射针，用注射针将 DNA 直接注入细胞核。这是他在充分地考虑现实和科学事实以后，改变研究方向或方法，把注意力集中于他认为需要或能够解决的问题上的例子。

在发现 DNA 的同源重组现象后，卡佩奇考虑利用同源重组将特定基因插入小鼠 DNA 的特定位置的方法，并希望以此来确定能够检测出存在于人体内的基因的功能和作用的方法。1980 年，卡佩奇试图以此成果及其研究展望向美国国立卫生研究院申请研究补助金，结果被无情地驳回，因为这被认为是一件概率极低的研究。但卡佩奇并没有因为这次受挫而放弃此项研究，在没有研究补助金的情况下他决心继续从事这方面的研究。经过长达 8 年的摸索，"正负双向选择法"诞生。在诺贝尔奖获得者中，不仅卡佩奇是如此，很多人的研究在初期也不被外界认可，甚至遭到无情的批判，如 2005 年获奖的巴里 · 马歇尔在对导

致胃炎和胃溃疡的幽门螺杆菌进行研究时，很长的一段时间内整个医学界不仅不认同，而且因为他的这一发现明显违反“科赫法则”而对其进行批判。即便在这种批判声不断的情况下，他仍然坚持自己的研究和观点，最终在反复的试验中证明了自己的论断。

（三）大学应提供良好的研究环境和严谨的科研训练

安提阿大学独特的教学体系使卡佩奇受益。在入学三个月后，他得以进入麻省理工学院的研究室从事分子生物学研究。此外，导师在学生的科研训练和科研能力培养中所起的作用非常重要。从历年的诺贝尔奖获得者的师承关系中可以发现，名师对自己在研究活动中所积累的经验和该学科的内禀规律有深刻的认识，学生可以从导师那里了解到该领域创新的关键点。这一点在卡佩奇身上也有明显的体现。卡佩奇在进入哈佛大学沃森实验室后，沃森不仅教会了他实验的基本技术，还告诉了他很多科学实验的流程，例如，哪个领域有重要的研究意义，如何找到运用科学技术可以研究和探讨的课题等。此外，在研究过程中，沃森常告诫卡佩奇“不要总拘泥于一些小疑问”“从小疑问中只能得到小答案”等。沃森在平时考察卡佩奇时非常严格，卡佩奇在自传中写道：“通过了沃森研究室的考核之后，我眼里看到的其他世界就像是蛋糕一样甜。”沃森对卡佩奇的进步和取得的成果也会给予肯定和鼓励。例如，在卡佩奇对遗传机制的无意义抑制基因做了非常了不起的研究后，沃森这样评价他的成果：“这项研究成果的价值超越了大多数研究者用一生时间完成的实验。”当卡佩奇接到犹他大学的邀请函，面临是否离开实验室的两难选择时，作为导师的沃森一直激励和鼓舞他说：“你到哪里都可以成为一名优秀的研究者。”于是，卡佩奇选择了到犹他大学继续从事自己基因工程的研究。卡佩奇的科研基础的奠定和日后科研成果的取得与沃森的鼓励和支持是分不开的。

（四）不断吸收他人优秀的研究成果，适时融入自己的研究中

牛顿曾说过：“我之所以看得远，那是因为我站在巨人的肩上。”诺贝尔奖获得者研究活动中的所有研究过程和研究思路需要借鉴、融合、吸收他人已有的优秀研究成果。卡佩奇在研究过程中也在不断吸收他人的优秀研究成果，并将其很快地融入自己的研究中，转化为自己研究的一部分。

1977年，卡佩奇在犹他大学看到了迈克尔·威古拉和理查德·阿克塞尔（2004年诺贝尔奖获得者）关于细胞吞噬作用的论文，并因此受到启发，于是在

此基础上研究吞噬率低的原因。他创新了实验的方法，用注射针将 DNA 直接注入细胞核。在这个过程中，他发现了 DNA 的同源重组现象。在此基础上，卡佩奇开始考虑利用同源重组将特定的基因插入小鼠 DNA 的特定位置，由此诞生了“基因敲除小鼠”。

1981 年，英国的科学家马丁·埃文斯通过提取胚胎干细胞，发现细胞会增殖、分化。胚胎干细胞的分化能力被发现后，卡佩奇认为用胚胎干细胞可以培育出经过基因改造的动物，于是他在 1985 年拜访了马丁·埃文斯，并对其发现表现出极大的兴趣。马丁·埃文斯很快便将胚胎干细胞的处理方法教授给卡佩奇。借助于此，1987 年，卡佩奇最终成功地将特定的基因插入胚胎干细胞中的次黄嘌呤磷酸核糖基转移酶基因之间，使后者的功能停止。接下来，卡佩奇与合作者一起将胚胎干细胞送入小鼠胚胎，开始研究在基因工程下培养哺乳动物的课题，将目标基因插入正确位置的“基因敲除小鼠”由此诞生。

案例 4　试管婴儿技术攻克人类生育难题

——2010 年诺贝尔生理学或医学奖获得者罗伯特·爱德华兹（Robert Edwards）

获奖原因：全世界大约有10%的夫妇遭受不育症的折磨，不育给这些家庭带来了痛苦和创伤。单纯的药物治疗对众多不育症的疗效非常有限，但这一切都随着试管婴儿技术，即体外受精技术的产生而得到解决。体外受精是一种安全有效的方法，20%～30%的体外受精卵最终可以发育为胎儿。跟踪研究表明，通过体外受精技术出生的孩子在健康方面和自然受孕的孩子没有任何区别。毫无疑问，这项技术的发明和临床运用，攻克了不育症这一人类生育的大难题，而罗伯特·爱德华兹所获得的成就使治疗不育症成为可能。

研究价值点：罗伯特·爱德华兹获得诺贝尔生理学或医学奖具有一定的代表性和非典型性，他对试管婴儿技术的研究属于实验创新领域的研究，需要经过漫长的临床检验，所以其成果检验期较长。试管婴儿技术的研究自提出以来一直受到质疑，批评声不断，直至获奖仍然存在批评之声；1978年试管婴儿技术得到临床验证后却获得了成功，极大地攻克了人类的生育难题，同时拓宽了人类生殖课题在临床医学研究领域的伦理界限。这种反差使得此类诺贝尔生理学或医学奖具有一定的非典型性，对当前与人类伦理相关的临床试验研究具有一定的启发意义。

- **国籍：**英国
- **出生年份：**1925年
- **获奖时年龄：**85岁
- **标志性成果取得年份：**1978年
- **成果检验期：**32年
- **成果所属领域：**遗传学
- **研究领域类型：**创新、实验
- **所属研究机构：**英国剑桥大学

一、生平和经历

1925 年 9 月 27 日，罗伯特·爱德华兹出生在英格兰曼彻斯特。从英国的曼彻斯特中学毕业后，他开始服兵役，并参加了第二次世界大战。兵役期满后，罗伯特·爱德华兹进入班戈大学和爱丁堡大学学习生物学，并于 1955 年获爱丁堡大学医学博士学位，其论文内容是关于小鼠胚胎发育方面的研究。

20 世纪 50 年代早期在爱丁堡大学攻读博士研究生学位时，罗伯特·爱德华兹第一次有了人类体外受精技术的想法。他的研究基于导师艾伦·比堤博士改变小鼠胚胎染色体补充物的工作，诱导未成熟小鼠排卵，并将它们与成年雄性小鼠配对，再将胚胎移植到成年小鼠体内，生产出大量正常的后代。

罗伯特·爱德华兹攻读博士研究生学位期间，另外一位博士生露丝·福勒（Ruth Fowler）决定和他共同试验激素对成年小鼠生育的影响，后来两人结为夫妻。当时，爱丁堡大学的另一位发育学教授康拉德·瓦丁顿正在与教会的高级牧师讨论伦理和遗传学问题。瓦丁顿教授的做法，为罗伯特·爱德华兹打破体外受精研究的伦理约束提供了无价之宝。

罗伯特·爱德华兹博士毕业后，到美国加州理工学院待了一年，这一年使得他从纯科学转向了生物医学。1958 年，他应邀回到英国，在英国国家医学研究院开展工作，从此走上了在生殖医学领域的研究之路。从 1963 年起，罗伯特·爱德华兹供职于英国剑桥大学，与帕特里克·斯特普托共同研发出体外受精技术，即试管婴儿技术。基于这一技术，1978 年 7 月 25 日晚上 11 点 47 分（伦敦时间）世界上第一个试管婴儿路易丝·布朗（Louise Brown）出生。之后，罗伯特·爱德华兹与斯特普托又共同创立了全球首个体外受精研究中心——伯恩霍尔生殖医学中心。多年来罗伯特·爱德华兹一直是该中心的研究部主任，同时担任包含《人类生殖》在内的等多个在生殖医学领域有影响力的刊物的主编。

晚年的罗伯特·爱德华兹仍在剑桥大学工作，任其名誉退休教授。2013 年 4 月 10 日，罗伯特·爱德华兹在英国于睡眠中去世，享年 87 岁。

二、值得关注的价值点和问题点

（一）寻找卵子

在英国国家医学研究院工作的那段时间，罗伯特·爱德华兹更加坚定了从事人类体外受精研究的想法。他开始收集外科手术中取出的卵巢组织，设想从中采取未成熟的卵母细胞，将它们在试管中培育成熟并受精，然后再将这些胚胎植入不孕妇女体内，帮助她们怀孕。要做人类体外受精，必不可少的就是女性的卵子。而人的卵母细胞都储存在卵巢里，要想将其取出便需要进行创伤性手术，这也意味着基本上不可能有志愿者愿意提供。罗伯特·爱德华兹最后的解决方案是找熟人。他开始接触可以合作的妇科医生，但大部分医生都认为他的想法荒谬可笑，最后，曾经为他两个女儿接生的妇科医生罗斯莫利·罗斯同意偶尔为他提供人体卵巢组织。

（二）两年的失败

罗伯特·爱德华兹从美国乌斯特实验生物研究所的格雷戈里·平卡斯及其合作者的论文中了解到，兔子和人类卵母细胞在试管中的成熟时间不超过 12 个小时。他马上开始应用这一研究成果，却发现来自老鼠、仓鼠、山羊、奶牛、恒河猴、狒狒及人类的卵母细胞不能在 12 个小时内成熟。经历令人失望的两年后，他终于在罗斯医生提供的人类卵巢组织中采取到几个卵母细胞，这一次，他耐心地等待了 18 个小时，发现卵母细胞核仍然没有任何变化；在另外 3 个卵母细胞的试验中，他等了 25 个小时，终于发现了“美丽的染色体交叉期的丝球期”。试验证明，平卡斯是错的，12 个小时对于人的卵母细胞裂变是不够的。

（三）卵母细胞37个小时成熟

不久后，罗伯特·爱德华兹应邀到英国格拉斯哥大学合作一年，研究早期胚胎的细胞分化。在格拉斯哥大学的这一年里，罗伯特·爱德华兹获得的发现是，第一个人类卵母细胞在 37 个小时内在试管中成熟，并发育到拥有极细胞的第二阶段。

随后，罗伯特·爱德华兹回到剑桥大学。他和同事发现，奶牛、山羊、猪和猴子的卵母细胞都能够在试管中成熟；而且无论是在体内还是体外，猪的卵母细胞的成熟均需要 37 个小时，与人类的卵母细胞一样。研究进行到这一阶段，与临床医生的合作成为关键。在美国约翰·霍普金斯大学的 6 个星期中，他和合作者发现原核在试管中受精的人类卵母细胞形成了，在回到剑桥大学后的试验中得到了相同的结果。最终他们发现，低 pH 的媒介加上其他因素，有利于人类卵子的受精。

（四）与临床医生合作

罗伯特·爱德华兹开始寻找能通过微小外科手术抵达人类卵巢的临床医生。1963 年，他终于找到了奥尔德姆市综合医院的腹腔镜的技术专家帕特里克·斯特普托——当时世界上精通这一方法的专家，能轻松地从卵泡中取出卵母细胞。于是两人组成团队，研究人类体外受精技术。他们用激素刺激不育女性的卵巢，从而提取出处于适合发育的卵子，成功进行体外受精，并使受精卵突破了 1 次分裂的局限，发育成 8 个细胞的早期胚胎。

到了将试管中受精的胚胎植入母体的时候，在与剑桥大学和奥尔德姆市达成伦理一致意见后，罗伯特·爱德华兹和斯特普托在剑桥附近的新市医院中开了一家临床诊所——伯恩霍尔诊所。然而，1971 年，英国医学研究理事会拒绝为他们提供资助。受益于一个私人捐赠基金的支持，他们的工作得以继续，奥尔德姆市当局最终将伯恩霍尔诊所变成了世界上第一个体外受精诊所。在同事的协助下，罗伯特·爱德华兹仔细评估了出现畸形婴儿的风险。

（五）胚胎移植

1972年，他们的胚胎移植研究工作正式开始了。罗伯特·爱德华兹曾经假设，人类胚胎的移植成功率应该与实验室和农场动物的成功率相当。但现实让他明白，人类胚胎的移植成功率只有20%。第一例胚胎移植后的成功怀孕让他们兴奋不已，但因为胚胎异位而不得不在11周后将之去除。之后，罗伯特·爱德华兹和斯特普托继续将胚胎移植回女性体内，在经过数百次的实验失败后，胚胎终于能够正常发育了。

（六）首个试管婴儿诞生

许多渴望生孩子的不孕女性都愿意提供卵子供他们试验，其中名为莱斯莉·布朗的女士，她因为输卵管异常而不能自然受孕。罗伯特·爱德华兹和斯特普托提取她的卵子，在培养液中将她的卵子与其丈夫约翰·布朗的精子结合，发育成8个细胞的胚胎，然后再植到莱斯莉体内。

所有这些努力在1978年7月25日23时47分诞下了耀眼的成果：一个体重2700克的健康女婴，世界上第一个试管婴儿路易丝·布朗出生。她的出生震动了世界，迎接她的有热烈的欢呼，也有巨大的恐惧。一些人开始担心试管婴儿的诞生会破坏现有的伦理关系，甚至害怕试管里会培育出来畸形的怪物。当时的报纸惊叹：人类扮演了上帝，又一次打开了潘多拉的盒子，违反了伦理道德。但不管当时的人如何质疑，路易丝·布朗健康地长大，成为试管婴儿技术的完美广告。长期的跟踪调查显示，试管婴儿与普通孩子一样健康，而且能够通过自然的方式生儿育女。路易丝·布朗在28岁时自然受孕生下一个男孩，就是一个完美的佐证。

在首例试管婴儿问世期间，罗伯特·爱德华兹和斯特普托在剑桥创办了伯恩霍尔生殖医学中心，从事试管婴儿技术的研究和应用。斯特普托担任该中心的医学负责人，但他于1988年去世，来不及与罗伯特·爱德华兹一同享受科学界的至高荣誉。罗伯特·爱德华兹负责研究工作，在这里工作到退休。

三、讨论

从宏观来看，自从第一个试管婴儿在英国出生以后，试管婴儿技术也在其他国家逐渐普及开来。从20世纪70年代后期到80年代后期，许多国家都成功地诞生了第一代试管婴儿，这10年是试管婴儿发展的最初阶段，在全世界范围内出生的试管婴儿也不超过50人。随后试管婴儿技术进入较快的发展阶段，每年出生的人数明显增加。2013年，全球试管婴儿已达到500万人。发展较快的国家和地区包括欧洲的所有发达国家，这些国家的试管婴儿数量现在要占全世界的一半以上，有200多家不孕中心为患者提供试管婴儿服务，接受试管婴儿治疗的人口占总人口的1‰～2‰。据统计，通过试管婴儿技术出生的小孩在欧洲的一些发达国家已占4%。也就是说，每25个小孩中就有1个是试管婴儿。美国也是试管婴儿发展最快的国家之一，现在已有500多家试管婴儿中心，每年为几十万名患者提供服务，试管婴儿也已占到1%。亚洲的日本、韩国、新加坡，以及中国的台湾地区和香港地区的试管婴儿技术位列世界前列。

具体来看，1978年7月25日世界上第一例试管婴儿路易斯·布朗在英国诞生。在早期，体外受精的妊娠成功率只有2.94%。1980年6月，澳大利亚第一例试管婴儿妊娠成功。1981年11月以前，英国及澳大利亚共诞生15例。1981年12月，美国出生第一例。妊娠成功率都有了迅速的提高，妊娠成功率达到20%～30%。对因输卵管因素导致的不孕症治疗所寄托的希望已由20世纪60～70年代的输卵管显微成形手术转移到体外受精-胚胎移植（IVF-ET）技术上。当然这两种治疗方法还要根据患者的具体情况来选择。

我国的试管婴儿研究相对起步较晚，第1例试管婴儿于1985年在台湾地区出生，1986年香港也出生1例。大陆首例试管婴儿于1988年3月10日诞生，她的母亲是一位38岁、原发不孕20年、双侧输卵管不通的患者。中南大学、中山医科大学第一附属医院生殖医学研究中心等医学研究中心开始步入此研究队列。到目前为止，国内已有上百家医疗机构开展了体外受精-胚胎移植技术，但所做病例还不算多，其临床妊娠成功率约为20%。在新技术方面，山东省省立医院报道了我国首例配子子宫腔内移植妊娠成功，并在1992年5月顺利分娩。中山医科大学进行的显微操作卵细胞浆内单精子注射（ICSI）试管婴儿于1996年4月诞生，这些成功都标志着我国的体外受精、胚胎移植正在向前迈进。

四、启示与建议

罗伯特·爱德华兹在许多年前曾对媒体说："我常被人们称为疯子，没人愿意在伦理方面冒险。许多人对我说，那些孩子（试管婴儿）不会正常发育的。"

试管婴儿技术从研发到问世，再到应用的漫长阶段，一直饱受争议，人们认为这违反伦理道德，并且靠体外受精技术出生的婴儿一定是不正常的。在相当长的一段时间内，这位"疯子"的惊世骇俗之举，未能得到世界范围内的广泛认同。

1971 年在华盛顿召开的一次生物医学伦理会议上，诺贝尔奖获得者詹姆斯·沃森批评说，试管婴儿技术实际上是在扼杀婴儿。听闻此言，罗伯特·爱德华兹猛烈地为自己的研究辩护，并且得到了与会代表的起立鼓掌。然而，"违反伦理""不人道"之类的批评仍然不绝于耳。

2010 年 10 月 4 日，梵蒂冈猛烈抨击将诺贝尔生理学或医学奖颁给"试管婴儿之父"罗伯特·爱德华兹，严斥诺贝尔生理学或医学奖评审机构做出的有关决定"不恰当"。代表教廷响应医学道德问题的宗座生命学院院长卡拉斯科·德·保拉（I. C. de Paula）周一向意大利安莎通讯社（ANSA）提出："我肯定选择爱德华兹为得主是完全不恰当的。"保拉称："没有爱德华兹，世上便没有售卖数以百万卵细胞的市场，也没有大量放满胚胎的冷冻库。"他续称："在最好的情况下，那些胚胎会植入子宫内，但它们最有可能的下场是遭弃置或死亡，这个问题要由新出炉的诺贝尔生理学或医学奖得主负责。"教廷向来将体外受精视为不道德，因在有关过程中有大量的胚胎遭到弃置。总部设于梵蒂冈的国际天主教健康照护联盟发表声明称，他们对罗伯特·爱德华兹获奖感到"惊愕"。

然而，争议不断却并未阻拦试管婴儿技术的研发和应用，罗伯特·爱德华兹在争议和诟骂声中忍辱负重，终于创造出了人类生育史上的一大奇迹。这么多年过去了，试管婴儿技术已经不再是一个疯狂而不可理喻的技术。罗伯特·爱德华兹这位冲破伦理束缚的"疯子"，又真真切切地成为治疗不育症的"神人"。曾经和罗伯特·爱德华兹一起在剑桥大学工作的科学家马丁·约翰逊这样说："我觉得爱德华兹获奖是众望所归，我奇怪这一奖励怎么来得这么晚？"诺贝尔生理学或医学奖评审委员会说，罗伯特·爱德华兹所做的研究有助于解决全球 10% 的不孕不育症夫妇所面临的困扰。

案例5 以 iPS 重塑生命的奇迹

——2012 年诺贝尔生理学或医学奖获得者山中伸弥（Shinya Yamanaka）

获奖原因：我们的生命起源于受精卵分裂的细胞，并发生分化。这些细胞一开始是相同的，但随着发育的进行分化为构成我们身体的各种不同的细胞。长久以来人们一直认为成熟或高度分化了的细胞不能够再回到开始的状态，但在1962年，约翰·伯特兰·格登证明了成熟细胞的细胞核仍含有发育成为完整个体所需要的所有遗传信息。在此基础上，2006年，山中伸弥在小鼠体内成功地找到了几个控制分化过程的关键基因，通过激活这些基因使小鼠的表皮细胞被重编程为胚胎干细胞。

研究价值点：发现成熟细胞能够重编程为全能细胞，解决了干细胞研究领域中的伦理和免疫排斥这两大难题，为干细胞在临床和基础研究领域的应用打开了大门。

- **国籍**：日本
- **出生年份**：1962年
- **获奖时年龄**：50岁
- **标志性成果取得年份**：2006年
- **成果检验期**：6年
- **成果所属领域**：遗传学（干细胞研究）
- **研究领域类型**：创新领域、实验研究
- **所属研究机构**：京都大学

山中伸弥是一位日籍生物学学者，他不仅是土生土长的日本人，还是一位完全由日本教育培养出来的科学家（仅博士后阶段在美国格莱德斯通研究所工作）。山中伸弥曾经是一名医生，但作为医生的他并不出色，带着对个人前途的考虑和对绝症患者的同情，他走上了基础研究道路。在进行诱导 iPS（诱导多能干细胞）工作（获奖成果）前，山中伸弥在干细胞研究领域虽是一名出色的研究者，但并非该领域内的世界顶级人物。但就是这样的山中伸弥选择并完成了人工诱导 iPS 的研究工作，实现了人类干细胞研究中里程碑式的突破，为干细

胞在临床和基础研究领域的应用打开了大门，同时在成果发表后不到 6 年就摘取了诺贝尔奖的桂冠。在这样的背景下研究山中伸弥的案例对于现阶段的我国实现重大科技突破有重要作用。

一、生平和经历

（一）家庭背景

1962 年 9 月 4 日，山中伸弥出生于日本大阪。其父亲在大阪东横经营一家为锯床制造工件的小工厂，是一个精通设计和产品制造的工程师。其母亲帮助经营生意并抚养山中伸弥和他的姐姐。在山中伸弥的童年时期，他的父亲对他产生了很大的影响，“他从不强迫我做任何事，但让我看到他工作的勤勉。他默默地让我感到在绘图板中创造新东西是多么的有趣，并让我乐于为实现目标寻找新的方法”。父亲的影响使童年时期的山中伸弥梦想成为像父亲一样的工程师，他喜欢模仿父亲的工作试着拆散和重组钟表或收音机。

（二）教育及工作经历

在父亲的建议下，山中伸弥于 1981 年成功考入神户大学医学院。由于喜欢柔道和英式橄榄球，山中伸弥在运动中多次骨折并常因为旧伤而腿疼，这促使他成了一名骨科医生。

山中伸弥于 1987 年获得神户大学医学博士学位，并开始了在大阪国立医院为期两年的住院医师生涯。在医院工作期间，山中伸弥发现自己作为临床医生的能力并不出众，因对疑难杂症的发生机制产生浓厚兴趣，他从临床医生向基础研究学者转型。1989 年，为了实现自己的目标，山中伸弥成了大阪市立大学医学院的博士，在山本健次郎（Kenjiro Yamamoto）实验室工作。在攻读博士学位的四年中，他的导师三浦幸教给他设计、操作实验的基础，以及数据分析的方法，同时也培养了他对于科学的兴趣。山中伸弥说：“三浦幸为我打开了眼界，他告诉我要成为科学家必须与全世界的研究者竞争。”在三浦幸的指导下，山中伸弥把全部的精力都放在了研究上。

这时的山中伸弥对能够定向敲除或敲入小鼠特定基因的基因打靶技术产生了浓厚兴趣。1993 年，他开始申请小鼠的分子遗传学研究方向的实验室博士后，并非常幸运地加入了格拉德斯通研究所托马斯·因内雷里第实验室。山中伸弥对格拉德斯通研究所给予了很高的评价，“在格拉德斯通研究所工作是我这辈子做出的最好的决定之一。格拉德斯通研究所为像我这样的很有野心的新晋研究者提供了几乎完美的环境。那里有出色的实验技术员和非常激烈的学术讨论氛围”。在导师汤姆的支持下，山中伸弥找到了 *Apobec1* 基因在转基因小鼠的肝脏中编码异常的一个新靶点 *Nat1*。随后他开始构建 *Nat1* 敲除小鼠来研究该基因的功能，并在罗伯特·法雷塞教授的帮助下学会了培养小鼠胚胎干细胞和制作嵌合体小鼠的技术。格拉德斯通研究所除了提升了山中伸弥的实验技术和能力外，还给他提供了很多进行学术报告的机会，并教给他科学家获得成功的重要因素。罗伯特·马利（后来担任格拉德斯通研究所所长）曾将山中伸弥等 20 个博士后聚集在一起，为他们传授科学家成功的秘诀——“VW”，即一个科学家需要清晰的愿景（view）和向着这一愿景努力的工作（hard work）。在后来的自传中回忆起这一段经历时，山中伸弥讲道：“我发现尽管我相信自己是那时格拉德斯通研究所中最努力的博士后之一，我却并没有一个清晰的愿景。从那时起我开始为自己设定了愿景——通过基础研究为病患带来新的有效的治疗方法。我现在仍记得‘VW’这一课，并经常用它来教育我实验室的学生。”

1996 年，山中伸弥离开格拉德斯通研究所回到日本与妻子和孩子团聚，并获得在大阪市立大学医学院药理学部门做助理教授的教职。他在导师汤姆和药理学部主任岩尾博的支持下继续 *Nat1* 的研究工作。他发现在小鼠的早期发育过程中 *Nat1* 具有重要意义，*Nat1* 敲除小鼠的胚胎干细胞不能够正确分化，这一发现使得山中伸弥对小鼠胚胎干细胞的研究产生了兴趣。但由于当时小鼠干细胞的基础研究在日本并不受重视，山中伸弥实验室出现了经费紧张的问题，而更糟糕的是 *Nat1* 的研究成果被许多杂志拒收，这使得他一度想放弃科学事业重回医生之路。幸运的是，在这期间发生的两件事拯救了山中伸弥的科学事业。第一，威斯康星大学麦迪逊分校的詹姆斯·托马斯课题组于 1998 年报道了成功培养人类胚胎干细胞的工作，他们的工作照亮了胚胎干细胞的医学前景，为山中伸弥的研究工作注射了一剂强心针；第二，1999 年 12 月山中伸弥在奈良先端科学技术大学院大学（NAIST）取得副教授的教职，并第一次拥有了自己的实验室。奈良先端科学技术大学院大学在基础和应用科学领域有很多才华横溢的研究人员，具有极好的研究环境和出色的博士学生。

（三）研究成果取得过程

在奈良先端科学技术大学院大学的资金支持下和技术员智坂智子（Tomoko

Ichisaka）的帮助下，山中伸弥成功建立了小鼠基因敲除核心实验室，并很快成功敲除 *Fbxo15* 基因。*Fbxo15* 基因敲除小鼠虽然没有明显的表现，但是在后来山中伸弥课题组做 iPS（获奖成果）的工作中发挥了重要的作用。在大多科学家将研究重点聚焦于胚胎干细胞分化成体细胞过程时，山中伸弥看到了细胞核重编程的研究前景。山中伸弥实验室致力于不使用胚胎，而将体细胞培养成为胚胎干细胞样的全能性细胞，以克服人类胚胎干细胞研究的阻碍。[①] 在前人研究成果的基础上，山中伸弥提出鼠胚胎干细胞中修复全能性的因子可能诱导体细胞获得全能性的设想。在这一思路的指导下，山中伸弥课题组找出了很多相关的因子（仅在胚胎干细胞中表达的或在胚胎干细胞中非常重要的基因），其中包括由吉见义明发现的、后来在诱导多能干细胞中非常重要的转录因子 *klf4*。2004 年，山中伸弥课题组和其他课题组在共同努力下共收集到 24 个可能与诱导体细胞全能性相关的初始备选基因。山中伸弥利用 *Fbxo15* 基因敲除小鼠鼠系很快地建立起了非常敏感的用以评估这些备选基因的分析系统。为了能够使用人的干细胞来进行实验，2004 年山中伸弥接受了京都大学的前沿医学科学学院的教授教职（当时京都大学是日本唯一能够成功培养人类胚胎干细胞的研究所）。到达京都大学后，山中伸弥马不停蹄地让学生俊（Kazutoshi）开始测试 24 个备选基因。他将 24 个基因混合转染小鼠体细胞进行了阳性克隆，这些细胞在形态学、细胞周期和基因表达上都与干细胞相似，在将这些细胞转入裸鼠后出现了包含 3 个胚层成分的畸胎瘤，证明了这些细胞的全能性。俊通过大量实验发现其中的 4 个转录因子 *Oct34*、*Sox2*、*Klf4* 和 *c-Myc* 是核心。2005 年，山中伸弥课题组成功利用这 4 个转录因子诱导了胚胎干细胞样细胞，并取名为诱导多能干细胞。经过反复的实验验证，山中伸弥课题组肯定了诱导多能干细胞的方法并确定了其全能性，2006 年，在《细胞》杂志上报道了 4 个转录因子成功诱导多能干细胞的文章。

他们于 2007 年 9 月成功发表了诱导人 iPSC 的重要成果。之后，山中伸弥课题组还报道了很多与诱导 iPSC 相关的重要研究工作。iPSC 在药物和临床应用领域具有巨大的潜力，有希望成为解决一些棘手疾病的新机制。

山中伸弥在回顾自己的人生时提到，他能够取得学术上的成功在很大程度

① 细胞核重编程的理论可行性最先被约翰·伯特兰·格登在 1962 年证实；1997 年，伊恩·威尔穆特爵士团队克隆了多利绵羊证明了成熟细胞的基因组 DNA 在理论上具有动物生长发育所需要的所有遗传信息；2001 年，京都大学的多田隆报道了胸腺细胞通过与小鼠胚胎干细胞的电融合获得全能性，指出胚胎干细胞含有体细胞中的全能性诱导因子。

上要感谢不断地支持和鼓励他的学生和同事、他的导师及在生物学领域尤其是细胞核重编程和干细胞领域做出杰出贡献的科学家。

二、值得关注的价值点和问题点

（一）成长过程中家庭的影响

童年时期的山中伸弥受父亲影响，养成了勤奋工作的习惯，同时也对创造性工作产生了浓厚的兴趣。这些可能最终促使山中伸弥走上了科学研究的道路。

（二）日本基础教育的影响

1868年明治维新时，日本就开始实行全民义务教育。1911年时，六年制义务教育的就学率就已经达到98%。第二次世界大战结束以后，日本的基础教育发展十分迅速，义务教育延长至9年，教师队伍健全发展，教育质量稳步提升。在国际教育成就评价协会（IEA）进行的国际数学和科学调查及国际学生评估项目（PISA）的统计中，日本中小学生的学业成绩均排在世界前列。山中伸弥在小学阶段就开始接触科学，科学自然课是他最喜欢的课程，同时他也开始订阅专为小学生提供的科学杂志《科学月刊》，这使他对科学产生了浓厚的兴趣，在一定程度上也初步训练了他的科学思维。回忆起中学阶段，山中伸弥谈到，他在大阪教育大学四天王寺学院接受了良好的中学教育，学校里优秀的老师和同学给他带来了很大的帮助。在中学时，他积极参加体育运动，既锻炼了身体，也培养了竞争意识。同时，他的老师支持他们在努力学习之余积极参加学生组织，使自身获得全面发展。在老师的鼓励下，山中伸弥不仅担任了学生会副主席，同时作为吉他主唱与同学组建了一支民歌乐队，在学生节时表演。日本良好的基础教育不仅培养了山中伸弥对自然科学的兴趣，也使他实现了自身的全面发展。

（三）临床医学与基础学科的交叉

山中伸弥的成功在一定程度上得益于他作为一名生命科学的基础研究者拥有的扎实的基础医学背景：他有神户大学医学院博士学位专业背景，并在大阪国立医院工作两年，这使他获得了不同于其他研究者的视野，影响了山中伸弥在研究方向的选择、研究方法的使用、实验假设的设定方面的决定；同时，基础医学的手术技术训练也帮助山中伸弥在后来的基础研究工作中快速地掌握了出色的实验操作技术，这一点对于从事生命科学这样一个实验性科学的工作至关重要。

（四）出色的实验团队

山中伸弥获得诺贝尔奖的研究成果是成功诱导 iPSC 细胞的工作，这项工作的成功离不开出色的学生和熟练的技术员，其中包括技术员智坂智子与博士生俊（获奖成果核心论文的第一作者）。山中伸弥得到奈良先端科学技术大学院大学教职初到该校后，就在技术员智坂智子的帮助下很快建立起了小鼠基因敲除核心实验室，并成功敲除 *Fbxo15* 基因。基因敲除小鼠尤其是 *Fbxo15* 基因敲除小鼠在 iPS 备选基因筛选过程中发挥了巨大作用，大幅度提高了筛选效率。京都大学的山中伸弥的博士研究生俊在智坂智子的帮助下，成功测试了 24 个可能具有诱导成熟细胞获得全能性转变而成为胚胎干细胞样细胞的备选基因。他将 24 个基因混合转染小鼠体细胞进行了阳性克隆，这些细胞在形态、增殖和基因表达方面与 ES 细胞相似，将这些细胞转入裸鼠后出现了包含 3 个胚层成分的畸胎瘤，证明了这些细胞的全能性。通过大量实验，俊发现其中的 4 个转录因子 *Oct34*、*Sox2*、*Klf4* 和 *c-Myc* 是核心基因。2005 年，山中伸弥课题组成功利用这 4 个转录因子诱导了胚胎干细胞样细胞，并取名为 iPSC。经过反复的实验验证，山中伸弥课题组确定了诱导 iPSC 的方法并确定了其全能性，于 2006 年在《细胞》杂志上报道了四因子成功诱导 iPSC 的文章。

（五）个人性格特质

1. 强烈的竞争意识

在大阪市立大学医学院攻读博士阶段，山中伸弥在山本健次郎实验室工作。他的导师三浦幸要求他们作为科研工作者要具有强烈的竞争意识。山中伸弥在回忆中提到："三浦幸为我打开了眼界，他告诉我作为科学家必须与全世界的研究者竞争。"在三浦幸的指导下，山中伸弥把全部精力都放在了研究上。

另外，山中伸弥对竞技体育的喜爱（尤其是柔道和美式橄榄球）在一定程度上也培养了他的竞争意识。在成功诱导鼠 iPSC 后，山中伸弥听说远在美国的詹姆斯-托马斯课题组已经开展了人体细胞重编程研究，便立即将全部精力投入该项研究上。在与詹姆斯-托马斯课题组的竞争中，通过课题组成员夜以继日的工作，山中伸弥等于 2007 年 9 月率先发表了用病毒载体转染同源基因到人的成纤维细胞中成功诱导培养 iPSC 的文章。在 iPSC 这场学术竞赛过程中，山中伸弥强烈的竞争意识使他成为全世界第一个完成 iPSC 诱导的研究者。

2. 锲而不舍的坚持

山中伸弥结束了在格拉德斯通研究所的博士后工作后回到日本，在大阪市立大学医学院药理学部门做助理教授时继续进行在小鼠早期发育过程中 *Nat1* 基因作用的研究。而当时小鼠干细胞的基础研究在日本并不受重视，山中伸弥实验室出现了经费紧张的问题，而更糟糕的是 *Nat1* 的研究成果被许多期刊拒收。尽管周围的同事都劝说他更换到与临床关系更贴近的方向，但山中伸弥仍继续坚持没有放弃。正是山中伸弥坚持对小鼠早期胚胎发育进行持续的关注，使他对小鼠胚胎干细胞产生兴趣，最终投入诱导 iPSC 的工作中。

3. 真心助人的善良

山中伸弥在做医生时处理过很多疑难病症，如在处理风湿性关节炎和脊髓损伤的过程中，他意识到有些疾病无论医生的技术多么高明都无法治愈，深深地感受到这些患者的痛苦，从心底里希望帮助这些患者摆脱病魔。这种善良使他决定成为一名通过研究疑难杂症的产生机制找到治疗患者的方法进而根除疾病的基础科学家。后来在他的研究过程中，对小鼠胚胎干细胞的关注让他发现人工诱导胚胎干细胞在药物和临床应用领域具有巨大的发展潜力，这有希望成为解决一些棘手的疾病的新机制，攻克疑难疾病。这样的想法促使他全身心地投入诱导 iPSC 的工作中，并最终获得了成功。作为一名科研工作者，也许悲天悯人的善良情怀能够使其选择与人类命运更为相关的科研课题，并为此保持持续的热情坚持不懈地努力工作，这样的研究者恰恰是诺贝尔奖偏爱的。

（六）“VW”

罗伯特·马利将“VW”作为科学家成功的秘诀传授给山中伸弥，并对其学术生涯产生巨大影响。山中伸弥由于 iPSC 的工作而得到诺贝尔奖，某种程度上是因为他比任何人都快。当时的山中伸弥在干细胞领域仅是一个优秀的研究者，并非领域内的权威，很多著名的科学家（如干细胞领域内的权威托马斯教授）也在进行类似的工作，但山中伸弥比其他科学家都要快，而这种快在很大程度上得益于“VW”，山中伸弥研究组在确定目标后，将精力全面聚焦到 iPSC 的工作上，而且夜以继日地工作，所以“VW”值得所有研究者共勉。

（七）重要的研究领域选择

无论是在临床还是基础研究领域，人类胚胎干细胞都有着非同一般的意义，但在研究过程中遇到了两个主要的阻碍——人类胚胎使用的伦理问题、移植人体后的免疫排斥反应。许多国家的干细胞使用问题都成为阻碍干细胞研究发展的重要原因，包括美国和日本。在大多数科学家将研究重点聚焦于胚胎干细胞分化成体细胞过程时，山中伸弥敏锐地看到了细胞核重编程的研究前景。山中伸弥实验室致力于不使用胚胎，而将体细胞培养成为胚胎干细胞样的全能性细胞——iPSC。iPSC 是通过基因转染技术将某些转录因子导入动物或人的体细胞，使体细胞直接重构成为胚胎干细胞样的多潜能细胞。iPSC 在形态和基因表达方面与 ES 细胞相似，而且在 DNA 甲基化方式、基因表达谱、染色质状态、形成嵌合体动物等方面也与胚胎干细胞几乎完全相同。iPSC 的成功克服了干细胞研究的阻碍，打开了干细胞在临床和基础研究领域应用的大门。

（八）科研机构分析

1. 格拉德斯通研究所

格拉德斯通研究所成立于 1979 年，隶属于加利福尼亚大学旧金山分校，位于旧金山，毗邻加利福尼亚大学旧金山分校使命湾校区，拥有包括 300 多名科学家在内的 450 名工作人员。格拉德斯通研究所是一家独立的非营利性研究机构，由 3 个研究所组成，包括心血管病研究所、病毒学和免疫学研究所及神经疾病研究所。其主要研究工作集中于当代最重要的三大临床问题，即心血管病、艾滋病和神经退化病（山中伸弥获奖后，格拉德斯通研究所也开始聚焦于干细胞研究）。一方面，格拉德斯通研究所 2004 年从旧金山综合医院搬到了加利福尼亚大学旧金山分校，毗邻五大研究机构，这使其能够与邻近的研究院校有效合作；另一方面，格拉德斯通研究所出色的公共核心实验室使所有研究员都可以使用核心实验室的先进仪器并能够分享研究空间。格拉德斯通研究所拥有 300 多名研究人员，这些研究人员进入核心实验室进行研究几乎从来不需要等待。在《科学》杂志 2012 年发布的最佳学术研究院排行榜中，格拉德斯通研究所排名第一。

2. 奈良先端科学技术大学院大学

奈良先端科学技术大学院大学是日本于 1991 年设立的国立大学，位于奈良县生驹市高山町。在 20 世纪 80 年代的新兴技术革命的大背景下，日本文部省希望设立站在时代前端的先端科学技术研究生院以积极应对技术浪潮。奈良先端科学技术大学院大学创办的战略思想是把握时机、新事新办。作为一所不设学部的大学院大学，奈良先端科学技术大学院大学在 1991 年起步，又在情报学、生物科学、物质创成科学等先端科学领域向国内外发表最新优秀研究成果的同时，不断输送新的优秀的研究者。作为一所在当时只有 16 年教学科研历史的大学，奈良先端科学技术大学院大学在 2008 年的日本“国立大学科学技术活动调查结果”中，其科学研究费补助金、年轻研究人员（37 岁以下）比例、教师人均专利许可收入三项指标均排名第一。奈良先端科学技术大学院大学立足于日本产官学的合作框架的基础，制定出知识产权政策和产官学合作政策等相关的指引政策，坚持紧抓要点的工作模式构建了一个出色的知识产权与技术转化的模式，大大提高了研究人员的工作积极性和机构整体的研究竞争力。在山中伸弥在科研道路上面临困难甚至考虑重回医生道路的关键时期，奈良先端科学技术大学院大学为山中伸弥提供了教职和独立的实验室，并使他找到了在 iPS 工作中发挥重要作用的出色的技术员和博士生。在回忆起奈良先端科学技术大学院大学时，山中伸弥说道：“奈良先端科学技术大学院大学在基础和应用科学领域有很多才华横溢的研究人员，具有极好的研究环境和出色的博士学生。”正是在这样的研究环境下，山中伸弥启动了 iPS 研究计划，并成功找到了 24 个与此相关的关键基因，为诱导 iPS 工作的成功奠定了扎实的基础。

三、讨论：强调科学的竞争性从人类科学发展进步的视角上看是利还是弊

在科学研究中普遍存在竞争是研究者所共知的。在热门的研究领域，全球可能有很多个杰出的课题组在做着相同的工作，而科学史往往只会记得第一个夺得桂冠的人。在麦迪逊医学院的詹姆斯-托马斯课题组于 1998 年宣布成功培养出了人类的胚胎干细胞后，干细胞领域成为当时最热门的研究领域之一，山中伸弥并非这些研究者中唯一看到体细胞重编程为干细胞样全能细胞研究前景的人。但是山中伸弥确实是第一个成功的人，回忆起在与詹姆斯-托马斯课题组竞争时的情景，他说道：“我听说一个美国团队在夏天提交了成功诱导人类 iPS 的文章，我的实验室成员提高诱导效率和改进筛选的方法，夜以继日地尽快发

表了我们的文章。”最终山中伸弥赢得了这场比赛，成为终将被历史记住的科学家。抛开诺贝尔奖的光环再看这样的学术竞争，这是否是对科学发展的正向推动值得商榷，若山中伸弥与詹姆斯-托马斯课题组合作会是怎样的景象，人类是否会更早地得到 iPSC 细胞。学术竞争给科研工作者的学术交流造成了壁垒，在成果发表前研究者避免与同行谈及课题中的关键信息，以保障不会因研究内容泄露导致把成果拱手让人。而这样一种竞争性的学术生态可能对于学术发展造成损害或者说至少延误了学术的发展。沃森和克里克发现了 DNA 双螺旋结构，这几乎成为分子生物学的开端，他们至今也为研究者所敬仰。然而很多人不知道，在双螺旋结构发现过程中还有一位做出过重要贡献的科学家富兰克林。可以说，没有他出色的 DNA 结构 X 射线衍射图谱工作，沃森和克里克很难想象出 DNA 的结构，可是富兰克林几乎被历史遗忘。DNA 双螺旋结构发现的背后就有一次悲剧性的学术竞争，得到衍射图的富兰克林不愿与沃森和克里克分享，希望独自解开 DNA 的秘密，而这恰恰延误了 DNA 结构解密的时间。直到沃森和克里克在富兰克林不知情的情况下通过威尔金斯看到他的衍射图才最终解开了 DNA 的分子结构。这样的学术竞争对于学术发展很难说有正面的意义，而这种情况在科研领域绝不是个例。也许在理性框架下的正当的学术竞争能够激发研究者的研究积极性，这对学术发展有一定的推动作用，而过分强调竞争却使科研变得有些势利而不利于学术的发展。

四、启示与建议

（一）构建专业化科研团队开展学术研究

杰出人才组成的专业研究团队能够大幅度提高研究效率和精度，对于重大科学研究项目意义重大。如果没有智坂智子、俊等研究者的出色工作，山中伸弥诱导 iPSC 的愿景也许很难实现。为所有生命科学研究者所熟悉和大量使用的聚合酶链式反应（PCR）技术的发明也并非仅靠穆利斯（PCR 技术的发明者，以此获得诺贝尔奖）一个念头就成功了，若没有日裔技术员才木（Randall Saiki）凭借杰出的实验能力，通过精细的纯手动操作成功实现该技术，它可能至今都会被当作是穆利斯的胡思乱想。研究团队的优劣对于科学研究的成败具有决定性的影响。而在我国的学术研究团队中，技术员仍是稀缺资源。只有很少的课题组配备了实验能力很强的技术人员，其他大多依靠学生进行试验操作。我国已经具备了科研专业化的能力，构建专业化的科研团队开展研究对于站在大科学时代风口浪尖的中国意义重大。

（二）基础教育阶段在重视知识教育的同时注重素质教育

前面已经提到日本的基础教育拥有悠久的发展历史，在国际教育成就评价协会进行的国际数学和科学调查及国际学生评估项目的统计中，日本中小学生的学业成绩均排在世界前列。日本人认为，注重在社会中的生存力是非常重要的。生存力就是在学会基础知识的同时，无论社会如何变化，学生都可以自己找到问题，自己进行判断并采取行动，从而更好地解决问题的能力。日本教育重视培养自身与他人的和谐相处，让学生拥有为他人着想、感动他人的品格，并为此设置了综合的学习时间。反观我国的基础教育，在升学压力的影响下，很多学校和老师过于看重分数，忽略了基础教育阶段本该强调的综合素质教育。这就导致我国的很多本土研究者在综合素质尤其是人际交往方面欠缺，忽略团队协作和合作交流，这也是我国很多本土研究者无法突破科研瓶颈的一个原因。所以，我国的学术发展布局应该从基础教育入手，在重视知识教育的同时绝不能忽视素质教育，培养出各方面全面发展的科学研究者以适应大科学时代的国际学术竞争。

（三）注重基础研究与临床医学相结合，大力推进转化医学发展

山中伸弥案例中有一点令人印象深刻，他曾获得神户大学医学博士学位，并在大阪国立医院做了两年的住院医师，拥有临床医学的学科背景和工作经历。山中伸弥并不是诺贝尔奖得主中的特例，2000 ～ 2014 年的 37 位诺贝尔奖得主中有 8 位具有临床医学学科或工作背景。这表明了诺贝尔生理学或医学奖对临床医学背景研究者的偏好及对临床医学应用前景的关注，这也符合诺贝尔奖为推动人类社会进步和获得更好发展的设奖初衷。

在这样的背景下，我国生命科学领域的研究尤其是重大科技项目的申请和开展应与临床实践相结合，科学研究不应完全脱离实际应用。而转化医学就构成了这种基于临床的基础科学研究的主要组成部分，将基础研究的成果转化成为实际患者提供治疗的手段，使实验室与病床旁良性互动。大力推荐转化医学研究并非是为获得诺贝尔奖而做的妥协，而是真正有利于我国生物医学领域的学术发展，

并提高我国在该领域的竞争力的有效方法，是关系国计民生的良性政策。

案例6 执着与系统优势铸就辉煌

——2013年诺贝尔生理学或医学奖获得者兰迪·谢克曼（Randy Schekman）

获奖原因：兰迪·谢克曼发现了能控制细胞传输系统不同方面的一组基因，从基因层面为了解细胞中囊泡运输的严格管理机制提供了新线索。詹姆斯·罗斯曼于20世纪90年代发现了一种蛋白质复合物，可令囊泡基座与其目标细胞膜融合；基于前两位美国科学家的研究，托马斯·苏德霍夫发现并解释了囊泡如何在指令下精确地释放内部物质。2013年的三位诺贝尔获奖者独立进行各自的研究项目，各自沿不同方向推进，发现了细胞囊泡交通的运行与调节机制，揭示出细胞生理学的一个基本过程。

研究价值点：1930～2017年，共98位（2000年以后共22位）美国科学家获得了诺贝尔生理学或医学奖，2013年的颁奖结果是对美国在生理学或医学前沿研究领域具有整体学科优势的又一次体现。因此，以美国科学家作为抓手，分析其获奖背后的政策环境因素，更具有普遍性和代表性。谢克曼坚持选择酵母菌作为研究对象，善于独辟蹊径，并闯出了一片新天地，他是学者的典范，其个人特质、科研经历，以及获奖后对于科研领域的反思，都具有传奇色彩和研究价值。

一、生平与经历

谢克曼于1948年出生在美国明尼苏达州的圣保罗，父亲是一名汽车推销员，母亲是一名教师。

1966年，谢克曼进入加利福尼亚大学洛杉矶分校学习，其间他作为交换生在苏格兰爱丁堡大学度过了第三学年。1971年获得分子科学文学学士学位。1975年，因为对DNA复制的研究，谢克曼在斯坦福大学获得博士学位。他的导师是1959年的诺贝尔生理学或医学奖获得者阿瑟·科恩伯格，导师的儿子罗杰·科恩伯格也是 2006 年的诺贝尔化学奖获得者。

1975 ～ 1976 年，在加利福尼亚大学圣迭戈分校做博士后研究时，其导师乔纳森·辛格研究的是哺乳动物细胞膜，但谢克曼考虑到酵母菌更易培植，便转而研究酵母菌。

1976 年，谢克曼在加利福尼亚大学伯克利分校任职，2016 年他仍是该校分子与细胞生物学系的教授。与此同时，他还担任霍华德·休斯医学研究所的研究员。

1992 年，当选为美国国家科学院院士。

2002 年，因对细胞膜传输的研究，与詹姆斯·罗思曼共同获得拉斯克基础医学研究奖。

2002 年，与詹姆斯·罗思曼共同获得路易莎·格罗斯·霍维茨奖。

2010 年，获得马斯利奖（Massry Prize）。

2010 年，与詹姆斯·罗思曼等一同获得威尔逊奖章。

2006 ～ 2011 年，任学术期刊《美国科学院院报》主编。

2011 年，担任生物医学和生命科学领域顶级开放获取期刊 *eLIFE*（由美国霍华德·休斯医学研究所、德国马克斯·普朗克科学促进学会、英国惠康基金会联合创建）的主编。

2013 年，当选为英国皇家学会外籍会员。

2013 年，获得诺贝尔生理学或医学奖。

二、值得关注的价值点与问题点

（一）执着的个人特质是其成功的关键

谢克曼从小就对科学有着极大的热情。高中时，他就不断地准备科学项目，参加学校及加利福尼亚州的各种科学竞赛。谢克曼着迷于在水里生活的各种微生物，因此当他得到一个玩具显微镜时，便在自己的房间里，将所有的时间都用于追逐水里的各种能游泳的原始动物。他的父亲指出这只不过是一个玩具显微镜，谢克曼非常沮丧，下定决心要买一个专业的显微镜。他通过割草和做家务来挣钱、存钱，但他的父母总是不断地从他这里“借钱”，导致他一直存不够买显微镜的钱。有一天，他忍无可忍，便骑着自行车来到警察局，告诉警察说，因为他的父母总是阻碍他得到一台好的显微镜，他便从家里跑出来了。从警察局将离家出走的儿子接回来之后，他的父亲一脸严肃。但是就在那个下午，谢克曼得到了一台博士伦显微镜，这使他得以以更专业的方式研究那些会游泳的微生物。

1966 年，谢克曼进入加利福尼亚大学洛杉矶分校学习，因为对生物学感兴趣，他起初选择将医学预科作为专业。由于大学一年级第一学期的化学学习取得了优异的成绩，谢克曼进入了由威拉得·利比（因发明碳十四测定获得 1960 年的诺贝尔化学奖）主持的荣誉课程学习。该课程要求学生到一个化学实验室实习，所以谢克曼到了化学系的分子生物学家迈克尔·康拉德的实验室工作。迈克尔·康拉德让谢克曼做的第一件事情就是阅读《基因的分子生物学》（詹姆斯·沃森等著），这使谢克曼大开眼界。该书与实验室的工作经历很快就将谢克曼的兴趣从学医转移到了基础科学研究。大学二年级的时候，谢克曼加入了丹雷实验室进行 DNA 的复制。大学三年级的时候，谢克曼作为交换生到爱丁堡大学的实验室工作一年。谢克曼后来回忆，“我花了大量的时间在实验室工作，以致感觉课程都非常造作或虚伪”。毕业后他到斯坦福大学攻读博士学位。当谢克曼本科毕业离开丹雷实验室的时候，他已经有了两篇在《分子生物学》上和一篇在《自然》上发表的文章。作为一名分子生物学、免疫学、分子遗传学的荣誉教授，丹雷如此评价谢克曼：“作为一个本科生，他懂的比研究生还要多，他在实验设计方面特别聪明，在实验室里的工作特别努力，对研究十分狂热，这是非常具有感染力的。我花了 40 年，都没有再找到一个像他这样的学生，谢克曼真的是太不可思议了。”

谢克曼对会游泳的微生物的偏爱也体现在他的科研工作中。在确立了研究细胞膜转运系统的研究方向后，考虑到哺乳动物的细胞过于复杂，于是谢克曼以非凡的勇气和智慧选择用酵母作为实验材料。当时大多数科学家都认为酵母菌太低等，与动物细胞差别太大，不适合用来研究分泌机制，他的研究资助申请最初也因此被驳回。然而，由于不懈坚持，他终于在这一领域获得了重大发现。因此，从这个意义上可以说，谢克曼是一位充满激情、执着并善于独辟蹊径，最终闯出一片新天地的学者典范。

（二）学科整体优势奠定基础

生物学家所面临的基本命题仍然是细胞内高负荷的物质运输，如何保证其有条不紊、忙而不乱地工作是很重要的。其中，对于所运送货物的精确识别、定向运输及目的地卸载，是囊泡运输的关键环节。囊泡运输调控机制，是指某些分子与物质不能直接通过细胞膜，而需要依赖围绕在细胞膜周围的囊泡来完成。囊泡通过与目标细胞膜融合，即可在神经细胞指令下精确控制荷尔蒙、生物酶、神经递质等分子传递的恰当时间与位置。囊泡运输研究先后于 1974 年、1985 年、1999 年和 2013 年获得诺贝尔生理学或医学奖（表 4-4）。

表4-4　囊泡运输研究领域获奖情况

年份	获奖者	国家	研究内容
1974	阿尔伯特・克劳德	比利时	在细胞的结构、功能的组织方面的发现
	克里斯汀・德・迪夫	比利时	
	乔治・埃米尔・帕拉德	美国	
1985	麦可・布朗	美国	在胆固醇代谢的调控方面的发现
	约瑟夫・里欧纳德・戈尔茨坦	美国	
1999	古特・布洛伯尔	美国	发现蛋白质具有内在的信号可以控制其在细胞内的传递和定位
2013	詹姆斯・罗斯曼	美国	发现细胞囊泡运行与调节机制
	兰迪・谢克曼	美国	
	托马斯・苏德霍夫	德国	

从表 4-5 我们可以看出，囊泡运输研究为美国的传统强势科学研究领域，是诺贝尔奖的最大赢家。另外，我们从 2013 年的诺贝尔生理学或医学奖的获奖情况来看，截至 2013 年 10 月 8 日，通过以 membrane fusion 等为主题关键词在 PubMed、GoPubMed、Web of Knowledge 等平台获取的数据显示，美国发表论文的总数远超其他国家，在发表论文的研究机构的前 30 名中，美国的大学和研究机构占据绝大多数（表 4-5、表 4-6）。

表4-5　国家排名（按发表论文数）

国家	发表论文数 / 篇
美国	4728
德国	965
日本	918

续表

国家	发表论文数 / 篇
英国	677
法国	512
加拿大	459
中国	319
西班牙	252
意大利	228
荷兰	209

表4-6 研究机构排名（按发表论文数）

研究机构	发表论文数 / 篇
美国哈佛大学	765
美国耶鲁大学	462
美国斯坦福大学	446
美国得克萨斯大学	431
法国国家科学研究院	399
日本东京大学	395
美国宾夕法尼亚大学	391
美国加利福尼亚大学旧金山分校	387
美国康奈尔大学	385
美国威斯康星大学麦迪逊分校	356
加拿大多伦多大学	333
美国国家癌症研究所	324
日本大阪大学	323
美国华盛顿大学	319
日本东京大学	317
美国加利福尼亚大学圣迭戈分校	301
美国约翰·霍普金斯大学	300
中国科学院	288
德国马克斯·普朗克科学促进学会	287
美国加利福尼亚大学洛杉矶分校	282
格罗宁根大学	281
英国剑桥大学	277

续表

研究机构	发表论文数 / 篇
美国国立卫生研究院过敏与传染病研究所	252
美国北卡罗来纳州立大学	248
美国密歇根大学	240
美国加利福尼亚大学伯克利分校	238
美国华盛顿大学贝瑟分校	235
法国巴斯德研究所	224
美国斯克利普斯研究所	223
美国弗吉尼亚大学	220
美国伊利诺伊大学	217

以获奖者的研究经历来看，虽然罗斯曼与谢克曼两人所用的实验材料和研究方法不尽相同，例如，谢克曼研究单细胞的酵母，罗斯曼用的实验材料是动物细胞；谢克曼通过筛选突变基因，即用遗传学的研究方法研究问题，罗斯曼则是通过体外分离蛋白质组分，即用经典生物化学的实验方法研究问题。但是，谢克曼与罗斯曼也存在很多相同之处。首先，两人都与斯坦福大学结缘，谢克曼于 1974 年在斯坦福大学获得博士学位，几年后，罗斯曼加入了这所学校并确立了细胞囊泡的研究方向。其次，两人都受大名鼎鼎的生化学家科恩伯格的影响。科恩伯格是谢克曼在斯坦福大学读书时的恩师，几年之后在罗斯曼工作时他又成了系主任，并且给了罗斯曼重要的指导。最后，两人均揭示了囊泡运输机制的秘密，并同时获得科学界的最高荣誉。这使人们不得不感慨两人在事业上的异曲同工及在人生路上的殊途同归，同时也充分说明美国在该研究领域形成了集群优势，其优势学科具有持续获奖的能力。

（三）立体资助环境引领成功

从 2013 年的诺贝尔生理学或医学奖的三位获得者来看，他们的研究经历都非常丰富。罗斯曼先后在普林斯顿大学、纪念斯隆-凯特琳癌症研究中心和哥伦比亚大学工作。2008 年，他开始在美国康涅狄格州纽黑文市的耶鲁大学担任教授，如今，他一直担任细胞生物学系的主席教授。谢克曼先后就读于加利福尼亚大学洛杉矶分校和斯坦福大学，1974 年在斯坦福大学获得博士学位，并到加利福尼亚大学圣迭戈分校做博士后研究，1976 年，谢克曼任职于加利福尼亚大学伯克利分校，2016 年他是该大学分子和细胞生物学系教授，并兼任霍华德・休斯医学研究所研究员。托马斯・苏德霍夫生于德国的哥廷根，在乔治-奥古斯特-哥廷根大学获得了医学博士学位与神经化学博士学位。1983 年，他前往美国达拉斯的得克萨斯大学西南医学中心进行博士后的研究工作，与迈克・布朗和约瑟夫・戈德斯坦（1985 年的诺贝尔生理学或医学奖得主）共事，1991 年，苏德霍夫成为霍华德・休斯研究所的一名研究员。从 2008 年起，他便开始担任斯坦福大学分子和细胞生理学的教授职位。从他们的研究经历可以看出，他们不仅分别在世界著名的大学学习和工作，而且都有在私人研究机构工作和担任兼职研究员的经历。这与美国良好的生物医学研究经费资助体系及良好的生物医学研究资助环境是分不开的。

美国的个人、政府、基金会和公司都很看重生物医学研究。生物医学研究具有贯穿政治措施制定、经济发展和新商品开发的发展路线。2010 年 1 月 13 日，《美国医学会杂志》（*JAMA*）刊登了美国罗彻斯特大学医学中心神经内科的雷・多西医学博士作为通讯作者撰写的题名为 *Funding of US Biomedical Research，2003 ～ 2008* 的调查报告。该研究报告与以前历次的研究报告相同，美国工业界是最大的生物医学研究经费的赞助者，占 2007 年所有生物医学研究支出的 58%。美国国立卫生研究院是第二大赞助者，占 2007 年研究支出总额的 27%，其次是国家和地方政府（5%）、非国立卫生研究院联邦政府来源（5%），以及个人非营利性赞助（4%）。2003 ～ 2008 年的数据如表 4-7 所示。

表4-7　美国生物医学研究基金来源　　（单位：10亿美元）

资助者	数据来源	2003 年	2004 年	2005 年	2006 年	2007 年	2008 年
国立卫生研究院	国家科学基金	26.0	27.3	27.9	27.7	27.8	27.9
其他联邦政府	估算	2.0	3.6	4.0	4.8	5.2	NA
州和地方政府	国家健康经费账户	4.2	4.5	4.6	4.8	5.2	NA
基金会、慈善机构和其他个人基金	国家健康经费账户	3.3	3.4	3.7	4.0	4.3	NA
制药公司	美国医药研究和生产商	27.1	29.6	31.0	34.0	36.6	38.4
生物技术公司	博乐公司（Burrill）	93.6	10.5	11.9	12.2	15.3	14.9
医疗器械公司	美国证券交易委员会	3.6	4.2	4.8	5.9	6.7	7.6
总计		75.5	83.1	87.9	93.4	101.1	未完成
调整总计		92.3	97.9	99.7	101.2	105.6	未完成
调整总计，仅国家健康和工业协会		80.7	84.4	85.7	86.5	90.2	88.8

资料来源：游文娟 .2003 ～ 2008 年间美国在生物医学研究领域的经费资助. 生命科学研究快报，2010，（02）：3-12.

而即使在“膜融合”这样一个具体的获奖领域，根据2013年10月8日从PubMed、GoPubMed、Web of Knowledge等平台获取的数据进行进一步梳理，文献的资助机构排名如表4-8所示（取前25名）。

表4-8 “膜融合”领域文献资助机构

资助机构	资助文章数/篇
美国国立卫生研究院	1809
德国研究基金会	445
中国国家自然科学基金会	303
美国国家科学基金会	278
日本文部科学省	177
威康信托基金会	140
美国心脏协会	117
加拿大卫生研究院	94
美国国立卫生研究院过敏与传染病研究所	93
欧洲联盟	171
日本科学促进会	87
瑞士国家科学基金会	87
瑞典研究委员会	69
国家重点基础研究发展计划	63
欧盟委员会	60
霍华德·休斯医学研究所	60
欧洲研究委员会	53
医学研究委员会	51
加拿大卫生研究院	50
加拿大自然科学与工程研究委员会	48
国立癌症研究所	47
英国生物技术和生物科学研究委员会	45
以色列科学基金会	45
法国国家科学研究院	44
美国癌症协会	39

通过表4-8可以看出，美国在该领域的资助机构包括美国国立卫生研究院、美国国家科学基金会等国家机构，也包括美国心脏协会、美国癌症协会等协会，还有霍华德·休斯医学研究所等私人研究机构，呈现多样性，这些资助机构既有互补，又有协作，形成了一个立体的资助体系。以霍华德·休斯医学研究所

为例，该所是全球规模最大的非营利性私立医学研究所（基金会），其支持范围包括数百个国际一流实验室，它每年为每位研究员提供大约100万元的研究经费，每次任期5年，以支持具有创造性但高风险的研究工作，使这些科学家可以集中精力，不必再为申请美国国立卫生研究院的基金而分心。医学及本科基础教育亦属于其支持范围。霍华德·休斯医学研究所与联邦主要的医学生物学基金管理机构——美国国立卫生研究院既有互补又有协作，相得益彰。如2001年以来，霍华德·休斯医学研究所对骨髓干细胞研究的重点支持。

（四）荣获最高殊荣众望所归

据统计，诺贝尔生理学或医学奖的获得者在国际上的重要期刊上发表具有突破性成就的学术论文的年龄基本上在30～45岁。关于科学创造的最佳年龄的统计表明，诺贝尔生理学或医学奖获得者取得获奖成果时的平均年龄为40.7岁。2013年詹姆斯·罗斯曼、兰迪·谢克曼、托马斯·苏德霍夫发表代表性论文的时间分别为43岁、43岁和38岁。对于三位科学家获得诺贝尔生理学或医学奖，多个研究机构都曾做过预测，2013年的颁奖结果可以说是对诺贝尔奖预测的成功验证。下面以拉斯克基础医学研究奖（Lasker Award，以下简称拉斯克奖）和汤森路透引文桂冠奖（Thomson Reuters Citation Laureates）做一个说明。

罗斯曼和谢克曼在2002年共同获得拉斯克基础医学研究奖，而苏德霍夫在2013年和理查德·舍勒共同获得了拉斯克基础医学奖。

拉斯克奖产生自1946年的年度奖，旨在奖励那些取得了重大的医学成就的在世医学研究者。拉斯克奖素有“美国的诺贝尔奖”之美誉，是美国最具声望的生物医学奖项，也是医学界仅次于诺贝尔奖的一项大奖，旨在表彰在医学领域做出突出贡献的科学家、医生和公共服务人员。拉斯克奖在医学界又被称作“诺贝尔奖风向标”。而且，获得拉斯克奖后再获得诺贝尔奖的概率更高。截至2005年，已经有超过300人次获得了拉斯克奖，其中至少71人相继获得过诺贝尔奖。

汤森路透引文桂冠奖于2009年成功预测美国科学家罗斯曼和谢克曼将获得诺贝尔奖。汤森路透引文桂冠奖主要是根据研究者作品被引用的数据来选出每年的引文桂冠奖，但并不意味着获得引文桂冠奖的研究者同年就一定能获得诺贝尔奖，他们很有可能在未来数年内获得诺贝尔奖。2002～2014年，汤森路透总共颁发了235个引文桂冠奖，而这些得主中获得诺贝尔奖的有37人——其中

9 人当年获奖，16 人在两年内获奖。

根据中国医学科学院医学信息研究所的许培扬研究员于 2013 年 10 月 7 日针对 Web of Knowledge 平台检索的结果，谢克曼、罗斯曼、苏德霍夫等发表论文的情况及其引用情况如表 4-9 所示。

表4-9 获奖者发表论文概况

项目	谢克曼	罗斯曼	苏德霍夫
发表论文数 / 篇	287	267	521
被引频次总计 / 次	24 412	40 651	58 001
去除自引的被引频次总计 / 次	22 834	38 671	53 100
施引文献 / 篇	12 268	20 354	25 467
去除自引的施引文献 / 篇	12 060	20 134	25 000
每项平均引用次数 / 次	85.06	152.25	111.33
h 指数	90	106	134

谢克曼及 2013 年的诺贝尔生理学或医学奖被成功预测，一方面，说明他们的学术成果得到了学术界的公认；另一方面，也说明科学研究、学术评价具有基本的原则，而学术界目前的基本评价原则，如根据发表的文献、文献的影响因子、*h* 指数等衡量学者的研究成果，相对来说还是有效的。

（五）老骥伏枥反思发人深省

谢克曼不仅在科学研究上取得了骄人的成绩，还为推动科学共同体的发展做出了突出贡献，并进行了深入的反思。从研究经历上看，他在 2006 ～ 2011 年担任著名学术期刊《美国科学院院报》的主编，2011 年以后开始担任生物医学和生命科学领域顶级开放获取期刊 *eLIFE* 的主编，积极推进开放期刊活动。

在获得诺贝尔奖之后，谢克曼在《卫报》的专栏中撰文抨击被学者们奉为至宝的三大期刊：《自然》《细胞》《科学》。谢克曼称他的实验室将不会再向这三大顶级科学期刊递交论文，就是因为这些期刊牵扯了太多科学以外的东西：出版商的利益、研究者的荣誉及基金申请等。《自然》《细胞》《科学》对于发表文章的篇数、篇幅都有严格限制且旷日持久，给年轻学者带来了很多不必要的压力。而且一旦这些期刊成为衡量科研水平的唯一标准，变成一种“奢侈品”，将导致学者的价值体系错位，使其不再将学术工作视作思想结晶，而仅仅是一种“商品”。此外，这些期刊的编辑脱离一线多年，难以真正遴选出高质量的论文。《自然》《细胞》《科学》扭曲了科学进程，鼓励研究人员进行一些华而不实的研究，而忽视了真正重要的研究工作。面对外界的质疑，谢克曼解释道：自己不过是站在一个老科学家的角度，凭一己之力来帮助那些科学界的年轻学者，不让他们沦为这个制度的“受害者”和“牺牲品”。

谢克曼提到的问题，在中国也有表现，如重视论文及影响因子等情况，都影响学术研究价值。因此，谢克曼的反思对于中国的现状来说，特别具有借鉴价值。

三、启示与建议

上文从个人特质与教育体制、科研布局与资助体系，以及科研评价及成功者反思等方面，结合谢克曼的个人研究经历做了分析和讨论，下面以此为基础，谈谈对我国科研发展的启示。

（一）重视教学改革，激发兴趣，提升创新能力

“只有偏执狂才能生存”，这是IT界的至理名言，出自英特尔前总裁葛鲁夫之口，却是对苹果公司总裁乔布斯的最好写照。其实成功人士都具有相同之处：充满激情，不懈地追求和探索。而正是对酵母菌的偏执使谢克曼获得了成功。这种素养正是我国很多学生所缺乏的。谢克曼在接受《文汇报》的访谈时曾这样评价中国留学生：“在我的实验室中，有很多中国学生，他们天资聪颖，后天勤奋，专业知识扎实，但似乎缺少了一点独立性，以及对未知领域的好奇心，但这种好奇心和独立性，恰恰是科学研究中必不可少的元素。这种缺失的弊端在研究的开始阶段尚不明显，但是到了研究的后期，随着研究的不断深入，你会越来越觉得孤独，越来越怀疑自己的能力和方向，没有这种近乎执拗的好奇心与独立精神，你很难攀登上科学的最高峰。”

中美教育的这种差异，其实很多留学生都感同身受。以清华大学1996级机电系的一位留学生为例①，他曾谈道：“首先，美国教育注重的是直觉（intuition）和感觉（sense），前者指思维方式，后者指在实践中具有对该学科的实际的概念。对于一个工科学生来说，背诵公式，然后再得出答案是technician（技术工）

① 由新浪博客用户第二书房李岩发布在其博客中（2012年10月19日）。文章作者系清华大学机电系1996级学生，发文时正在加利福尼亚大学伯克利分校攻读博士学位。

的思维方式而不是 engineer（工程师）。也就是说，只有技术工人才会去背公式和套公式，而工程师会用自己的直觉和方法。在美国，即使是物理系的训练方法也是给出一个物理现象，要求学生马上用直觉给出一种解释，然后再想办法用数学方法去证明。其次，中国强调竞争，而美国强调兴趣的引导。在中国，有限的教育资源和就业机会造成了极其激烈的竞争，绝大多数的学子是在为了竞争而竞争，每一个阶段前方的目标都是代表着某种机会的一些金光闪闪的名额。我们总是在这样永无休止的追逐中忘掉了自己，总是在达到目标的时候感到莫名的空虚。但是美国教育致力于最大限度地减轻学生的压力，最大限度地挖掘学生的兴趣，让大家都有一个愉快的学习环境，并且把很大一部分侧重点放在培养团队合作精神上。”无独有偶，一位从北京大学毕业的留美学生，也做了类似的描述：“我在美国学习的第一件事，是基本的讲和写；第二件事，是如何读文献；第三件事，是如何做一个自由的人……在美国上课，便要轻松得多。课堂上有问有答，老师如鱼得水，学生妙语连珠，彼此称兄道弟。美国学生一般没有中国学生知道得多，问的问题也天真；但好的学生往往能问出好的问题，让老师大大地引申一番、兴奋一场。和好的美国学生一起上课，仿佛是在看别人做有趣的猜谜游戏，自己因为预先知道了答案而只能旁观，心中充满了懊恼和羡慕。美国学生还有一个特色，就是他们十分热爱自己的专业，比如，学生物的学生从小便做野外观测，案头常常放着幼时自己亲手采来的标本，有的在假期依然重操旧业；学物理的学生十分熬得住，40 岁出头一无所有依然热忱不减。而决定中国学生所学专业的其实是高考分数和毕业分配，所以在这里一有风吹草动中国留学生们便纷纷跳槽转业。也许过多的知识让我们早熟了，失去了在科学上的童真和热情。”①

因此，改革教育体制和教学模式，重视研究兴趣的培养，对于中国高端人才的培养具有决定性的意义。

（二）加大支持力度，建立立体资助体系，形成集群效应

美国是全球最大的创新引擎。2011 年，美国在科研上投入了 3660 亿美元，而 27 个欧盟国家的总投入仅有 2750 亿美元。虽然我国的科研资金涨势迅猛，但美国在研发上的开支仍比我国高出 1 倍以上。以往的分析表明，全球生物医学研究和发展总投资的 70% ～ 80% 是由美国公共部门、美国的基金会和总部设

① 回声谷. 一个留美学生对北大的反思. 希望月报，2002,（09）:22-25.

在美国的公司赞助的，而其他研发大约只有1/3由美国赞助。生物医学研究作为整个医疗保健开支的一部分，美国对它的投资占其总投资的4.5%，这一数额比其他任何国家都高。即使是在2013年的诺贝尔生理学或医学奖获奖领域，美国并不是仅有那几个研究机构表现优异，而是具有整体的研究学科优势，这与美国的科研投入是分不开的，因此我国应继续加强科研支持力度。

从上文我们可以看到，美国已经在生物医学领域形成了包括工业界、美国国立卫生研究院、国家其他部门和地方政府、非国立卫生研究院、个人非营利性赞助等在内的立体研究资助体系。美国国立卫生研究院是世界上最大的生物医学研究投资方，承担风险基础科学的费用，之后的开发费用就由各个公司承担。比如，美国国立卫生研究院支付了单克隆抗体早期的研发费用。截至2010年，美国最畅销的20种药物中，有5种由此类研究支撑，从而形成了从基础研究到新商品开发的完整的发展路径。这是促进学科发展、形成集群效应的基础。

（三）尊重学术规律，改进评价机制，完善学术生态系统

谢克曼在接受《文汇报》采访时提道："我认为需要给年轻学者更多的研究自由，这些年，越来越多的中国留学生选择回国工作。在我和他们交流时，他们感慨在美国的研究更为开放和自由，而回国后却受到一些限制，很多项目的研究更多的是出于科研机构或某些特定的需要，而非他们最喜欢和最擅长的领域。可从我的研究经历看，最能激发我的创造活力的是我最感兴趣的领域和课题，而非别人告诉我该做什么，不该做什么。尽管这种限制并非强制手段，而是通过项目设置、科研经费、评定职称优先等手段进行诱导，但这或许将最终损害年轻学者的创造性。总之，从硬件条件上，未来二三十年间，中国将构建出足以实现诺贝尔奖的物质条件，但从软件看，如果中国希望构建一个高水平的科学家团体，就必须形成一个更为宽松、自由的学术氛围，以培养出更独立、更有好奇心的年轻学者。"①

我们可以看到，学术评价具有基本规律，但是科学共同体的运行机制并非尽善尽美，还有很多需要进一步完善的地方。即使是美国，据《科学》网站报道，最近美国国家科学院前院长和《科学》杂志前主编布鲁斯·艾伯茨、哈佛大学医学院系统生物学系的主发起者马克·克里斯纳（Marc W. Kirschner）、美国国立卫生研究院前院长和诺贝尔奖获得者哈罗德·瓦慕斯（1989年，哈罗德·瓦慕斯和迈克尔·毕晓普因为发现逆转录病毒致癌基因的细胞学起源而获得了诺贝尔生理学或医学奖）等四位学者，在《美国科学院院报》发表文章

① 赵博．不恰当的激励会损害科学研究．文汇报，2014-04-14（009）．

Rescuing US Biomedical Research from its Systemic Flaws（2014年第111卷第16期，第5773～5777页），认为美国生物医学研究正走在一条不可持续的道路，如果不进行根本性改革，将会导致长期衰退。但其中心思想是美国生物医学领域大量使用廉价劳动力的现象十分普遍，这一恶劣行径将给年轻科学家带来很大的伤害，呼吁应该对科研经费资助模式、人才培养的规模等问题提出一系列建议。文章主题思想是希望改善年轻学者的经济收入，优化生物医学科研领域的职业环境，降低职业压力，提高科研效率。

总之，在生物医学研究领域，我国除了面临和美国同样的问题之外，还有很多由于自身国情所导致的缺陷，这些都制约着我国生物医学领域的进一步发展。而尊重学术研究规律、改进评价机制、完善学术生态系统，是目前我国面临的最突出的问题。

案例 7 发现大脑“GPS”的挪威夫妇

——2014年诺贝尔生理学或医学奖获得者梅·布莱特·莫索尔、爱德华·莫索尔夫妇

获奖原因：我们如何知道自己的位置？我们如何从一个地方去到另一个地方？为何当我们在下次重复同样的路线时能够迅速查找到这些信息，我们的大脑是如何对它们进行存储的？2014年的诺贝尔生理学或医学奖获得者发现了大脑内的定位系统，一种大脑中内置的“GPS”，它能够让我们在空间中实现定位，揭示了高等认知能力细胞层面的机制。

研究价值点：2014年三位科学家因“发现构成大脑定位系统的细胞”而获得诺贝尔生理学或医学奖。三人中，包括约翰·奥基夫及他的两名徒弟爱德华·莫索尔、梅·布莱特·莫索尔，而爱德华·莫索尔与梅·布莱特·莫索尔是一对夫妻。莫索尔夫妇也是诺贝尔历史上第五对获得诺贝尔奖的夫妻。夫妻二人是挪威籍，海外留学后回国建立了自己的实验室，在欧盟研究委员会、卡夫利基金会、挪威研究理事会的资金支持下，十余年来一直致力于脑机理的前沿研究，获得巨大的研究成果后并未停止，目前仍在进行大脑机理研究。夫妻、师徒共获诺贝尔奖，其中的合作、继承关系值得研究。

◆ **国籍：**挪威
◆ **出生年份：**1963年（梅·布莱特·莫索尔）；1962年（爱德华·莫索尔）
◆ **获奖时年龄：**51岁（梅·布莱特·莫索尔）；52岁（爱德华·莫索尔）
◆ **标志性成果取得年份：**1998年
◆ **成果检验期：**16年
◆ **学科背景：**心理学、神经生理学（梅·布莱特·莫索尔）；心理学、神经生理学、数学、统计学（爱德华·莫索尔）
◆ **受教育经历：**1990年在挪威奥斯陆大学获得心理学学士学位；1995年在该校获得神经生理学博士学位；1996年在爱丁堡大学做博士研究员；1996年3～7月在伦敦约翰·奥基夫实验室做访问学者。
◆ **学术任职：**挪威科技大学卡夫利系统神经科学研究所和记忆生物学中心的创始主任
◆ **获奖时所属机构：**同属于挪威科技大学
◆ **获奖成果资金来源：**欧盟研究委员会、卡夫利基金会、挪威研究理事会

一、生活及研究经历

1. 生平与经历

梅·布莱特·莫索尔出生于挪威西海岸边一个名为福斯纳活格的小镇，家境困难，其父亲是一名木匠，有四个兄弟姐妹，她是家中最小的孩子。

从小在农场长大的梅·布莱特·莫索尔非常喜欢动物，曾立志成为一名医生。不过，由于成绩不佳，她未能如愿考上医学院，而是来到奥斯陆大学学习心理学。在奥斯陆大学，她与丈夫爱德华·莫索尔相识，并于1986年结婚。爱德华·莫索尔出生在一个德国移民家庭，其父亲是一个管风琴匠师。19世纪50年代，爱德华·莫索尔的父母从德国移民到挪威，最终定居在奥勒松，爱德华·莫索尔就是在那里出生的。

1995年，梅·布莱特·莫索尔和爱德华·莫索尔（简称莫索尔夫妇）同时获得了奥斯陆大学神经生理学博士学位，与此同时，爱德华·莫索尔还拿到数学及统计学、心理学的学位。获得博士学位后，莫索尔夫妇同赴英国爱丁堡大学做博士后研究。在英国留学期间，莫索尔夫妇曾在约翰·奥基夫的实验室中做访问学者，约翰·奥基夫是他们的导师。

1996 年，莫索尔夫妇回到挪威，在挪威科技大学任教并开始组建自己的实验室。2002 年和 2007 年，莫索尔夫妇先后创办了记忆生物学中心与卡夫利系统神经科学研究所，数十年来，莫索尔夫妇领导了一系列脑机理的前沿研究。

2. 获奖情况

2013 年，莫索尔夫妇与导师约翰·奥基夫共同获得霍维茨奖；2014 年，三人又因“发现构成大脑定位系统的细胞”共同获得诺贝尔生理学或医学奖。

二、值得关注的价值点和问题点

（一）研究热情和自由探索的精神

莫索尔夫妇分别在挪威两座不同的北极岛屿上长大，都出生于非学术家庭，大学时期同在奥斯陆大学求学，两人本都是学习心理学出身，后来都意识到自己真正的兴趣所在是神经科学及大脑科学方面的研究。

本科期间，莫索尔夫妇拜访了奥斯陆大学电生理学家皮尔·安德森教授，请求跟随他做本科毕业课题。皮尔·安德森当时正在研究大脑海马体，一个与记忆有关区域的神经元活动，莫索尔夫妇希望能够尝试将细胞的精确活动与动物行为联系起来。

由于两人都是学心理学出身，学科跨度较大，皮尔·安德森对他们的能力心存疑虑。不过，由于莫索尔夫妇对神经科学及大脑科学研究的热情和坚持，皮尔·安德森最终被他们打动，推荐他们做一个看似简单的课题——在保持小鼠对环境信息记忆能力的情况下，最多可以切除多少只小鼠大脑的海马体。

莫索尔夫妇接受了这项挑战。当时，科学家普遍认为海马体是同质的，但莫索尔夫妇却揭示了海马体的一侧在空间记忆方面要比另一侧重要得多。这一经历让他们意识到详细地解剖大脑工作的重要性。这一点后来在他们的职业生涯中被证明是无比宝贵的。

在莫索尔夫妇的博士论文答辩完成前，便收到了英国伦敦大学约翰·奥基夫教授的博士后研究员的职位邀请。20 世纪 70 年代，约翰·奥基夫就在小鼠大脑的海马体区域内发现了一种名为“位置细胞”的特殊神经细胞。这一研究领域非常热门，基于对这个领域的热情，莫索尔夫妇将全部心思放在这里，后来又回国建立了自己的实验室，数十年一直致力于该领域的研究，并领导了一系列脑机理的前沿研究。

在莫索尔夫妇组建的挪威实验室工作的中国学者张生家眼中，莫索尔夫妇非常勤奋，即使在挪威这种高福利、高享受的国度，他们依然坚持周末至少加一天班。张生家还举了一个例子，通常实验室工作人员发给莫索尔夫妇的电子邮件，大都在 5 ～ 10 分钟之内就能得到回复，即使是在晚上 12 点以后。

（二）配合默契的夫妇

据统计，自 1901 年诺贝尔奖颁发以来，历史上已有 4 对夫妇共同获奖，莫索尔夫妇则是第 5 对获奖的夫妇。

1903 年，玛丽・居里与其丈夫皮埃尔・居里因为证实镭的存在获得诺贝尔物理学奖；1935 年，居里夫人的长女伊雷娜・约里奥－居里和丈夫弗雷德里克・约里奥－居里因对人工放射性的研究而获 1935 年的诺贝尔化学奖；1947 年，卡尔・科里和妻子吉蒂・科里因一起发现糖代谢中的酶促反应而获诺贝尔生理学或医学奖；1974 年，贡纳尔・默达尔与哈耶克一同获得诺贝尔经济学奖，其妻子阿尔瓦・米达尔于 1982 年获得了诺贝尔和平奖。

不是每对夫妇都能轻而易举地在工作中和谐共处。莫索尔夫妇之所以能做到，很大程度上是因为他们都比较有耐心，而且有共同的兴趣——不仅是科学，还有其他爱好。两人都热爱户外运动：梅・布莱特・莫索尔隔天就要在海边住宅附近的小山上跑步，而爱德华・莫索尔周末会去徒步。两个人都对火山很着迷，攀登过全世界许多著名的高山，还在火山顶上订婚。

梅・布莱特・莫索尔曾说过，要想获得出色的工作成果，必须要有一流的同事，并且尊敬他们。作为同事，彼此之间的不同特点也会使共同的工作从中获益。在工作时，莫索尔夫妇摸索出了一些分工方式。比如，爱德华・莫索尔数学非常好，而梅・布莱特・莫索尔善于和人打交道，因此在工作中，爱德华・莫索尔主要负责计算和理论，梅・布莱特・莫索尔则负责管理实验室、工作人员及实验。他们平常只有一个人去参加各种会议，这样另外一个人就可以留在实验室。

爱德华・莫索尔说："我们各有所长。我们知道，把这些长处结合起来，就能大大提高研究效率，获得更多成果。"

在莫索尔夫妇挪威实验室工作的中国学者张生家也证明，莫索尔夫妇在工作中有不同的强项，有非常系统的分工，同时又能默契合作。梅・布莱特・莫索尔管理实验室的具体运转，爱德华・莫索尔主要专注于科学问题的提炼，但他们又经常交换意见和互换角色。

（三）站在前人的肩膀上

在 20 世纪 60 年代后期，人们发现大鼠脑内称为海马体的结构受损后，其对环境变化的知觉及在迷宫中导航等的空间能力受到影响。1971 年，约翰·奥基夫和约翰·多斯乔夫斯基通过对自由活动的大鼠的海马体进行单神经元电生理记录，发现海马 CA1 区存在一类细胞，仅在大鼠位于测试平台的某个位置和朝向时产生强烈的动作电位发放，这初步证明了海马体在空间感知中的作用。约翰·奥基夫等随后的研究进一步证实了这类细胞的存在，并称之为“位置细胞”。

1948 年，美国著名的实验心理学家爱德华·托尔曼提出了“认知地图”的概念。他发现大鼠在迷宫中能以更直接的、未经行为训练的新路线的导航到达特定位置。这意味着，大鼠并非通过一连串单纯的感觉运动解决空间导航问题，而是存在一种对于环境空间布局的认知过程。

约翰·奥基夫的发现首次为大脑中存在“认知地图”提供了神经生物学的证据，有助于超越当时“感觉-行为”反应这种过度简化的思维框架，转向从认知过程的角度观察动物的行为，并启发了很多后续研究。

1995 年，莫索尔夫妇来到约翰·奥基夫实验室做博士后研究员，跟随约翰·奥基夫学习体内电生理记录。此时，他们已经在世界著名的皮尔·安德森实验室攻读了博士学位，并接受过非常系统的传统电生理和神经解剖学训练，还在英国爱丁堡大学的查理·莫瑞斯实验室学习了空间记忆的行为学。此外，莫索尔夫妇还去美国亚利桑那大学，在布鲁斯诺顿实验室学习了多通道电生理记录。

这些科学的技术训练和日常的研究积累，都为他们后来的科学发现及获得诺贝尔奖奠定了坚实的基础。

无论是在皮尔·安德森实验室攻读博士期间，还是在理查德·莫里斯实验室与约翰·奥基夫实验室进行访问期间，莫索尔夫妇坚持致力于研究大脑内海马体的功能。

由于已经得知“位置细胞”的存在并有前人对海马体的深入了解，再加上莫索尔夫妇二人的导师正是在此领域有极高声望的约翰·奥基夫，他们自然而然地开始了大脑“GPS”研究。

在建立自己的实验室后，莫索尔夫妇便运用与其导师约翰·奥基夫使用的方法开始了有关海马体“位置细胞”的信息输入的有关研究，经过多年的努力，他们于 2005 年发现了“网格细胞”。

（四）创新成果检验期短

根据目前统计的数据，诺贝尔生理学或医学奖的平均成果检验期是 24 年，最短为 6 年，最长为 50 年。

莫索尔夫妇 2005 年发现“网格细胞”，2014 年与导师因“发现构成大脑定位系统的细胞”而同获诺贝尔生理学或医学奖，成果检验期仅为 9 年，创新成果检验期相对较短。

（五）优渥的经济资助

1996 年，莫索尔夫妇受挪威科技大学的邀请，回国就职于挪威科技大学特隆赫姆分校，并开始组建自己的实验室。起先他们必须要白手起家，在一间地下室里建立起自己的实验室，另外还要建立一个实验动物设施。但在短短几年之内，他们便得到了欧盟研究委员会的一笔巨额资助。2000 年，为了研究“什么是海马体内位置细胞的基础”，他们向欧盟研究委员会申请并获得了 3 年的经济资助。

2002 年 12月，他们还向挪威研究理事会申请了 10 年的拨款作为基础研究经费，并获得支持。

2002 年与 2007 年，莫索尔夫妇先后创办了记忆生物学中心和特隆赫姆神经计算研究中心，并领导了一系列脑机理的前沿研究。2007 年，已经 40 岁出头的莫索尔夫妇便获得了卡夫利基金会的资助并成立了卡夫利研究院，当时全球仅有 17 个这样的研究院。

卡夫利基金会是 2000 年卡夫利为了支持基础研究创建的。卡夫利基金会在全世界资助建立了 17 个大学的研究机构，例如，美国加利福尼亚大学圣塔芭芭拉分校的卡夫利理论物理研究所和斯坦福大学的卡夫利粒子天体物理及宇宙学研究所。

从 2008 年起，卡夫利基金会还发起了一个两年一次的奖项，评选天体物理学、纳米科学和神经系统科学领域的顶尖科学家，每位获奖者将获得 100 万美元的奖金。卡夫利基金会还资助了年度科学记者奖。

2012 年，在挪威研究理事会及欧盟研究委员会的 10 年补助结结束后，莫索尔夫妇又获得两个机构第二个 10 年的研究经费拨款。

莫索尔夫妇在诺贝尔颁奖典礼的演讲中提到，当时欧盟研究委员会资助的 10 年拨款刚刚结束，他们正在为实验室没有新的资金运行而担心。两笔资助解决了他们的资金难题。

（六）研究脚步并未停止

即便获得了发现大脑“网格细胞”这样巨大的成功，莫索尔夫妇并未停止对“网格细胞”的研究和探索。

目前，科学家们还无法弄清内嗅皮层内的神经细胞究竟是如何产生这种网格结构的，也不知道大脑内的位置细胞、网格细胞及其他类型的导航细胞所产生的信息究竟是如何被组织起来，如何帮助动物成功地从一个地点抵达另一个地点的。

随着研究的深入，莫索尔夫妇发现不同区域产生的网格也不尽相同。在靠近内嗅皮层背侧的区域，也就是接近内嗅皮层上部的地方，网格细胞将空间划分为由更为紧凑的六边形组成的网格。而从内嗅皮层的背侧向腹侧，随着网格细胞越来越靠下，它们所对应的六边形会一级一级地逐步变大。变大过程是阶梯式的，每一级都代表内嗅皮层的一小块区域，而每一级内的网格细胞所对应的六边形，大小都是一样的。

2015年，莫索尔夫妇发现了大脑中的另一种导航细胞——“速度细胞”，被评价为“大脑地图领域最后一块重要的拼图”。“速度细胞”是一组可以作为“速度计”的神经元，它们可以记录动物运动的速度，这些“速度细胞”不断更新大脑内的地图，帮助动物对周围环境进行定向。莫索尔夫妇的研究团队对“速度细胞”的研究仍将继续。

三、启示与建议

莫索尔夫妇1996年组建了自己的实验室，9年后的2005年获得“网格细胞”的研究成果，又经过9年的成果检验，于2014年同获诺贝尔奖。18年的时间里，莫索尔夫妇在大脑机能研究领域取得了领先成果。

在获得巨大研究成果的同时，莫索尔夫妇并没有停止脚步，而是继续探索。2015年，他们又对大脑有了进一步的了解——发现了“速度细胞”。可以说，如果没有对大脑机能研究的热情和执着，莫索尔夫妇不可能数十年如一日地致力于大脑机能研究，也就不可能发现“速度细胞”。纵观莫索尔夫妇的研究经历可以发现，从建立实验室至今的20余年来，他们只做了一件事——研究大脑。我国科学家如果想在相关领域取得重大突破，应该在找准兴趣和研究方向的基础上，专注于自己的领域，像莫索尔夫妇一样，致力于专业方向的研究。

除了研究热情及执着钻研外，站在巨人的肩膀上、师承关系、优渥的科研资金支持等外部条件也是必不可少的。

莫索尔夫妇的研究成果建立在导师及前人研究的基础上，如果没有他们的研究成果，莫索尔夫妇的大脑机能研究之路不会这样顺利。

优渥的科研资金支持也是莫索尔夫妇成功的关键。科研资金是支撑莫索尔夫妇实验室运行的基础和保障。需要关注的一点是，莫索尔夫妇获得的资助不仅数量多，而且年限长，欧盟研究委员会、挪威研究理事会的资金资助期限均为 10 年。反观我国的基金资助期限，一般是 3 ～ 5 年。以国家自然科学基金为例，虽然 2011 年对部分类型项目资助期限做了相应的调整，如地区科学基金项目、科学仪器基础研究专项等项目的资助期限由原来的 3 年延长为 4 年；重点项目的资助期限由原来的 4 年延长为 5 年；重大国际（地区）合作研究项目由原来的 3 年延长为 5 年等，不过与莫索尔夫妇获得资助的年限相比，仍有较大的差距。

案例 8　制药企业中的科学家

——2015 年的诺贝尔生理学或医学奖获得者威廉·坎贝尔（William Campbell）

获奖原因：威廉·坎贝尔和日本科学家大村智共同发现了一种名为阿维菌素的新药，在治疗盘尾丝虫症和淋巴丝虫病方面做出了贡献，从根本上降低了河盲症和象皮病的发病率。

研究价值点：威廉·坎贝尔在默克公司工作了33年，他的包括诺贝尔奖在内的很多研究成果都是在这一跨国制药企业中获得的。他不仅在科学领域取得了非凡的研究成果，而且勇于担当社会责任，主动放弃了药物的专利权，在和默克公司的共同努力下，伊维菌素被免费发放给超过10亿的患者，极大地提高了非洲、南美洲居民的生活质量，挽救了无数人的视力和生命。此外，威廉·坎贝尔与日本科学家大村智的合作得益于默克公司的全球化研究机制，在后期成果转化时遇到的一些阻碍也是因跨国企业与非政府组织的合作而得到灵活解决，此案例对于分析企业架构下的科学家跨国合作研究有一定的典型性。

- **国籍：**爱尔兰、美国双重国籍
- **出生年份：**1930年
- **获奖时年龄：**85岁
- **标志性成果取得年份：**1975年
- **成果检验期：**40年
- **成果所属领域：**微生物学
- **研究领域类型：**创新领域、实验研究
- **所属研究机构：**美国默克公司

一、生平与经历

威廉·坎贝尔于 1930 年出生在爱尔兰的多尼戈尔郡，从小生活在乡村，因为想为家畜治病而开始对寄生虫产生兴趣。他的父亲是一位农场用品杂货店店主。后来威廉·坎贝尔在大学给学生讲座的时候，一定会展示关于杂货店和他父亲的奶牛的照片，表明他来自哪里，因为这是他生命中非常重要的一部分。他的父母非常重视对孩子的教育，在威廉·坎贝尔 6 岁的时候，就由一位专业的女教师帮助他和兄弟姐妹一起学习。

1952 年，威廉·坎贝尔在爱尔兰都柏林大学圣三一学院获得学士学位。依靠富布赖特科学奖学金计划的资助，他来到美国威斯康星大学麦迪逊分校，并于 1957 年获得博士学位，其博士论文的研究内容是关于羊身上的一种寄生虫——肝吸虫。

1957 ～ 1990 年的 33 年间，威廉·坎贝尔一直都在美国默克公司（在美国与加拿大以外被称为默沙东公司）的研究所进行微生物相关治疗剂的研究，其间他曾专注于研究可以治疗马铃薯枯萎病的药物。历史上，这种真菌病害曾经给爱尔兰带来惨痛的灾难，1845 ～ 1852 年，爱尔兰因马铃薯枯死造成的严重饥荒，导致超过 100 万的爱尔兰人死亡。1962 年，威廉·坎贝尔发现了可以治疗马铃薯枯萎病的“噻菌灵”。这种杀菌剂是一种高效、低毒、低残留的内吸性杀菌剂，对许多植物的真菌病害都有很好的防治效果，因而沿用至今，同年他加入美国国籍，但并未放弃爱尔兰国籍。

1975 年，日本科学家大村智从土壤中分离出了很多新的链霉菌菌株，从中筛选出了 50 种最有前途的菌株，建立了大规模实验室培养方法，以分析它们产

生抗生素杀灭病原微生物的能力。默克公司从大村智处购买了这些链霉菌菌株，威廉·坎贝尔开始着重研究这些链霉菌产生的抗生素对寄生虫的杀灭作用。威廉·坎贝尔和同事发现其中一株链霉菌产生了一种大环内酯类抗生素，即阿维菌素，能高效杀灭畜牧动物和家养动物感染的多种寄生虫，这就是威廉·坎贝尔和大村智获得 2015 年诺贝尔奖的成果，即伊维菌素的前身——阿维菌素。

从 1984 年起，威廉·坎贝尔担任默克医疗研究所研发部的高级科学家兼主任，2002 年，当选为美国国家科学院院士。1990 ～ 2010 年，他是新泽西州德鲁大学的名誉教授。威廉·坎贝尔是 1951 年厄内斯特沃尔获得诺贝尔物理学奖之后事隔 65 年爱尔兰第二位获得诺贝尔奖的科学家（爱尔兰作家叶芝、萧伯纳和贝克特分别于 1923 年、1925 年和 1969 年获得了诺贝尔文学奖）。

得益于在都柏林圣三一学院本科就读时受到的人文教育，威廉·坎贝尔除了是一位杰出的科学家以外，还是一位诗人和画家。退休之后，他热衷于寄生虫的绘画创作，他说过，“我并不认为寄生虫是肮脏或是邪恶的，我认为它们有其独特的美”（图 4-4）。

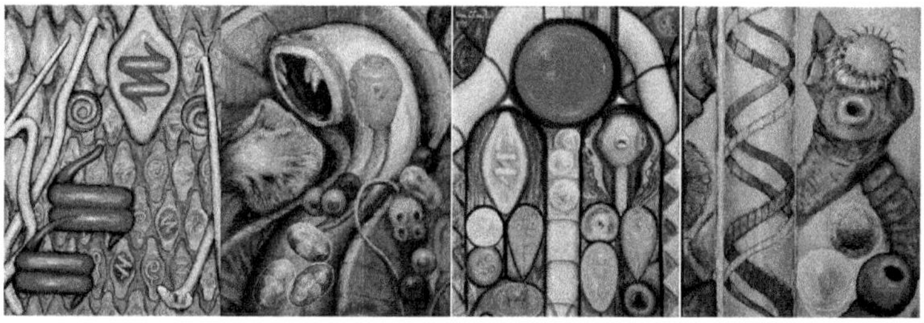

(a) 毛线虫属：鞭尾点科中线虫（作于1992年）　(b) 钩虫和线虫（作于1998年）　(c) 寄生中的窗口（作于1995年）　(d) 绦虫（作于1996年）

图 4-4　威廉·坎贝尔以寄生虫为主题创作的画作

二、值得关注的价值点和问题点

（一）产学联合的互利共赢：“买”来的诺贝尔奖

20 世纪 70 年代中期，威廉·坎贝尔是默克公司寄生虫部的一名科学家。从自然界中分离出可以培养的微生物，并从中分离出可以入药的化合物，这是当时新药研发的常规方法，青霉素最早就是这样被发现的。默克公司的研究人员与世界各地的研究机构合作，收集土壤样本，并从中培养、筛选和寻找新型抗微生物的活性物质。

和威廉·坎贝尔一起获得诺贝尔奖的另一位获得者是日本微生物学家大村智，他是一位分离天然产物方面的专家。他本科就读于日本山梨大学自然科学系，1960年进入东京理科大学理学研究院攻读研究生，之后进入东京北里研究所，1968年获得东京大学药学博士学位，是一位本科、硕士、博士三个阶段皆在日本国内完成的科学家。1971年，大村智来到美国康涅狄格州卫斯理安大学进行为期2年的访学。这次美国之行不仅使大村智在卫斯理安大学关于蓝菌素和白霉素的研究进展顺利，更为重要的是，其间他结识了默克公司的人士，为他和威廉·坎贝尔之后造福无数后人的合作研究打下了基础。大村智和默克公司商定了产学联合的合作方式，即企业提供资金、大村智提供技术和研究材料的一种企业与研究者双赢的模式，大村智所在的东京北里研究所成了默克公司分布在世界各地的合作研究机构之一。

寄生虫病在欧美发达国家的人群里已经很少见了，但是在欧美的畜牧业和宠物业，每年因牲畜得寄生虫病而造成的商业损失不下40亿美元，这对于制药企业来说是一个很大的市场。1973年3月16日，默克公司研究所所长萨雷特和东京北里研究所所长水之江正式签署产学联合的协议，开始展开关于消灭动物消化器官中的一种寄生虫——线虫的研究。

大村智专注于研究链霉菌，这是一类生活在土壤中的细菌，它能够产生包括链霉素在内的多种抗菌物质（赛尔曼·瓦克斯曼因发现链霉素获得了1952年的诺贝尔奖）。大村智非常擅长大规模培养、鉴定这些细菌，为了提取不同的微生物，他走到哪里都随身带着小塑料袋，以方便收集土壤做研究。

1975年的一天，大村智从静冈县伊东市川奈的一个高尔夫球场收集了一袋土壤，在实验室进行微生物培育。他从土壤样品中分离了链霉菌的新菌株，并成功地在实验室进行了纯培养（指只在单一种类存在的状态下进行生物培养），从数千种不同的纯培养中筛选了50种最有可能有药效的菌株。

作为研究的合作者，默克公司像往常一样收购了这些菌株，就像从世界各地收集的其他4万多个样本一样，这为很多像东京北里研究所的大村智一样的科学家提供了研究资金。当时身为默克公司寄生虫部门资深主管的威廉·坎贝尔带领科研团队对此进行了进一步研究，将其中一个编号为No.OS3153菌株的培养液用于一些常见的寄生虫，他们发现所有的寄生虫都被杀得一干二净。欣喜之余，他们从盛满培养液的烧瓶中取出几滴，放到另一个烧瓶里大量稀释之后，再用于那些寄生虫，结果还是把所有的寄生虫杀得一干二净。实验人员将这个已经稀释过的培养液又稀释了一次，得到的杀虫效果仍旧是一样的。由欣喜转为惊讶，威廉·坎贝尔连续将这个培养液的稀释过程重复了几次之后，发现它还有很强的杀虫效果。于是，威廉·坎贝尔确信无疑，这个土壤的培养液里一定存在着罕见的高效的抗寄生虫的化学物质。通过对该培养液里的菌种进行分离和纯化，威廉·坎贝尔找到了这些化学物质，将它们命名为阿维菌素，而这正是来自大村智从高尔夫球场收集来的土壤。

阿维菌素是通过发酵放线菌后提取菌丝得到的混合物，有四大类主要结构，其中 B1 类的活性最好。在随后的深入研究中，威廉·坎贝尔把阿维菌素家族的一员——阿维菌素B1 的一个不饱和碳碳双键进行氢化还原，做出了一个集中阿维菌素家族不同成员优点的新化合物，它不但化学稳定性很好，而且生物利用度也有提高，毒性也更低，这就是伊维菌素。

威廉·坎贝尔与他的团队将伊维菌素在不同的动物身上做试验——小鼠、大鼠、豚鼠、狗、雪貂，甚至是驯鹿，这样的谨慎不是没有原因的。“当你进行新药发现时，你必须要知道，许多时候你的工作并不能成功转化为药物。”幸运的是，这些试验都取得了成功，在多种动物身上，伊维菌素都能够有效地杀死寄生虫。

能够生产阿维菌素的放线菌非常罕见，自 1975 年发现阿维菌素的驱虫活性之后的 5 年间，科学家又从各种土壤样本中做了近 25 万次试验，都没有再发现这样的放线菌，直到 1999 年，意大利的一家实验室才找到第二个能产生阿维菌素的菌种。这样看来，如果默克公司不是碰巧“买”到了来自日本的那一小撮土壤样本中培育出来的放线菌，阿维菌素的发现不知又要推后多少年了。

（二）机制成熟的成果转化：“卖”得很好的诺贝尔奖

在伊维菌素被应用于杀灭动物体内的寄生虫之前，大多数驱虫剂只是有效地对抗某些寄生虫，这就要求兽医和动物主人应用多种药物并制订复杂的给药方案，治疗成本也居高不下。伊维菌素的出现改变了这一切，它拥有极其广泛的功效，也就是说，这种单一的药物可以杀死很多种不同的寄生虫，因此伊维菌素使利用单一药物治疗多种寄生虫、简化治疗方案成为可能。对有些寄生虫，伊维菌素甚至被证明对虫体的多个生活阶段都有效（如成虫和幼虫），使它成为打破寄生虫生活史的有力武器。更非同寻常的是，伊维菌素对杀死生活在宿主动物体内和体外的寄生虫具有同样的效果，且无论是口服、皮肤局部用药还是注射用药，它都可以达到杀死寄生虫的效果。

相比之下，之前的许多寄生虫药物必须皮肤局部用药以杀死外寄生虫，或口服用药杀死肠道寄生虫，伊维菌素的全身作用使它更容易杀死多种在不同寄生部位的寄生虫。此外，伊维菌素除了独特的全身功效之外，还具有持续的作用。它对动物身上的寄生虫的影响能持续很长一段时间，这就意味着药物不仅可以治疗当前的感染，还能够打破寄生虫的生活周期，从而帮助消除来自动物生活环境中的更广泛的寄生虫。更重要的是，它的效力达到了前所未有的规模，获得同样的疗效，只需使用以前其他药物剂量的 1/00 甚至是 1/1000 即可。寄生虫在牲畜的生产环境中曾经泛滥成灾，伊维菌素真正开启了一个新的、更具战略性的寄生虫控制时代。

1981 年，伊维菌素作为兽用杀虫药被投入市场，年销售额接近 10 亿美元，从 1983 年开始，成为世界动物用药冠军，并长达 20 多年给默克公司带来了巨额的收益，威廉·坎贝尔及其实验室因此获得了更多的研究经费。从 1975 年的一小袋土壤到 1981 年售卖的药品，默克公司在短短 6 年内就成功地完成了科研成果转化。同时因伊维菌素的专利收益，大村智为其研究所带来了共 250 亿日元的研究经费，此纪录至今无人能破，为之后大村智进行东京北里研究所的重建和北里研究所第二医院的建设提供了强大的资金支持。

伊维菌素是继双对氯苯基三氯乙烷（DDT，有机氯类杀虫剂）之后又一个为其发现者赢得诺贝尔奖的杀虫药品种，两者获得诺贝尔奖都是因为其在病害防治上的突出贡献。DDT 是因为防治疟疾，伊维菌素是因为防治非洲河盲症。不同的是，DDT 没有延续其神奇表现，在不久之后就因为残留严重超标而被禁止生产和使用；而伊维菌素则持续造福了在非洲和南美洲土地上生活的上亿民众。

一种新药的研发需要化学、病毒学、微生物学、临床医学、药理学等不同学科的很多位科学家的共同努力，在诺贝尔奖的荣誉面前，威廉·坎贝尔保持着谦逊的态度和对研究团队成员的尊重。“我只是做了一些微不足道的贡献，它恰好影响很大而已。”他在各种文章中反复提到，又在诺贝尔奖颁奖时明确指出，这一荣誉属于默克公司的整个团队。

（三）科学家的社会责任：“君子爱财，取之有道”

新药品的开发是从千万个有希望的候选样本中最终认定出安全有效的那一个，是万里挑一的过程，因此难免枯燥乏味。威廉·坎贝尔曾在访谈中说，关于阿维菌素的研究并不是最有趣的，也不是最令人满足的。在另一个场合，他也说过关于阿维菌素的研究是复杂而乏味的，但能够激励他继续前行的动力除了对科研工作的喜爱之外，更重要的是社会责任。威廉·坎贝尔在接受《爱尔兰时报》的访谈时提到，“科学研究的最大挑战就是要能从全球化的视角看待问题，简单而朴素地思考问题，并且适当地应对问题。忽视发展中国家的疾病的做法可能会是灾难性的。世界的一部分会影响到另一部分，我们在道义上尽义务照顾对方的同时，也会因此自然而然地照顾了自己，这是双赢的”。

尽管寄生虫病在欧美发达国家的人群里已经很少见了，但在人口众多、贫穷落后的第三世界国家，各种各样的寄生虫病依然严重地威胁着人们的健康。在撒哈拉沙漠以南的非洲国家，因为水源奇缺，部落民族一般都沿河而居，以利生息、农耕和放牧。然而在那一带的河水里繁殖的黑蝇大多携带着各种各样的寄生虫，河盲症、象皮病都是因此而来。对当地居民来说，他们没有很好的抗击各类寄生虫病的手段。水是黑蝇生存必需的物质，也是人类生存的源泉，只有在万不得已的情况下，他们才会因逃避黑蝇的侵袭，搬到远离水源的地方。有时候，整个村庄会因此搬迁，然后在远离水源的地方驻扎下来，但对他们来说，这只会意味着在更加贫瘠的土壤上过着更加贫困的生活。

1. 河盲症

河盲症因为多发于居住在河边的人群中，并会导致患者失明而得名。病因是一种被称为旋盘尾丝虫的寄生虫蚴。在河边作息的人被黑蝇叮咬后，旋盘尾丝虫蚴便被注入体内，开始了在人体内的寄生周期，虫蚴在患者的皮下慢慢地长大，最长的成虫可达2尺[①]，成虫可以在人体内存活15年之久。它们聚集于皮下，使患者奇痒无比，甚至抓破皮肤至血肉模糊都无济于事，而随之引发的感染甚至可以夺去一些人的生命。此外，成虫产出的幼虫，可以在人体内转移到角膜，导致失明。因为通常需要数次叮咬才能致病，短期旅游的外国人感染很少，本地人居多。1970 年，世界卫生组织的工作人员在非洲统计流行病的时候发现，在非洲西部的一些地域，有 10% 的人口，其中包括接近半数的 40 岁以上的成年男人，都是盲人。另外 30% 的总人口都有不同程度的视力问题，大多数年幼的孩子都有剧烈的皮肤瘙痒、皮肤结节、皮肤脱色等症状，受影响的国家大约有 36 个，近 2 亿人口生活在此病流行的地区。

2. 象皮病

象皮病又称血丝虫病，一般的传染途径是蚊虫叮咬。血丝虫幼虫在人体的

① 1尺≈0.33米。

淋巴系统内繁殖使淋巴发炎肿大，严重的患者会出现下肢、生殖器严重水肿，且皮肤增厚现象，最后形成像大象腿一样的可怕外观，所以称为象皮病。这种病引发的社会歧视则让患者进一步被孤立，丧失得到治疗的机会。据世界卫生组织2012年的统计，全球的血丝虫病主要集中在非洲和南美洲地区，影响了1.2亿人口，10亿人有感染的风险，覆盖范围超过73个国家。

1978年，威廉·坎贝尔在实验过程中发现伊维菌素可以很好地杀死马体内的线虫——马颈盘尾丝虫，这种线虫同引起人类河盲症的线虫旋盘尾丝虫都属于盘丝属的线虫，亲缘关系非常接近。于是威廉·坎贝尔推断，这种药物或许也可用来消灭引起人类河盲症的线虫。

这个在控制河盲症方面非常有前途的研究，在实际进行中却面临着非常大的困难。对于默克公司来说，关于人用伊维菌素的研究是很难赚钱的，因为那些有钱购买药品的发达国家的人一般不会感染这种寄生虫（如去非洲短期旅行或工作的人），而长期生活在非洲感染了寄生虫的当地民众却无钱购买该药品。

1978年，默克公司的销售额达到了19.8亿美元，净利润则达到了3.07亿美元。然而默克公司进行产品研发的成本也十分庞大。在当时，平均需要12年的时间及2亿美元的投入，才能带来一种畅销新药的上市。1975～1978年，默克公司已经投入了近10亿美元用于产品研发。是否应该在一个明确知道不会赚钱的新药开发项目上继续投入，一方面是公司持股人合理合法的利益，另一方面是非洲上千万人的视力和健康，这确实是个两难的抉择。

默克公司当时的总裁是罗伊·瓦格洛斯，他不仅是一位杰出的科学家，还是美国国家科学院、美国艺术与科学院、美国国家医学院三院的院士。即使作为一位应当为股东和投资人赚取利润的首席执行官，他也没有忘记自己身上肩负的社会责任。在同威廉·坎贝尔商量之后，罗伊·瓦格洛斯批准继续投入公司资金、科研资源用于人用的伊维菌素的开发。

进一步的研究表明，伊维菌素虽然不能杀死人体内的盘丝尾虫成虫，但是可以抑制、杀死成虫繁殖的幼虫。也就是说，伊维菌素可以解除患者皮下剧烈的瘙痒，还可以使早期的患者免于失明的痛苦，但不能使视网膜已被破坏的晚期失明患者恢复视力。

1987年，威廉·坎贝尔和大村智主动放弃了药物的专利权；同年，默克公司也将自己生产出来的阿维菌素通过世界卫生组织无偿提供给非洲疫区，2015年已将超过20亿剂的此药品免费供给非洲近10亿的患者。

纵观诺贝尔奖的历史，诺贝尔奖很多次被授予了促进药物研发的基础研究和技术发明（共 13 人获奖），但仅有 6 次直接授予了药物发明者。无独有偶，青霉素这一拯救了无数生命的药物为其发明者亚历山大·弗莱明带来了诺贝尔奖，但他拒绝申请专利，他说："为了我自己和我一家的尊荣富贵，而无形中危害无数人的生命，我不忍心。"可见这些获得诺贝尔奖的科学家的社会责任感之强。

2015 年，威廉·坎贝尔在接受采访时说，科研工作并非为了获得奖项和荣誉，扎扎实实地研究，将取得的成果应用于社会才是自己奋斗的目标。

（四）大胆的善举背后：灵活高效的解决方案

在人用伊维菌素的研发过程中，默克公司的科学家非常小心谨慎地进行证实。1981 年 2 月 24 日，第一例伊维菌素人体临床试验开始于塞内加尔的达喀尔，结果发现伊维菌素确实对抑制盘尾丝虫有很好的效果。但当默克公司想要在非洲进行更多的临床试验时，许多非洲国家的政府和人们都开始怀疑此举的动机，认为默克公司有可能是在利用非洲人体做危险的实验。面对这样的误解，他们向最熟悉非洲河盲症情况的世界卫生组织提出请求，寻求其支持和帮助。

最初，世界卫生组织对这种不能杀死盘尾丝成虫的药物并不感兴趣，因为他们正在非洲进行着另外一个控制河盲症的项目，即通过黑蝇杀虫剂的使用，希望从源头上阻断河盲症的传播，这个项目自 1974 年起已经进行了 7 年，取得了一定的效果。但这一项目的实施者发现，他们可以杀死黑蝇，却无法杀死人体内已经有的盘尾丝虫，感染了盘尾丝虫的患者仍然会无可阻挡地逐渐失明，而且随着黑蝇的抗药性的增强，杀虫剂的效果变得越来越差。此时，开发出一种可以杀死患者体内线虫的新型药物的需求变得十分强烈。

威廉·坎贝尔和默克公司用翔实的试验数据和良好的试验结果说服了世界卫生组织，1982 ～ 1986 年，默克公司的穆罕默德·阿齐兹博士及其科研团队和世界卫生组织的工作人员一起远赴非洲，在塞内加尔开始了小规模的安全评估与临床试验，其结果令人鼓舞，试验也很快扩大到马里、加纳、利比里亚、乍得等国，取得了良好的效果。

1986 年，对人用伊维菌素的研发取得了突破性进展，然而这离让非洲的数千万名患者能够真正服用到这种药还有很长的路要走。在默克公司决定将伊维菌素用于人类河盲症的治疗之后，面临的第一个问题就是政府的批准。由于河盲症仅发生在撒哈拉沙漠以南的非洲国家和少数拉美国家，美国没有病例，所以，河盲症不是美国食品药品监督管理局注册的疾病，因而将伊维菌素用于河盲症无法在美国申请报批。面对这样的问题，作为一家跨国公司，它想出了灵活的解决办法，即在旅居法国的非洲移民中有少数河盲症的病例，因而可以在法国医药管理部门进行注册，于是问题得以灵活的解决。

1987年，伊维菌素获得法国相关部门的火速批准，这可能是制药史上审批最快的——从申请到审批，只用了两天时间。伊维菌素之所以这么快地被法国政府审批下来，是因为饱受河盲症之苦的这些国家大多都是或曾是法国的殖民地。直到1996年，伊维菌素才获得美国食品药品监督管理局的批准，此时它已经拯救了无数河盲症和象皮病患者的视力与生命。

伊维菌素想要进入非洲市场，面临的第二个问题就是定价。因为尽管有了动物用伊维菌素的生产基础，人用药的生产成本已经大大降低，伊维菌素可以较为廉价地生产，但其价格仍远高于非洲患者可接受的范围。虽然当时美国国会也通过法案鼓励制药公司对稀有病症进行研究治疗，例如，1978年制定了新的立法，许可制药公司可以获得税收上的优惠，以及7年的专营权利，但是条件是必须生产那些患者不超过20万的美国罕见病的治疗药物。由于河盲症不是美国食品药品监督管理局注册的疾病，这些优惠政策并不适用人用伊维菌素的生产。默克公司也联络过一些国际基金、国际组织、第三世界国家，希望有国家或非政府组织能为此买单，但都因资金缺口太大而无功而返。

治疗寄生虫疾病，不仅是对本区域、本民族、本国的社会责任，更是在全球化视野下对于发展中国家的社会责任。1987年10月，威廉·坎贝尔和大村智主动放弃了药物的专利权，同时默克公司的首席执行官罗伊·瓦格洛斯也宣布了一个大胆的决定：只要患者有需求，无论需要多少，无论需要多久，默克公司都会无偿提供伊维菌素。

这种免费慈善行为的背后也面临着不少问题。有人担心因为人用伊维菌素同样可以作为兽药使用，若有利欲熏心之人将药品截留、进入黑市，不仅会使真正的患者得不到药物，而且也会大幅冲击兽用伊维菌素的销售和利润。也有人担心如果默克公司破坏“行规”开了免费赠药的先河，以后其他制药公司会不会被公众道德绑架，也被要求必须这样做，如此无利可图，其他药厂是否还会继续进行类似疾病的新药研发？如果答案是否定的，免费送药虽然解决了当下的燃眉之急，却堵上了未来更多新药的问世道路。还有人担心，作为免费药品，若疏于监管，在疫区使用不当，万一出现问题反而会影响默克公司的声誉。

默克公司明白，要将免费药品分发给分布在35个国家的数以百万人的手中，这其中很多人又生活在那些极其偏远没有现代通信和交通手段的地区，仅靠自己的力量是不行的。从1988年开始，默克公司与世界卫生组织、美国卡特基金会、世界银行等国际机构、民间组织及当地政府合作，在众多志愿者的参与下，成立了伊维菌素捐赠项目，建立了从默克公司到国际组织、国家、城市、乡村、志愿者直至村民的庞大网络，使得治病救人的药片可以投放到所需要的每一个地区和个人手中。整个项目的有效运行得益于默克公司和各类合作组织有条理的分工合作，由默克公司负责伊维菌素的生产、运输、发放和指导使用，而由国际机构、民间组织和当地政府负责信息的收集、传播、教育、沟通和监督，每一个环节都有相应的计划安排，保证项目高效和可持续地运转。

正因为非洲国家和亚洲也存在门丝虫病与河盲症共存的情况，在1998年默克公司便开始将伊维菌素捐赠项目扩展到对丝虫病的治疗。粗略统计，默克公司免费发放的伊维菌素已累计超过20亿剂。仅2012年一年，就有大约2.5亿人服用此药。河盲症的有效抑制，也使得非洲居民又可以沿河居住，荒地得以重新耕种，农业恢复，据估计增产了近1700万人的口粮。

2016年已是默克公司免费发放药品的第29个年头，哥伦比亚、厄瓜多尔和墨西哥3个国家已得到了世界卫生组织的认证，确认河盲症已彻底清除。世界卫生组织预测，河盲症在2020年前后将有可能从地球上绝迹，可以说，这是继牛痘灭绝天花之后，人类医药史上的又一个伟大成就。

三、启示与建议

在人类控制河盲症及其他寄生虫病方面，科学家、科研机构、制药公司、公益组织、政府等都发挥着相互无法替代的重要作用。通过在大学等科研机构的学习，科学家打下扎实的研究基础；社会责任感成为激发科学家长期而持久进行科研的动力；企业为其研究提供了大量的资金及跨国合作的平台，和谐的企业内部文化可以帮助不同学科的科学家更容易地开展交流与合作，不以发表论文数量作为唯一衡量手段会鼓励科学家沉下心来务实研究，企业成熟的成果转化机制则能高效地产出收益，进入下一个良性循环。

四、讨论：研发还是并购？——企业获得科研成果的两个途径

本案例中，在瓦格洛斯执掌默克公司的年代，每年公司收入的 8% ～ 15% 都会用于研发。在他担任默克公司总裁的第一年里，研发投入占总投入的 13%，在随后两年的时间里这个数字增加到 18%，总体来说，这个数字呈明显上涨趋势。这也为公司旗下的科学家威廉·坎贝尔获得诺贝尔奖打下了坚实的资金基础。

但 2010 年以后，包括默克公司在内的很多制药公司的研发投入逐年递减，究其原因，这些大公司在慢慢放弃前期研究，而专注于从小公司购买具有上市潜力的半成品，希望利用其对市场的控制优势，利用成果转化的成熟机制完成最后的冲刺。

一些人表示这是制药企业为了应对当下制药行业研发投入产出比逐步下降的一种多元化的研发方式，改变传统的研发思路，取消大规模团队的前期基础研发，由“小团队 + 外包 + 虚拟研发”这种更有效率的方式取而代之。另有一些人则表示，现在一些企业的做法可能跟医药行业的总体趋势没有关系，更多的是公司的短期策略导向。大企业要获得长远发展不能完全依赖于购买产品或第三方研发。

案例 9 “青蒿素之母”

——2015 年的诺贝尔生理学或医学奖获得者屠呦呦

获奖原因：千百年来，寄生虫病始终困扰着人类，并一直是全球重大医疗健康问题之一，对世界贫困人口的影响尤其严重。2015年的诺贝尔生理学或医学奖获得者在最具破坏性的寄生虫疾病防治方面做出了革命性的贡献。其中，屠呦呦因第一个发现青蒿素对疟疾寄生虫有出色疗效而获奖。

研究价值点：屠呦呦因发现青蒿素，而被誉为“青蒿素之母”。她发现青蒿素的过程离不开国家“大科学”的协作，也离不开屠呦呦个人在科研过程中的执着坚持和创新精神。中国是首个发现青蒿素抗疟作用的国家，也是首个成功分离提纯青蒿素的国家，但因未能及时申请发明专利进行知识产权保护，从而失去了从应用广泛的青蒿素类抗疟药物市场中获得垄断利益的机

会，在激烈的国际市场中也未能站在青蒿素类抗疟药物产业链的高端，其中引发的发明专利和知识产权保护问题，值得探讨。

- **国籍：** 中国
- **出生年份：** 1930年
- **获奖时年龄：** 85岁
- **标志性成果取得年份：** 1972年
- **成果检验期：** 43年
- **成果所属领域：** 生物医药
- **研究领域类型：** 创新领域、实验研究
- **所属研究机构：** 中国中医科学院中药研究所

一、生平及教育经历、工作经历

（一）家庭背景及教育经历

1930 年，屠呦呦出生于浙江省宁波市一个殷实的家庭，父亲是银行职员，母亲是家庭妇女，父母育有四子一女。5 岁时，屠呦呦被父母送入幼儿园，1 年后进入宁波私立崇德小学初小，11 岁起就读于宁波私立西小学高小，13 岁时就读于宁波私立器贞中学初中，15 岁起就读于宁波私立甬江女中初中。1946 年，16 岁的屠呦呦不幸染上了肺结核，被迫终止学业。1948 年 2 月，休学两年病情好转后，屠呦呦以同等学力的身份进入宁波私立效实中学高中就读；此时她便萌生出“治己救人”的朴素愿望，并对医药学渐生兴趣。1950 年，进入宁波中学就读高三。1951 年，屠呦呦考入北京大学，在北京大学医学院药学系学习，专业是生药学。大学 4 年期间，屠呦呦努力学习，取得了优异的成绩。在专业课程中，她对植物化学、本草学和植物分类学有极大的兴趣。1955 年，从北京医学院（今北京大学医学部）药学系本科毕业。

1959 年 10 月至 1962 年 2 月，屠呦呦脱产参加卫生部全国第三期西医离职学习中医班，系统学习了中医药知识，这为她后来从事中医药研究打下了坚实基础。

（二）研究及工作经历

大学毕业后，屠呦呦去往卫生部中医研究院（现中国中医科学院）中药研究所工作。

1956年，全国掀起防治血吸虫病的高潮，她对有效药物半边莲进行了生药学研究；后来又完成了品种比较复杂的中药银柴胡的生药学研究。这两项成果被相继收入《中药志》。1959～1962年，参加卫生部下达的中药炮制研究工作，是《中药炮炙经验集成》一书的主要编著者之一。1969年，中国中医研究院接受抗疟药的研究任务，即“523”项目，此时的屠呦呦担任了科技组组长。1972年，屠呦呦和她的同事在青蒿中提取出青蒿素。1972年，屠呦呦在南京“523”项目工作会议上报告了实验成果。1973年，为确证青蒿素结构中的羰基，合成了双氢青蒿素。1978年，“523”项目的科研成果鉴定会最终认定青蒿素研制成功，按中药用药习惯，将中药青蒿抗疟成分定名为青蒿素。1979年，任中国中医科学院中药研究所副研究员。1980年，被聘为硕士生导师。1985年，任中国中医科学院中药研究所研究员。1992年，因青蒿素成本太高且难以从根本治疟疾等缺点，她发明出双氢青蒿素（其抗疟疗效为前者10倍的“升级版”）。2001年，被聘为博士生导师。2009年，编写的《青蒿及青蒿素类药物》出版。

（三）获奖情况

1978年，青蒿素抗疟的研究课题获得全国科学大会“国家重大科技成果奖”；1979年，青蒿素的研究成果获得了国家科学技术委员会授予的国家发明奖二等奖；1984年，青蒿素的研制成果被中华医学会等评选为“建国35年以来20项重大医药科技成果”之一；1986年，“青蒿素”获得了一类新药证书；1992年，双氢青蒿素被国家科学技术委员会等评为“全国十大科技成就奖”；1992年，“双氢青蒿素及其片剂”获一类新药证书；1997年，双氢青蒿素的成果被卫生部评为“新中国十大卫生成就”；2003年，“双氢青蒿素栓剂”、青蒿素制成口服片剂获得新药证书；2011年9月，青蒿素研究成果获拉斯克奖；2011年11月15日，中国中医科学院在北京举行了2011年科技工作大会，会上授予了屠呦呦中国中医科学院杰出贡献奖；2015年，获诺贝尔生理学或医学奖；2016年4月21日，其入选为《时代周刊》公布的2016年度“全球最具影响力人物”。

二、值得关注的价值点和问题点

（一）执着于自己的兴趣，只做喜欢的事

屠呦呦在宁波中学时的同学回忆，她为人低调，但是读书很认真，属于默默无闻型。屠呦呦的家乡人也介绍，屠呦呦在班上不声不响，经常上完课就回家，成绩中上游，并不拔尖，但她有个特点："只要喜欢的事情，就会努力去做。"

1951 年，屠呦呦考入北京大学医学院（即现在的北京大学医学部），就读的专业却是冷门专业——药物学系生药专业。因为她认为生药专业最可能接近探索具有悠久历史的中医药领域，符合自己的志趣和理想。

1959 年，屠呦呦应邀参加了卫生部召开的全国第三期西医离职学习中医班，全面地学习了近两年半的中医药学知识。在诺贝尔奖颁奖典礼上，屠呦呦也在获奖演讲中提到了这段经历，她感慨"当抗疟项目给我机遇的时候，西学中的序曲为我从事青蒿素研究提供了良好的准备"。

感受到中医理论与临床实践相结合的重要性后，屠呦呦还根据自己的专业，深入各家药材公司，虚心向有着多年工作经验的老药工学习中草药的鉴别方法和炮制技术，回来后逐一进行总结和提炼。慢慢地，她就对药材的品种、质量及炮制技术有了更进一步的认识。

纵观屠呦呦的研究经历可以发现，在数十年的研究生涯中，她一直致力于中医药领域的研究，其是支撑她前进的动力，与她本身对中医药的兴趣和志向有不可分割的关系。

（二）团队合作的力量，"大科学"的幸运儿

青蒿素项目研究立项于 1967 年 5 月 23 日，俗称"523"项目。这个项目针对防治疑难疾病，由国家立项成立。为了完成这个项目，国家成立了协作办公室，在全国动员了 60 多个科研单位的近 500 名科研人员参加，当时 39 岁的屠呦呦出任科技组组长。

1969 年，中国中医科学院中药研究所的屠呦呦小组与军事医学科学院协作，共同查阅了大量古今文献，选出出现频率高的近百个中药与方剂，经水煎、醇提后，通过实验发现青蒿提取物曾出现 60% ～ 80% 的抑制率。在军事医学科学

院的帮助下，屠呦呦小组建立起鼠疟实验动物模型，由中国中医科学院中药研究所单独进行后续研究。

1971 年下半年，屠呦呦团队从葛洪《肘后备急方》使用青蒿不用水煎而用水渍绞汁服用中得到启发，改用沸点低于乙醇的乙醚以提取有效部位，取得了鼠疟近期抑制率近 100% 的效果，临床观察也取得了满意的疗效。这一进展对青蒿的深入研究和青蒿素的发明具有十分重要的意义，它开启了青蒿素研发的大门。后来，他们又从青蒿中提得单体青蒿素Ⅱ，就是后来的青蒿素。

在屠呦呦团队的启发下，山东、云南协作组相继从本地产的黄花蒿和大头黄花蒿中提得黄花蒿素和黄蒿素，云南还发明了溶剂汽油法取得了大量结晶，供中国中医科学院中药研究所验证。而接下来的临床验证，则由李国桥小组在海南、云南的高疟区完成。

青蒿素研发成功的事实证明，如此重大的研发任务，单靠一个单位、一两位科技人员是无法完成的，这是我国多专业、多学科、众多科技工作者密切合作大力协同的结果。

1981 年，卫生部副部长黄树则在总结“523”工作时也表示：“‘523’工作的特点是部门多，地区广，任务相互联系，工作互相衔接；把科技人员，各专业、现场和实验室，生产和使用、科研和防治等有机结合起来，有组织、有计划、有步骤地开展工作，是‘523’多、快、好地完成科研任务的关键。只有在大协作中，才能真正做到思想上目标一致，计划上统一安排，任务上分工合作，专业上取长补短，技术上互相交流，设备上互通有无，彼此互不设防，一方有困难，大家来支援，团结协作。”

（三）个人特质：坚持不懈、不畏艰难、以身试药

在发现青蒿素之前，中美两国的抗疟研究已经经历多次失败。在受到启发采用乙醚提取时，屠呦呦经过 191 次实验，最终才发现了真正有效的成分。

屠呦呦的同事、中国中医科学院中药研究所原所长姜廷良研究员在接受采访时说，为了保证患者的用药安全，在由动物实验向临床实验过渡时，屠呦呦还带头与课题组同志一起自身试服，验证青蒿素的安全性。为了取得第一手临床资料，她亲赴海南高疟区，奔走在高温酷暑之下，亲自喂患者药物，并整日守在病床旁边观察患者的反应及疟原虫血片检查的结果，终于在极困难的情况

下取得了首次 29 例患者痊愈的成功案例。

屠呦呦年幼时感染过一次较轻的间日疟，后来又长期在艰苦的条件下从事药物试验并以身试药，因受乙醚等有机溶剂的毒害而曾患中毒性肝炎，后来她的身体状况一直都不太好，体质较差，血象指标偏高，晚年时听力和视力都不好，尿糖偏高，腰部疼痛需要手术治疗。

屠呦呦的爱人李廷钊接受采访时证实："那时候，她脑子里只有青蒿素，整天不在家，没白天没黑夜地在实验室待着，回家满身都是酒精味，还得了中毒性肝炎。"

（四）继承与创新：传统中医基础上的科学创新

屠呦呦发现青蒿素，是在全面继承传统的基础之上，加入自己创新的灵感，利用现代新兴的科技手段来实现中医药的创新和发展的过程。

加入"523"项目后，屠呦呦在开始的 3 个月里，查阅了历代中医药防治疟疾的医著，从有关的 2000 多个方药中筛选出 640 个方药，汇编成《抗疟方药集》。她依照化学药筛选的思路，把精力逐渐集中在常山、胡椒、辣椒加明矾等对鼠疟抑制率较高的药物上。

前人的经验教训可以转化成解决当今疑难问题的智慧和谋略。譬如青蒿，在我国已有 2000 多年的应用历史，从《神农本草经》的"青蒿杀虫"，到《肘后备急方》的"青蒿治寒热诸疟"，再到《本草纲目》的"青蒿治疟"，从单味药到复方，如《圣济总录》治瘴疟的"常山饮"等，这些先哲文献为筛选青蒿并从中提取到有效单体奠定了可贵的临床基础。屠呦呦在读《肘后备急方》中的"青蒿一握，以水二升渍，绞取汁，尽服之"时，灵光一现，获得启发。之后便改用低温乙醚提取，经过不断试验，最终于 1971 年 10 月获得乙醚中性提取物。

三、思考与讨论

（一）争议：谁最先发现青蒿素？

中国的"青蒿素"成就引人瞩目，关于青蒿素到底是谁先发现的却存在争议。这既有历史背景的缘故，也有认识上的局限。

根据当时的规定，发表有关青蒿素研究的很多文献都是不署个人自己的名字，作者都是协作组。不标明作者对以后确定科研工作的功劳带来较大困难，这也是青蒿素成就归属有争论的原因之一。

另外，当时的“523”项目是一个大规模合作项目。在统一规划下，全国各地的“523”项目组分为临床研究协作组、中医药协作组、化学合成药协作组，各个协作组的研究人员在任务上分工合作、专业上取长补短、技术上互相交流、设备上互通有无。屠呦呦加入的是中医药协作组，主要任务是查阅文献，深入民间，寻找治疗疟疾的秘方和验方，采集中草药样品，有时还在疫区就地试用观察。

1978年，“523”项目的科研成果鉴定会认定：青蒿素的研制成功，“是我国科技工作者集体的荣誉，6家单位各有各的发明创造……”在这个长达数页的结论中，只字未提发现者，只是含糊地说：北京中药所。

拉斯克奖是由美国设立的，被公认为世界医学科学中基础医学、临床医学和公共服务的最高奖项，大家都认为它是诺贝尔生理学或医学奖的风向标。屠呦呦获奖的理由是：“发现青蒿素——一种用于治疗疟疾的药物，挽救了全球特别是发展中国家的数百万人的生命。”拉斯克奖评审委员会的评价是，屠呦呦及其领导的团队将现代技术应用于中国的传统中医师们留下的遗产，并将其最伟大的内容带入了21世纪。他们提出了三点依据：一是何人首先把青蒿素带到了“523”项目组；二是何人提取出有百分百抑制力的青蒿素；三是何人进行了首次的临床实验。拉斯克奖评审委员会成员、斯坦福大学教授露西·夏皮罗说：“青蒿素这一高效抗疟药的发现在很大程度上归因于屠呦呦及其团队的洞察力、视野和顽强的信念。”李国桥认为：“虽然青蒿素在我国是一个集体发明，但是屠呦呦教授却是青蒿素发明第一人，这一成就在国内也是被认可的。因为没有屠呦呦的工作，就没有我们接下来的研究。”

有质疑的声音认为，后来有科研人员研制了比屠呦呦更为完善的多个青蒿素复方，因此屠呦呦应与后者一起享有青蒿素的发明权。有学者认为，这是不懂科学发现评价标准的表现。该学者还以莱特兄弟发明飞机一事为例，说明科研团队中每个人的贡献都是不可能等同的，不能否认团队中核心人物的突出贡献：“当初莱特兄弟发明的飞机何其简陋，但这并没有妨碍他们被称为‘飞机之父’，而后来他人造出的飞机远远比莱特兄弟完善，但是这是站在巨人的肩膀上取得的成就，因此其重要性与莱特兄弟不可同日而语。”

总而言之，屠呦呦在发现青蒿素过程中所做的贡献，是一种“无中生有”的原创性创新。后来罗泽渊、李国桥等的工作也是在她的研究发现的前提下进行的，相比屠呦呦的研究过程要容易得多。

（二）“三无”科学家？

屠呦呦 1 次参评中国科学院院士，3 次参评中国工程院院士均未果。有评论指出，正是中国医药界尊复方药研究为主的现实让她多次与院士失之交臂。

也有人认为，屠呦呦无法当选院士与是谁最先发现青蒿素者的争议有关。香港大学教授金冬雁曾做过相关分析，发现大家对青蒿素过程中的关键性贡献有所争议，因此在评选院士过程中，屠呦呦在学术同行中声誉不高且屡次遭到举报。

另外，《中国工程院院士增选工作实施办法》中提到，候选人年龄原则上不超过 65 周岁。超过 65 周岁的候选人，获得 6 位院士提名即为有效，本学部院士不少于 4 位。年龄超过 70 周岁的候选人被提名次数仅限 1 次。这也意味着，已经 85 岁的屠呦呦可能因为年龄限制，很难当选院士。

美国的院士选举方法与中国有很大不同。中国科学院和中国工程院外籍院士、哈佛大学教授何毓琦在接受采访时指出了中美两国选举院士时的三大不同。

一是整个选举过程完全保密，只考虑其学术水平和贡献。“为了避免个人难堪或麻烦，从提名到选举，在近一年的时间里，美国科学院、美国工程院的院士选举全程保密，只有院士参与，候选人也不应该知道自己被提名，公众只知道最后的当选人名单。”而中国的情况刚好相反，院士选举有机构和公众的参与，从提名的有效候选人到每一轮选举的结果，都会在媒体上公开。由于两国对院士身份认同的不同，在美国，科学院像私人俱乐部，实行学术自治，院士选举只考虑候选人的学术水平和学术贡献，没有宗教、政治、种族等因素。学术水平只有真正的同行才能评价，因此整个过程只有院士参与，没有公众和外界的介入。

二是候选人只能由院士提名。在美国，院士候选人只能由院士提名，一种是由多名院士“自愿提名小组”联合提名某位候选人，一种是国家科学院委员会向院士们提出建议候选人名单，或组建专门临时提名小组进行提名。

在中国，除院士之外，机构也可以推荐候选人。何毓琦认为，“院士是一种荣誉，当机构参与推荐候选人时，就有利益关系在里面，想法就不一样了，单位希望自己的人能选上，就会像竞选一样，为候选人运动、造势、拉票等。在美国，科学院会周期性地提醒自己的院士：为候选人竞选造势的行为受到强烈劝阻”。

三是同行评审最关键，不鼓励匿名投票。何毓琦介绍，美国工程院院士的选举分为四大步骤：第一步院士提名候选人；第二步候选人经过所在学部院士的通信评议和投票，但不会根据投票结果对候选人进行排名和淘汰，全部候选人名单和投票评议资料被转入下一步；第三步，由学部任命的同行评审委员会在学院位于华盛顿特区的总部召开评审会议，对候选人的学术成就和资格进行详细评审，然后投票并对候选人进行排名和淘汰，提出院士候选人最后名单；第四步，院士大会对最后的名单进行投票，根据定额和得票排序选出院士。

“中美两国院士选举过程中的关键不同之处在第二步和第三步，即学部院士对候选人的初步评审和投票，以及院士同行评审。”何毓琦说，在第二步，美国只投票和评论，但不对候选人进行排序，所有结果全部转入第三步，没有淘汰问题。“在中国，学部根据院士投票结果对候选人进行排序和淘汰，这是一种非常机械化的淘汰制，可能会导致非常有价值的候选人被不公正地淘汰，没有解释也无权追索。”

“第三步的同行院士评审在美国是十分关键的，因为这才是真正的学术评价方面。”何毓琦说，在这一步，以第二步的评议和投票情况作为参考，同行委员会完全按学术标准，尽可能给每位候选人一个公正、准确的评议。同行委员会通常由学部任命的 30 ～ 50 名院士组成，任期 3 ～ 6 年；所有新当选的院士都会受到鼓励，加入同行委员会，服务至少 3 年，以保证委员会始终保持新鲜的想法和思想。因此，同行委员会中至少有 2 ～ 3 位院士对每位候选人的学术领域和学术水平非常了解，能够公开站出来为他讲话，纠正第二步中出现的不公正或非学术的评价，并做出最终的学术评价。因此，第三步的工作最重要，也是最难、任务最重的部分。“同行评审所提出的院士候选人最后名单提交到院士大会后，院士大会投票极少发生否决的情况。在我 24 年的经历中，只有一次院士大会否决了一名候选人的资格。”

当然，也有学者对于“三无”科学家一说持反对意见。知名时评人士乔志峰认为，“不能因为屠呦呦的‘三无’，就认定这是现行的人才选拔机制和学术评价体系出了问题，更不能全盘予以否定。毕竟，院士头衔和诺贝尔奖之间并无必然联系。屠呦呦这么多次参评院士都没有成功，另外一个关键的缘由就是青蒿素的成果界定不清、归属难以确定”。

四、启示与建议

（一）缺乏保密专利和知识产权观念

中国是首个发现青蒿素抗疟作用的国家，也是首个成功分离提纯青蒿素的国家，但在新的化合物（青蒿素）、制备方法（乙醚浸提法）和用途（治疗疟疾）等方面未能及时申请发明专利进行知识产权保护，从而失去了从应用广泛的青蒿素类抗疟药物市场中获得垄断利益的机会，在激烈的国际市场中也未能站在青蒿素类抗疟药物产业链的高端。大多数的中国药企不得不沦为跨国制药巨头的原材料提供者或原始设备制造商。据统计，全球范围内青蒿素类抗疟药物的年均销售额高达 15 亿美元，但我国在国际市场的份额却只占 1%左右。

竞相发表论文的“露底”及在国际会议上的“和盘托出”。“文化大革命”后，期刊及学术活动恢复，科学家以为国争光的心情，自 1977 年开始以协作组或个人名义相继在《科学通报》、《中华医学杂志》(英文版)、《中国药理学报》、《药学通报》上报道了青蒿素的化学结构、抗疟作用的实验临床研究数据等，把我国 10 多年来积累的研究成果、科学数据和资料“露底”，引起世界卫生组织、国际相关机构、制药大公司的高度关注和不断跟踪搜集我国青蒿素研究的信息。

在 1981 年北京青蒿素及其衍生物学术讨论会上，在没有任何保密条款的保护下，我方宣读了 7 篇论文，包括青蒿素的分离和结构测定、青蒿素及其衍生物的化学和合成等研究。会间又进行了提问、解答、充分讨论和深入交流，会后，论文和技术资料还允许世界卫生组织以丛书形式出版发行，把我国青蒿素及其衍生物的研究成果几乎“和盘托出”向全世界亮了底。

有学者认为，青蒿素没有自主知识产权，原因有三方面：一是缺乏知识产权保护的观念意识和知识。二是 1985 年 4 月 1 日中国首部知识产权法《中华人民共和国专利法》才开始生效实施，尽管此前中国没有专利申请机制，但仍可向国外申请专利保护。1985 年颁布的《中华人民共和国专利法》只是在药品的生产方法方面给予了专利保护，在药品及用化学方法获得的物质方面则不给予相关保护。持续到 1993 年，修订版的《中华人民共和国专利法》才放宽政策，对药品及用化学方法获得的物质给予专利保护。三是将青蒿素的提取技术、化学结构、相对构型，以及其抗疟作用陆续以论文方式公开发表，从而使青蒿素丧失受发明专利权保护的"新颖性"要求，但以青蒿素为基础而研发的衍生药物仍可申请专利。

据世界知识产权组织的统计数据显示，全球青蒿素方面的专利申请达数百件，但是申请人都集中在欧美和印度地区等，中国的申请人屈指可数。

（二）获奖成果检验期长，科研成果需经得住时间的考验

屠呦呦的获奖成果出自 20 世纪 70 年代，距今已近 40 多年。这漫长的获奖过程提醒我们：一方面，学术研究需要时间沉淀；另一方面，科研成果也需要时间的考验。据统计，2000 ～ 2014 年物理学奖、化学奖、生理学或医学奖的获奖者取得研究成果的平均年龄分别是36.80 岁、40.59 岁、40.05 岁，而对比之下，诺贝尔物理学奖、化学奖、生理学或医学奖获奖者的平均获奖年龄分别是 64.58 岁、63.76 岁、66.03 岁。由此可以推算，获奖成果检验期平均为 26.60 年。

综观国内的学术研究，总体情况是，推出的各种学术计划一般以 3 ～ 5 年为限，要求入选的计划者必须在 3 ～ 5 年出成果，实施每年一次的论文、专利数量考核。在这样的管理下，论文数量虽多，但高质量的论文缺乏；专利数量虽然在增长，但发明不多；经费不断增长，但能够转化的成果不尽如人意。

在此情况下，一方面，科研工作者应努力做出经得住时间考验的科研成果；另一方面，国家也应该调整考核及评价、资助体制，让科研工作者在宽松的条件和环境中做出高质量的学术研究。

第五章 科学领袖成长路径

一、鼓励独创

科学家在取得一项成果前往往经历过无数次的反复尝试和验证，而取得的重大成果要获得公认和推广也是一个漫长曲折的过程。在科研过程中，科学家对独创的坚持和自信往往来自学生时期受到的教育（2011 年的诺贝尔化学奖获得者达尼埃尔·谢赫特曼、2005 年的诺贝尔生理学或医学奖获得者巴里·马歇尔、2010 年的诺贝尔生理学或医学奖获得者罗伯特·爱德华兹）。

儿时来自家庭教育中的父母鼓励、从幼儿园开始的学校教育一直延续到被寄予众望的创新重地大学教育，这条完整的教育链条对重大创新有着不可忽视的作用。重大的创新对现有的知识体系而言，不是简单的修补，它们往往是颠覆性的，随之而来的是争议、质疑、讥讽、嘲笑。在这种时刻，鼓励原创精神的教育对科学家的自信和品格的形成有着很重要的作用。

（一）谢赫特曼的孤守和犹太教育

谢赫特曼虽然是在美国的约翰·霍普金斯大学发现了具有准晶体结构的合金，但是他的成果并没有在该大学获得认可，他的发现在当时引起了极大的争议，甚至连他的研究团队也不相信他，著名的化学家、诺贝尔奖获得者鲍林更是直言不讳，他在《自然》用“胡言乱语”来形容准晶体。谢赫特曼的相关研究论文也一度被美国的《应用物理杂志》退稿。为了维护自己的发现，他被迫离开了当时的研究小组。

1984 年，美国的《物理评论快报》发表了谢赫特曼及其合作者的研究成果。理论与实践的完美结合，充分肯定了五次旋转对称的客观存在。准晶体的发现丰富了经典晶体学理论，扩大了理论研究范畴。谢赫特曼曾经说：“当我告诉人们，我发现了准晶体的时候，所有人都嘲笑我，但我并不在意。我知道我是对的，他们是错的。时间终于证明了这一点。”

在诺贝尔奖获得者列表中，犹太裔科学家星光熠熠。谢赫特曼认为，以色列的教育体系成就了这些科学家。他说：“我认为，以色列的大学都是很好的大学。工学院的工程学和科学都很好。其他的大学也不错。我们不但有很好的教育，而且我们的教育体系鼓励人们的独创性。”“如果要引导一个人研究科学，或者其他领域，需要从幼儿园开始（培养）。”

（二）巴里·马歇尔的坚持与家庭鼓励

巴里·马歇尔与罗宾·沃伦关于幽门螺杆菌的发现完全颠覆了人类对于胃炎和胃溃疡致病原因的认识。他们的研究发现了这种细菌在胃炎和胃溃疡等疾病中的作用，从而革新了胃炎和胃溃疡的治疗方法，创造了消化病学研究领域里程碑式的革命。

巴里·马歇尔作为一名澳大利亚本土科学家，在澳大利亚本土进行该领域的研究并取得突破性成果。他在日常工作研究的基础上创造性地发展出了关于消化道溃疡与幽门螺杆菌的科赫法则，但紧接着使用幽门螺杆菌感染动物模型却多次失败。学术界的质疑和压力愈发变大，他的论文被绝大部分出版物拒收，甚至已经接收的论文也被无限期地延迟发表。马歇尔受到了学术界非常严厉的批评，认为他的工作是伪科学的，结论是不成熟的，没有证据的。在压力之下，马歇尔用自己来做动物实验并取得成功，之后成功的双盲实验纠正了国际医学界关于消化性溃疡发病机理的悖论。

马歇尔在自传中提到，自己的好奇心和创造力得到了父母极大的鼓励和支持。这也是他在实验重重受挫时仍能够坚持的特质源头所在。

（三）舆论暴风雨中产生的试管婴儿

1978 年 7 月 25 日，世界上第一个试管婴儿在英国诞生，这项技术被称为医学史上的一大奇迹，开创了生殖医学领域的新纪元。“试管婴儿之父”罗伯特·爱德华兹也因此荣获 2010 年的诺贝尔生理学或医学奖。在崇尚传统、重视伦理秩序的英国，罗伯特·爱德华兹的这项成就可谓是惊世骇俗，曾一度遭到质疑和批评。

罗伯特·爱德华兹许多年前曾对媒体说：“我常被人们称为疯子，没人愿意在伦理方面冒险。许多人对我说，那些孩子（试管婴儿）不会正常发育的。”

试管婴儿技术从研发，到问世，再到漫长的应用阶段，一直饱受争议。人们认为这违反伦理道德，并且靠体外受精技术出生的婴儿一定是不正常的。在相当长的一段时间内，这位“疯子”的“惊世骇俗”之举，未能得到世界范围内的广泛认同。

然而，争议不断并未阻拦试管婴儿技术的研发和应用，爱德华兹在争议和诟骂中忍辱负重，终于创造了人类生育史上的一大奇迹。

不论在哪个时代，科学前沿的进展都不是一帆风顺的，尤其是原创性的重大成果的诞生，总伴随着各种层面上的艰难险阻，从学生时代开始重视对独创性的自信和坚持，对于原创性的科学研究人才的储备具有长远意义，对原创发现的、开明的社会氛围的培养也具有积极意义。

二、重视技术

前沿的科研理论离不开高明的实验验证，高精尖工业的发展也往往来自最前沿的实验室。现代社会的发展必然要求对高技术人才的重视和培育（2010 年的诺贝尔物理学奖得主安德烈·海姆和康斯坦丁·诺沃肖洛夫、2003 年的诺贝尔生理学或医学奖得主保罗·劳特伯案例）。

（一）如何用透明胶带玩出一个诺贝尔奖

安德烈·海姆团队用透明胶带对石墨进行反复的粘贴与撕开，使得石墨片的厚度逐渐减小，最终寻找到了厚度只有 0.34 纳米的石墨烯，也是碳的二维结构，因此夺得 2010 年的诺贝尔物理学奖，是 20 世纪以来成果检验期最短的诺贝尔物理学奖。

安德烈·海姆说过："引入一种新的实验系统比试图在拥挤范围内找到新现象更有收获。"安德烈·海姆重视对实验技能的学习，认为在苏联学习的 10 年提高了他在微细加工方面的技术，如电子束刻蚀法等，这直接为他后来发现石墨烯打下了基础；同时他在博士生涯的几年中进行金属物理加工，虽然后来没有延续该方向的研究，但是对他的实验技能有质的提升。安德烈·海姆后来离开苏联是因为其实验器材的匮乏和落后，同时也因为苏联过于重视理论物理，将实验物理置于服务理论物理的地位。安德烈·海姆认为实验物理应该比理论物理更重要，因为很多理论都应该建立在实验的基础上。

安德烈·海姆还是一位出色的实验设备组建手，许多实验器材都是由他和学生亲自设计和制造的，这与法国诺贝尔物理学奖获得者阿罗什的案例相似。他在介绍自己的研究经历时曾说，在苏联进行研究时许多资源匮乏，于是不得不自己组建实验可行设备，而一个实验设备的成功往往给其带来的影响非同小可。

诺沃肖洛夫在实践操作层面也拥有娴熟的技能。曾在荷兰与海姆共事的大学教授扬·凯斯·马安说，海姆就像指挥者，而诺沃肖洛夫则是操作员，虽然海姆比诺沃肖洛夫更有经验，但他们如果没有合作，不会赢得诺贝尔奖的。

（二）获诺贝尔奖次数最多的一项技术

保罗·劳特伯和彼得·曼斯菲尔德在如何用核磁共振技术拍摄不同结构的图像方面获得了关键性发现。这些发现导致在临床诊断和医学研究上获得突破的磁共振成像仪的出现，使得人类能够清楚地看见自己或其他生物体内的器官，为医疗诊断和科学研究提供了非常便利的手段。

曼斯菲尔德儿时的愿望是制造火箭。开始磁共振成像研究时，几乎没有医疗器械厂家愿意为他们制造设备，他们自行动手研制了许多机器以开展实验。

磁共振成像技术的发展也离不开其他技术的进展，大运算量且能完成复杂运算任务的高性能计算机技术及计算机断层扫描成像技术都是其必不可少的前提。

而核磁共振是获得诺贝尔奖次数最多的一个科学专题，从核磁发现到磁共振成像的 70 年时间里，有关核磁共振的研究曾在 3 个领域（物理、化学、生理学或医学）内获得了 6 次诺贝尔科学奖，这足以说明此领域及其衍生技术的重要性，同时展现了从基础科学研究到应用技术研究的发展路径。

我国在科学研究领域的政策和布局曾经深受苏联影响，对理论科学的重视远远超过实验科学。在现代科学和工业发展中，科研人员实验技术的能力和水平往往成为制约前沿的科学技术发展的最关键的瓶颈。鉴于此，在科研评价体系和人才政策中，有必要提升对科研尖端实验人才的重视和培育。

三、集聚效应

通过对诺贝尔奖获奖群体的分析不难发现，创新的群体或网络更有助于优秀科学家的产生和成长（2015 年的诺贝尔物理学奖得主梶田隆章、2005 年的诺贝尔物理学奖得主罗伊·格劳伯、2006 年的诺贝尔化学奖得主罗杰·大卫·科恩伯格案例）。

现在自然科学领域的原始创新更多地需要科学家网络的创新协作，大量的重大成果创新都来自国际范围内的多位科学家的共同协作。而科学家网络中的强链接则有利于科学家以最短的时间获得原始创新思维的启发并选择更优的路径。

诺贝尔奖是重大原始创新成果的风向标之一。2000 年以来的诺贝尔奖获得者几乎都有与以往诺贝尔奖得主的强关系链接，无论是人际关系网络紧密的日本，还是强调开放自由的美国的科学家案例，都清晰地显示了这点。

（一）从梶田隆章获奖到日本诺贝尔奖得主的人际网络

梶田隆章跟随世界一流物理学家小柴昌俊（2002 年的诺贝尔物理学奖得主）、户塚洋二（富兰克林奖章得主）研究中微子。他在观测时发现异样，即太阳中微子在抵达地球之前离奇消失了，并依此推测中微子振荡的存在。要证实此推论，需要庞大的观测数据，超级神冈探测器因此发挥重要作用。对中微子这类基本粒子的研究能帮助人们逐步揭开宇宙起源之谜。2015 年，梶田隆章因“发现了中微子振荡，证明了中微子具有质量”获得诺贝尔物理学奖。

梶田隆章的获奖缔造了日本首例“师徒三代获诺贝尔物理学奖”的纪录。截至 2016 年，日本自然科学领域的 26 位获奖者中，有 17 位是进入 21 世纪之后获奖的（其中物理学奖 8 人），仅次于美国，居世界第二位。日本物理学科的 11 位获奖者列表，非常清晰地显示出了在自然科学领域有领导力的科学家和师承延续的重要性。

仁科芳雄是日本近代物理学的奠基人，他的指导深远地影响了两位诺贝尔奖得主，他们是日本首位诺贝尔奖获得者汤川秀树（1949 年的诺贝尔奖得主）和量子电动力学的奠基人之一朝永振一郎（1965 年的诺贝尔奖得主）。

朝永振一郎的弟子中也有两位诺贝尔奖得主，小柴昌俊（2002 年的诺贝尔奖得主）和首位获得诺贝尔奖的日裔美国人南部阳一郎（2008 年的诺贝尔奖得主）。虽然获奖时是美国籍，但南部阳一郎从本科到博士阶段的学习，都是在日本东京大学完成的。

2008 年的诺贝尔奖获得者益川敏英和小林诚的博士生导师坂田昌一既是汤川秀树的得意门生，也对南部阳一郎进行过教导。坂田昌一为 2015 年的诺贝尔奖获得者梶田隆章的研究提供了强有力的先行研究的基础，从理论上证明了如果中微子有质量的话，就会产生振动现象。坂田昌一教授如果没有早逝，或许也能获得诺贝尔物理学奖。他提出的坂田模型是强子模型的早期先驱，比夸克模型还早，也启发了后来的卡比博 - 小林 - 益川矩阵。

南部阳一郎也对益川敏英和小林诚进行过指导，对他们的研究产生了重大的影响。

户塚洋二是 2015 年的诺贝尔奖得主梶田隆章的学术指导老师，两人也是同门师兄弟，博士时期都师从小柴昌俊。两人共同“通过中微子振荡发现中微子有质量”，因户塚洋二于2008年去世，该奖项由梶田隆章和亚瑟·麦克唐纳获得。小柴昌俊、户塚洋二和梶田隆章师徒三人的获奖都是基于超级神冈探测器——日本建造的大型中微子探测器。

2014年的诺贝尔物理学奖获得者赤崎勇本科毕业后入职神户工业公司，在当时也在该公司从事科研的江崎玲于奈（1973年的诺贝尔奖获得者）的影响之下，他将主要精力投入半导体研究，并最终与其学生天野浩研制出高效蓝光二极管。

（二）量子光学奠基人的科研人际网络

罗伊·格劳伯制作了光电探测模型，并解释了不同类型光的基本特征，如激光灯（相干态）和光从灯泡（黑体），并在1963年发表了这项发现，而他的理论被广泛地应用于量子光学。罗伊·格劳伯对物理学最突出的贡献是提出了相干态的概念和其后的数学基础。

罗伊·格劳伯本科就读于哈佛大学，在大二时，只有18岁的他被招募到洛斯·阿拉莫斯国家实验室加入曼哈顿计划，是当时该实验室最年轻的科学家之一。他的工作涉及计算原子弹临界质量，在洛斯·阿拉莫斯国家实验室工作两年后，他又回到哈佛大学，1946年获得学士学位，1949年获得博士学位。

在曼哈顿计划中，罗伊·格劳伯与当时美国的很多诺贝尔奖获得者都有明显交流和合作。在罗伊·格劳伯的个人传记中，他提到过受到洛斯·阿拉莫斯国家实验室里良好的工作氛围的影响，以及对他有过影响的获得诺贝尔奖的人物——罗伯特·奥本海默、理查德·费曼、沃尔夫冈·泡利、朱利安·施温格、莱纳斯·卡尔·鲍林。

“原子弹之父”罗伯特·奥本海默为早期量子力学的发展做出了开创性的贡献，并创立了美国历史上从未有过的庞大的理论物理学学派。出于对罗伊·格劳伯的了解，罗伯特·奥本海默邀请其加入普林斯顿高等研究院学习、工作，并对罗伊·格劳伯后来的研究产生了深远的影响。理查德·费曼则提出了费曼图、费曼规则和重正化的计算方法，这是研究量子电动力学和粒子物理学不可缺少的工具。他善于营造良好的实验室氛围，给罗伊·格劳伯带来了深刻的影响。

站在巨人的肩膀上，让罗伊·格劳伯的研究之路更加顺利，一开始就站在了更高的平台上。

（三）基因转录研究的父子家族传承

罗杰·科恩伯格因在“真核转录的分子基础”研究领域所做出的贡献而获得 2006 年的诺贝尔化学奖。他在 2001 年发表论文，揭示细胞如何依据遗传基因所提供的信息生成蛋白质，罗杰·科恩伯格的有关真核转录的研究第一次将基因的转录过程细致地描述出来，使了解基因的转录过程成为可能，而了解基因转录在医学研究中起着决定性的作用。

罗杰·科恩伯格的父亲阿瑟·科恩伯格于 1959 年获得诺贝尔生理学或医学奖，父子俩致力于遗传基因研究终殊途同归获诺贝尔奖，此外，他的两个弟弟也在科学或与科学相关的领域各有建树，“科学世家”背后的科学素养、精神传承与培养值得关注。

一个创新领域的开拓往往需要多位科学家甚至几代科学家前赴后继地跟进研究，科研知识、经验乃至科研精神的激荡和传承会让科学家群体产生“1+1>2”的效果。通过科技项目的设计和科技政策的引导，将优秀的科学家高效地汇聚起来，会产生可观的乘数效应。

参 考 文 献

阿芳 . 2007. 数学奇才彼得：19 岁造原子弹 . 发明与创新（学生版），（01）：12-13.

安凤姝，刘智群，程爱国 . 2011. 转化医学在煤炭医学院的现状与方向之管见 . 华北煤炭医学院学报，13（01）：130-132.

白国宏 . 2010. 诺贝尔奖得主原来是这样的 ?. 人事天地，（23）：64.

白欣，王洪见 . 2012. 由七位日本诺贝尔物理学奖获得者引发的一些思考 . 大学物理，31（07）：43-46.

贝松 . 2014. 莱纳斯·卡尔·鲍林荣誉与争议并存 . 科学家 .（05）：1-3.

蔡建武 . 2007. 量子相位门的腔 QED 方案实现研究 . 长沙：湖南师范大学博士论文 .

曹虎 . 2010. 2009 诺贝尔生理学或医学奖：破译人类“生命时钟”. 科学 24 小时，（1）：6-9.

曹俊 . 2007. 大亚湾与反物质之谜 . 现代物理知识，（03）：22-25.

曹俊 . 2012-03-21. 反物质消失之谜有望破解（图）. 北京日报 .

陈爱喜，邱万英 . 2007. 对我校工科物理后续课程的拓展设想 . 华东交通大学学报，24（b12）：193-195.

陈培，张洪雷 . 2016. 2015 年诺贝尔物理学奖获得者梶田隆章研究方法初探 . 西北医学教育，24（01）：23-25.

陈其荣 . 2010. 诺贝尔自然科学奖与世界一流大学 . 上海大学学报（社会科学版），17（06）：17-38.

陈惟杉 . 2014. 2014 诺贝尔奖进入开奖季 . 中国经济周刊，（39）：72-74.

陈文聪，刘伟民 . 2008. 大学物理教学与现代天体物理的有机结合 . 大学物理，27（12）：57-59.

陈泽民 . 1995. 上好“普通物理总结”课帮助学生树立正确的观点 . 清华大学教育研究，（02）：31-36.

陈竺 . 2011. 推动转化医学发展　应对人民健康挑战 . 中国科技奖励，（3）：8-9.

陈壮叔 . 1997. 丁肇中的大手笔 . 中国青年科技，（8）.

程民治 . 2006. 精博的导师是诺贝尔奖荣膺者的向导——从诺贝尔物理学奖得主的“师徒关系”谈起 . 巢湖学院学报，（06）：31-34+43.

程学礼 . 2011. 浅谈鲍林的科学成就和创新方法 . 泰山学院学报，33（06）：141-144.

初冬，董雅 . 2011. 集成通变——从艺术和设计的同构性看广义设计观 . 天津大学学报（社会科学版），13（05）：425-428.

褚波 . 2010. 生理学或医学奖 . 环球科学，（11）：6-7.

崔娇娇，李公春，建旭平，等 . 2009. 2007 年诺贝尔化学奖简介 . 河北化工，32（01）：11-12+22.

翠屏山，左阳 . 2010. 著名项目范例简析——曼哈顿工程 . 经济，（09）：124-127.

代涛 . 2012. 国立科研机构科技评价比较研究：基于机构战略定位的视角 . 科技促进发展，（05）：81-87.

戴曰梅 . 2013. 核磁共振技术在生命科学领域的应用 . 兵工自动化，32（04）：84-88+96.

邓雪梅 . 2007. 探测宇宙的新工具：中微子天文学 . 世界科学，（09）：12-14.

董春雨 . 2004. 对称及其破缺的哲学探究 . 北京：北京师范大学博士论文 .

杜铭 . 2012-03-21. 中微子新发现意味着什么 . 经济日报，15.

段世文 . 2001. 化学奖：白油漆和葡萄酒的浪漫 . 科技信息，（11）：24-25.

段艳芳 . 2014. 探索细胞“物流系统”的生理学家 . 自然与科技，（2）：46-51.

樊树红，张德峰，王树松 . 2014. 2013 年诺贝尔生理学或医学奖的启示 . 医学与哲学（A），35（02）：86-88.

范青松 . 2015. 口虾蛄年龄鉴定和种群动态研究 . 大连：大连海洋大学硕士论文 .

方晨 . 2012. 中微子振荡大亚湾 . 科学世界，（05）：4-11.

冯安命 . 2009. 比利时科技创新政策与举措 . 科技成果管理与研究 .（01）：3-7.

冯友军，高福 . 2005. 平淡世界里的精彩——评 2005 年诺贝尔生理学与医学奖 . 自然杂志，（06）：330-332.

俸继锋 . 1994. 市场经济与基础性研究 . 广西师范大学学报（哲学社会科学版），（S1）：64-66.

傅杰青 . 2003. 核磁共振——获得诺贝尔奖次数最多的一个科学专题 . 自然杂志，（06）：357-361+373.

高立 . 1996. 西伯格谈钚 . 国外核新闻，（12）：31-32.

高雨春 . 2003. 捕捉无形之物　预测宇宙未来——2002 年诺贝尔物理奖诠释 . 北京电子，（2）：39-41.

耿益群 . 2008. 美国研究型大学跨学科研究中心与大学创新力的发展——基于制度创新视角的分析 . 比较教育研究，（09）：24-28.

顾光明 . 2007. 美国培养科技创新人才的经验及启示 . 全球科技经济瞭望，（11）：23-27.

顾宁 . 2006. 纳米与生物 . 生命世界，（05）：58-62.

关毅 . 2012. 做最棒的研究 . 自然杂志，34（02）：114-118+130.

郭超 . 2015. 空间在大脑中的表征——2014 年诺贝尔生理学或医学奖解读 . 中国医药生物技术，10（01）：2-4.

郭可信 . 2007. 准晶与电子显微学——略述我的研究经历 . 电子显微学报，26（4）：259-269.

郭鹏 . 2008. 中国战略技术在产业发展中的地位和作用 . 沈阳：东北大学硕士论文 .

郭爽 . 2016. 今年诺贝尔科学奖已全部揭晓　谁是最大赢家 ?. http：//www. chinanews. com/gj/2016/10-10/8026926. shtml[2016-10-10].

郭振华 . 2004. 物理学和医学的交叉与融合的重大成果——2003 年度诺贝尔生理学或医学奖评述 . 宝鸡文理学院学报（自然科学版），（2）：76-78.

合肥微尺度物质科学国家实验室国际功能材料量子设计中心，量子信息与量子科技前沿创新中心，科研部 . 2016. 二维材料拓扑态研究方面取得系列重要进展 . http：//news. ustc. edu. cn/xwbl/201609/t20160906_253119. html[2016-09-06].

何郁冰 . 2001. 深化改革，提高我国科技竞争水平——21 世纪中国冲击诺贝尔奖的对策分析 . 科技管理研究，（05）：59-62.

贺淑娟 . 2011. 英国国家科技政策的演变（1850 年代至 1990 年代）. 苏州：苏州科技大学硕士论文 .

衡阳 . 2010. 超级神冈实验中弱作用重粒子的直接寻找研究 . 北京：清华大学硕士论文 .

洪英 . 2005. 独立学院中化学双语教学的理论思考和实践探索 . 长沙：湖南师范大学硕士论文 .

洪远凯 . 2009. 核磁共振成像——2003 年诺贝尔生理学或医学奖介绍及研究进展 . 生理科学进展，40（02）：188-192.

黄海华 . 2016. 诺奖得主巴里・夏普莱斯：不知黎明何时来临我打开了所有的门 . http://web. shobserver. com/news/detail? id=18110[2016-05-23].

黄松平，朱亚宗 . 2012. 科技发明权与屠呦呦青蒿素发现争端的化解 . 科技导报，30（22）：15-18.

黄伟新，傅强，李微雪 . 2007. 2007 年诺贝尔化学奖得主埃特尔与表面化学研究 . 催化学报，（11）：926-929.

回声谷 . 2002. 一个留美学生对北大的反思 . 希望月报，（09）：22-25.

积雪草 . 2010. 流年里那不一样的爱 . 阅读与作文（高中版），（06）：12-13.

贾仲君 . 2016. 2015 年诺贝尔生理学或医学奖的启示——土壤微生物分离培养推动了寄生虫病防治 . 土壤学报，53（01）：12-15.

姜红 . 2005. 基础教育的过度竞争与青少年社会化 . 济南：山东大学硕士论文 .
姜龙 . 2012. 论物理学中理论与实验的相互关系 . 科技风，（12）：211.
蒋葛夫 . 2004. 发达国家基础科学研究政策要点及其对我国的启示 . 学术动态，（03）：4-10.
蒋华良 . 2015. 药物研发与诺贝尔奖——2015 年度诺贝尔生理学或医学奖解读 . 中国科学：生命科学，45（11）：1156-1159.
焦姣，姚祝军 . 2005. 泛素调节的蛋白质降解——2004 年诺贝尔化学奖成果简介 . 科技导报，（02）：22-25.
金振蓉 . 2012-04-26. 叩问宇宙“我从哪里来”——探访大亚湾核电站中微子实验站 . 光明日报，01.
靳士英，靳朴，刘淑婷 . 2012. 抗疟药青蒿素类的研发与屠呦呦获拉斯克奖的启示 . 现代医院，12（03）：1-4.
康慧君 . 2013. 定向凝固 Al-Mn-（Be）合金先结晶相生长行为及力学性能 . 哈尔滨：哈尔滨工业大学博士论文 .
科技法兰西 . 2014. 诺贝尔物理学奖得主：科学家就应该搞科学 . http：//www. francetechnology.com/zh/trending/851. html[2007-09-17].
科苑 . 2006. 2006 年诺贝尔自然科学奖点评 . 今日科苑，（11）：12-14.
莱格特 . 2014. 不信邪才能有创新 . 中国科技奖励，（08）：6.
赖瑞丹 . 2012. 巴里・马歇尔——发现幽门螺杆菌的诺贝尔奖得主 . 健康博览（6）：4-6.
李大可 . 2010. 人类辅助生殖技术研究的里程碑——2010 年诺贝尔生理学或医学奖解读 . 生物化学与生物物理进展，（10）：7-12.
李单晶，李后卿，罗大明，等 . 2012. 从物理学最新发展看唯物主义的“物质”. 社会科学研究，（04）：136-140.
李果仁 . 1992. 国外基础研究政策概貌 . 国际技术经济研究学报，（01）：44-48.
李海成 . 2003. 2002 年世界十大科学成就 . 民营科技，（02）：44-47.
李珊珊 . 2011. 发现屠呦呦 . 南方人物周刊，（35）.
李小平 . 2007. Al63Cu25Fe12 准晶与镁、铝及其合金复合过程的研究 . 上海：上海交通大学博士论文 .
李晓强 . 2012. 基于核磁共振的岩心分析实验及应用研究 . 成都：西南石油大学硕士论文 .
李星燕 . 2009. 并非胡思乱想 . 发现，（04）：32-34.
李莹辉，满强，王虎，等 . 2012. 创新环境在国家重点实验室建设中的作用与思考 . 实验室研究与探索，31（06）：99-102+105.

李志军 . 2014. 强化政府科技经费管理的国际经验与启示 . 中国发展观察，(03)：59-61.
林朝晖 . 2007. 保罗・劳特布尔 . 英语文摘，(06)：23-25.
林少华 . 2013. 博美特调整并扩展全球的销售网络 . 中国乳业，(7)：72-73.
凌志洋，刘望夷 . 2009. 核糖体的研究历程——2009 年诺贝尔化学奖简介 . 自然杂志，31 (6)：337-340.
刘保坤 . 2005. 2005 年诺贝尔物理奖解读 . 物理教师，(11)：50-53.
刘丹 . 2011. 专访波尔马特：让你兴奋的事情值得花时间去做 . http：//www. chinanews. com/gj/2011/10-05/3368860. shtml[2011-10-05] .
刘桂萍 . 2013. 日本科教战略与自然辩证法思想发展研究 . 长春：东北师范大学硕士论文 .
刘海波，李黎明 . 2010. 日本奈良先端科学技术大学院大学的知识产权和技术转移 . 科学决策，(09)：46-53+79.
刘珈辰 . 2011. 餐桌边的科学 . 世界科学，(12)：44-45.
刘荔 . 屠呦呦 . 2012. 用一株草改变世界 . 黄金时代 (学生族),(01)：9-10.
刘述涛 . 心灵清洁工 . 2010. 阅读与作文 (高中版),(06)：13.
刘小鹏，李晓强，钟灿涛 . 2011. 非竞争性经费支持高校交叉学科研究的探索 . 研究与发展管理，23 (06)：114-118.
刘云，安菁，陈文君，等 . 2013. 美国基础研究管理体系、经费投入与配置模式及对我国的启示 . 中国基础科学，15 (03)：42-52.
刘云章，乔利平 . 2006. 关于加强医学人文社会科学课程建设的探讨 . 医学与社会，(10)：45-47+50.
刘振怀，王桂莲 . 1998. 浅谈“德”在人才成长中的作用 . 黑龙江教育学院学报，(04)：3-7.
刘志军 . 2011. 核磁共振研究的历史 . 广西民族大学学报 (自然科学版)，17 (02)：25-28.
鲁恒星，华朝阳 . 2009. 走近绿色荧光蛋白 . 中学生物学，25 (01)：3-5.
陆郭张冯 . 2016-10-05. 解读今年诺贝尔物理学奖：中国科学家有哪些成果 . 中国科学报 .
陆琦 . 2016. 2016 年诺贝尔物理学奖得主霍尔丹：沉浸于自己的物理世界 . http：//news. sciencenet. cn/htmlnews/2016/10/357685. shtm[2016-10-05].
吕吉尔 . 2013. 细胞运输研究获诺贝尔医学奖 . 世界科学，(11)：24.
吕吉尔 . 2014. 挪威的“大脑”——记 2014 年诺贝尔医学奖获奖夫妇的大脑探寻之路 . 世界科学，(11)：14-17.
马树昌 . 2012. 从大亚湾的重大发现看“中微子振荡”. 榆林学院学报，22 (04)：18-20.
马廷灿，万勇，冯瑞华 . 2012. 石墨烯专利技术国际研发态势分析 . 科学观察，7 (03)：25-36.

尼尔斯·斯塔尔 . 2007. 诺贝尔机构与诺贝尔奖金 . 中国科技奖励，（10）：52-57.

牛芳 . 2010. 张民觉生殖生理学研究 . 太原：山西大学博士论文 .

裴成明 . 2007. 近几年的诺贝尔物理学奖与高考 . 高中数理化（高三版），（01）：26-28.

裴瑞敏，张秋菊，惠仲阳，等 . 2014. 主要发达国家科技人才开发政策综述 . 全球科技经济瞭望，29（09）：31-39.

蒲淳 . 1992. 科学家职业流动的规律初探 . 科技导报，（07）：10-12+5.

浦根祥 . 2002. 集成电路的开拓者——杰克 · 基尔比 . 自然辩证法通讯，（05）：69-76+78-96.

奇云 . 2006. “埋藏”在肠胃中的诺贝尔奖——幽门螺旋杆菌的发现过程 . 生物学教学，（03）：7-10.

奇云 . 2011. 探测暗物质的科研殿堂——中国锦屏地下实验室 . 城市与减灾（06）：9-15.

秦涛 . 2004. 发达国家基础研究投入分析与借鉴 . 中国基础科学，（03）：51-53.

秦皖梅 . 2016. 21 世纪初日本诺贝尔奖的井喷现象考察 . 安徽大学学报（哲学社会科学版），40（04）：29-37.

任雨 . 2008. 诺贝尔科学奖的“DNA”. 世界知识，（21）：29.

沙薇，陈少敏，刘以农，等 . 2008. 日本超级神冈探测器的数据分析 . 核电子学与探测技术（01）：185-188.

邵海云 . 2007. 锇催化烯烃双羟基化的反应原理与立体选择性 . 化学教育，（12）：6-9+12.

申钢强 . 2006. 国际经济背景下政府 R&D 补贴政策分析 . 厦门：厦门大学硕士论文 .

石慧 . 2005. 以色列武器装备“外援—外源”型发展模式研究 . 长沙：国防科学技术大学硕士论文 .

石毅 . 2014. 师徒三人攻克“大脑定位系统细胞”——2014 年诺贝尔生理学或医学奖侧记 . 创新科技，（19）：38-39.

宋峰，于音 . 2011. 什么是石墨烯——2010年诺贝尔物理学奖介绍 . 大学物理，30（01）：7-12.

隋一卓 . 2013. 知识产权与人权的价值位阶 . 长春：东北师范大学硕士论文 .

孙朝仁，孟庆亚 . 2011. 行走在常理与规则的“中间地带”——英国学习与考察感受 . 教育研究与评论（中学教育教学），（04）：12-17.

孙锦 . 2011. 用成功催生成功 以优才吸引优才 . http：//news. cntv. cn/20111105/102272. shtml[2011-11-05].

孙学军 . 2013. 希格斯和恩格勒同获 2013 年物理学诺贝尔奖 . http：//blog. sciencenet. cn/blog-41174-731142. html[2013-10-08].

陶新珍，叶良均 . 2012. 人文社会科学人才成长的制度文化反思 . 社会科学管理与评论，（3）：

37-41.

田晓峰，刘宇峰，李振鲁，等 . 2014. SCI 且用且完善 . 医学与哲学（A），35（07）：13-15+36.

托尼 · 莱格特 . 2014. 创新要培育自由、宽松的学术环境 . 国际人才交流，（06）：2.

王丹红 . 2006. 基础研究是发现新药的基础和方向——P. Roy Vagelos 博士谈如何将基础知识转化为生产力 . 基础医学与临床，（08）：803-808.

王丹红 . 2011-12-22. 访两院外籍院士何毓琦：国外怎么选院士 . 人民日报 .

王菲菲 . 2009. 具有分级结构的含钙矿物质的仿生合成与表征 . 新乡：河南师范大学硕士论文 .

王健 . 2015. 诺贝尔物理学奖得主梶田隆章：脑中一片空白 . http://news. qq. com/cmsn/20151006/20151006034900 [2015-10-06].

王健 . 2015. 诺贝尔物理学奖新科得主梶田隆章：拓展人类认知地平线 . http：//www. chinanews. com/gj/2015/10-06/7556407. shtml[2015-10-06].

王君平 . 2011-11-16. 屠呦呦："希望我的获奖带来新的激励机制"（三）. 人民日报 .

王丽，潘云涛 . 2010. 石墨烯的研究前沿及中国发展态势分析 . 新型炭材料，25（06）：401-408.

王倩 . 2011. 访诺贝尔化学奖得主达尼埃尔 · 谢赫特曼 . http：//news. 163. com/11/1010/09/7G0BQPC400014JB6. html[2011-10-10].

王青，盛利 . 2015. 磁场中的拓扑绝缘体边缘态性质 . 物理学报，64（09）：74-81.

王庆环 . 2010. 武汉大学校长顾海良：去行政化必须找到症结所在 . http：//www. chinanews. com/edu/edu-zcdt/news/2010/03-17/2175182. shtml[2010-03-17].

王圣媛 . 2010. 领跑纳米科技——访厦门大学朱贤方教授 . 科学中国人，（6）：72-75

王铁桦 . 2014. 勤以补拙，心有旁骛 . 上海教育，2014（12）：66-67.

王婷婷 . 2014-10-09. 那些拿下诺奖的夫妻档 . 科技日报，5.

王炜，廖愚生 . 2002. 浅谈手性药物的研究与发展 . 淮南职业技术学院学报，（02）：122-124.

王文涛 . 2011. 耗散腔场对原子运动的影响 . 长春：东北师范大学硕士论文 .

王玺，罗丽娟，叶艳琴，等 . 2012 关于试管婴儿的技术发展与探讨 . 价值工程，（14）：333-334.

王小兰，孟桂菊，周宏弟，等 . 2012. 新时期费曼物理教学思想给我们的启迪 . 黄冈师范学院学报，32（03）：68-71.

王心见 . 2016. 霍尔丹：我不需要用诺贝尔奖来证明自己 . http：//www. stdaily. com/index/renwu/2016-10/11/content_250789. shtml[2016-10-08].

王新明 . 2002. 以色列的科学技术政策 . 北京：北京理工大学学报（社会科学版），（03）：62-64+90.

网易科技 . 2016. 物理学奖获得主得知获奖后称：你看我没有昏过去 . http：//tech. 163. com/16/1004/21/C2IIEKIQ0009889A. html[2016-10-04].
韦佳 . 2003. 田中耕一其人其事 . 日本学刊，(02)：154-158.
韦庞 . 2014. 基于量子反常霍尔效应的器件的探索和研究 . 北京：北京邮电大学硕士论文 .
文双春 . 2017. 什么样的人最容易产生疯狂的想法 . http：//blog. sciencenet. cn/blog-412323-1043963. html[2017-04-06].
吴官正 . 2013. 参观贝村的联想 . 新湘评论，(13)：59.
吴晶，胡浩，王思北 . 2015. “我还有很多事要做”——访诺贝尔奖获得者屠呦呦 . http://www. xinhuanet. com/mil/2015-10/08/c_128295622.htm [2015-10-06].
吴林海，彭宇文，彭喜阳 . 2006. 基于三大研发主体、三大研发活动的国内外 R&D 经费配置比较研究 . 科学管理研究，(05)：101-104+116.
吴婷，熊建辉 . 2014. 用创造力和好奇心超越我们眼见的世界——访诺贝尔物理学奖得主弗朗索瓦 · 恩格勒 . 世界教育信息，27(13)：3-6.
吴遵民，赖秀龙 . 2009. 日本基础教育的质量保障机制及启示 . 外国中小学教育，(03)：1-6.
西西 . 2010. 他改变了百万民众生活　试管婴儿之父罗伯特爱德华兹成为诺奖新得主 . 人人健康，(20)：26-28.
夏海滨，赵俊丽 . 2009. 诱导性多能干细胞的研究进展 . 细胞与分子免疫学杂志，(07).
夏雨 . 2007. 他们推动地球旋转 . 山西青年，(11)：56-68.
现代班组 . 2010. 改变历史的曼哈顿计划 . 现代班组，(10)：51.
向晋涛 . 2014. 2014 年度诺贝尔生理学或医学奖和化学奖获得者 . 中国心脏起搏与心电生理杂志，28(06)：549.
晓利 . 2001. 美日三位科学家分享诺贝尔化学奖 . 科学新闻，(40)：12.
晓小 . 2010. 格哈德・埃特尔的生日礼物 . 科学启蒙，2010(8)：9-9.
肖保根 . 2009. “诺贝尔奖”的职场启示录 . 思维与智慧，(21)：32-32.
肖广岭，何晋秋 . 2005. 提高我国基础研究经费比重的分析与建议 . 中国高等教育，(11)：20-21.
肖华星 . 2003. 引人注目的新材料——准晶材料（一）准晶材料介绍 . 常州工学院学报，16(4)：1-5.
肖珊 . 2016-05-31. 李仁德：科学家要的就是宽松的研究环境 . 南方都市报，AA05.
辛彦怀，王红升 . 2007. 从诺贝尔科学奖看大学对科学的贡献 . 邯郸学院学报，(04)：13-19.
新浪科技 . 2013. 解读 2013 年诺贝尔物理学奖：何为希格斯粒子 . http：//news. sina. com. cn/w/sd/2013-10-08/191628378524. shtml[2013-10-28].

新浪科技 . 2013. 科普 2013 诺贝尔物理学奖：什么是上帝粒子？. https：//www. ithome. com/html/out/54971. htm [2013-10-08].
新浪科技 . 2015. 拿下诺贝尔奖的中微子振荡到底是个啥？. http：//tech. sina. com. cn/d/i/2015-10-06/doc-ifximeyv2806643. shtml[2015-10-06].
熊小平 . 2012. 从中西方的艺术方式谈中国的美术教育 . 大众文艺，(14)：252.
熊永红，李莉君，杨明，等 . 2015. 快乐学习与教学——搞笑诺贝尔奖和菠萝科学奖的启迪 . 物理实验，35 (05)：12-15+29.
徐荃 . 1987. 英国研究与发展计划中的问题 . 西欧研究，(02)：52.
徐万超，袁勤俭 . 2004. 诺贝尔物理学奖获奖者的统计分析 . 科学学研究，(01)：32-36.
徐亦迅 . 2005. "日本阿甘" 的诺贝尔奖传奇 . 科学，57 (04)：46-49.
徐治国，陈晨 . 2011. 屠呦呦：成就伴行争议 . 科学新闻，(10)：22-26.
闫长会，彭双清 . 2008. 手性药物的毒理学特点及安全性评价要点 . 中国新药杂志，(16)：1372-1374.
严金海，徐静，黄毅 . 2013. 从青蒿素的发现看中药的发展方向 . 医学与哲学 (A)，34 (04)：4-7.
阳马生，于泽源，Soeren Jetter. 2014. 大亚湾中微子探测器能量响应非线性的研究 . 核电子学与探测技术，34 (06)：679-683.
杨光 . 2015. 阿维菌素：期待重现辉煌 . 农药市场信息，(28)：39.
杨海花，乔建军，孙文博，等 . 2012. 2011 年度国家自然科学基金微生物学学科项目申请与资助情况及简要分析 . 微生物学报，52 (01)：1-5.
杨舰，刘丹鹤 . 2005. 曼哈顿工程与科学家的社会责任 . 哈尔滨工业大学学报 (社会科学版)，(04)：1-6.
杨琦 . 2010. 量子力学中假说的发展及相关影响 . 哈尔滨：哈尔滨工业大学硕士论文 .
杨庆余 . 2003. 罗伯特 · 奥本海默——美国原子弹之父 . 大学物理，(08)：33-38.
杨先碧 . 2014. 2014 年诺贝尔生理学或医学奖　发现大脑中的 GPS. 科学大众 (小学版),(12)：7-9.
杨亚婷，林冠发，陈强 . 2000. 烯烃环氧化反应的新进展 . 咸阳师范专科学校学报，(03)：31-35.
杨玉娇 . 2015. 江门中微子慢控制系统的研究 . 沈阳：辽宁大学硕士论文 .
佚名 . 2008. 我国留美学者和日本研究人员分别用人类皮肤细胞培养出干细胞 . 生物学教学，(5)：77-78

佚名 . 2012. 盘点历史上八个著名的中微子实验 . 科技与生活，(6)：47-49.
殷朝晖，张祖新 . 2007. 优化科研资源配置，促进研究型大学发展 . 武汉大学学报 (哲学社会科学版)，(05)：773-778.
殷慧群 . 2010. 猪诱导性多潜能干细胞的建立 . 合肥：安徽农业大学硕士论文 .
游宇明 . 2004. 相隔的只是一种观念 . 中国商人，(4)：74-75.
于强 . 2011. 诺贝尔物理学奖得主：终于有永久停车证了 . http：//blog. sciencenet. cn/blog-393259-493893. html[2011-10-06].
余海若 . 2007. 解读 2007 诺贝尔自然科学奖 . 今日科苑，(21)：11-19.
悦涛 . 2016. 17 年 17 人诺奖的背后：中国沉醉在土地产能的时候，日本在疯狂布局技术产能 . http：//blog. sina. com. cn/s/blog_71b253e30102wz5c. html[2016-10-06].
曾宪玉 . 2005. 知识经济与大学生创造力的研究 . 西安：西安理工大学硕士论文 .
张代蕾 . 2006. 聚焦诺贝尔奖：6 对父子 4 对夫妻同获殊荣 . 科学大观园，(21).
张华 . 2014. 科学的碰撞伟大的会晤——彼得 · 希格斯与弗朗索瓦 · 恩格勒 . 物理教师，35 (02)：75-76.
张激扬 . 2006. 物理课外科技活动与学生科学探究能力的培养模式研究 . 长春：东北师范大学硕士论文 .
张建斌，马凯，李利军，等 . 2012. 非生物专业“生命科学导论”课程教学内容的研究与实践 . 内蒙古工业大学学报：社会科学版，21 (1)：104-108.
张建宇 . 2012. 具有潜在兽用免疫促进活性的胞壁酰二肽聚合物的合成研究 . 南昌：江西农业大学硕士论文 .
张杰军，周程，郑健 . 2010. 企业技术创新取得重大突破所需条件分析 . 创新科技，(01)：22-24.
张静 . 2010. 济世救人五十载　杏林奇葩冠群芳——记陈仲强院长领导的北京大学第三医院 . 中国科技奖励，(11)：68-73.
张凯，张茨，孙飞 . 2009. 破解蛋白质翻译机器的结构与功能——2009 年诺贝尔化学奖简述 . 生物物理学报，25 (5)：325-334.
张琳，米斌周 . 2014. 量子霍尔效应的研究及进展 . 华北科技学院学报，11 (03)：61-65.
张梦军，廖春阳，兰玉坤，等 . 2002. 对催化不对称合成的重大贡献——2001 年诺贝尔化学奖 . 化学教育 (01)：5-13+4.
张梦然 . 2010. 诺奖物理学奖得主：两个寓科研于娱乐的人 . 中国社会工作 .(30)：56-58.
张梦然，张巍巍 . 2009. 在好奇心的驱使下，科学具有强大的力量——解析 2009 年诺贝尔奖获

得者的科学精神 . 新华文摘,（24）：122-126.
张娜 . 2010. 俄裔师生“玩”出诺贝尔奖 . http：//gb. cri. cn/27824/2010/10/08/5187s3013692. htm[2010-10-08].
张婷，王晓民 . 2010. 体外受精与试管婴儿——2010 年诺贝尔生理学或医学奖简介 . 首都医科大学学报,（5）：154-158.
张文虎 . 2008. 屠呦呦和青蒿素的发现 . 工程研究：跨学科视野中的工程，4（00）：160-168.
张文会 . 2010. 层间组装不对称中心的超分子结构与催化性能研究 . 北京：北京化工大学硕士论文 .
张孝文 . 1991. 发挥我校多学科的优势，提高实验技术水平 . 实验技术与管理,（05）：1-3.
张新安 . 2006. 农业科技体制创新与我国的国防建设 . 中国农村科技,（05）：41-42.
张泽楷 . 2009. 罗杰・大卫・科恩伯格 . 遗传，31（10）：967-968.
张震，黄晓龙，李雪梅 . 2009. 指导原则解读系列专题（十四）手性药物的合成工艺及结构确证 . 中国新药杂志,（20）：1937-1941.
张卓勇，朱若华 . 2007. 2007 年度诺贝尔化学奖获得者简介 . 首都师范大学学报（自然科学版）,（06）：4-6+10.
赵峰 . 2003. 高绩效科研团队建设的思考 . 桂林电子科技大学学报，23（2）：91-93.
赵广立 . 2013. 中国量子光学的先行者 . 求知导刊,（02）：14-15.
赵海艳 . 2007. 约里奥 - 居里科学成就和社会活动 . 北京：首都师范大学硕士论文 .
赵敬之 . 2013. 中国科学家发现量子反常霍尔效应 . 科学，65（03）：30.
赵鹍 . 2012. 持久的卓越：日本 2000-2009 年 PISA 测试结果的影响因素分析及启示 . 外国中小学教育,（11）：6-11+59.
赵立雨 . 2013. 美国基础研究经费投入与管理对我国未来的经验借鉴 . 未来与发展，36（11）：31-34+24.
赵娜，雷勇胜，蒋庆峰 . 2012. 超临界流体色谱法在药物分析中的应用 . 现代仪器，18（05）：7-10.
赵蕴华 . 周立娟，张旭，等 . 2014. 基于专利分析的干细胞技术创新趋势研究 . 现代生物医学进展，14（23）：4553-4557.
赵展慧 . 2014. 搞笑科学奖乃善意提醒 . 发明与创新：大科技,（12）：24.
郑焕斌 . 2012-10-26. 赛尔日・阿罗什：我得诺贝尔物理学奖的秘诀 . 科技日报 .
郑永和 . 2013. 从量子反常霍尔效应重大成果看基础研究资助工作 . 科学观察，8（04）：45-52.
中国科学技术大学 . 2016. 量子反常霍尔效应全新物理机制 . http：//www. twwtn. com/detail_219

558. htm[2016-09-07].

中国科学技术大学 . 2016. 中国科大等在二维材料拓扑态研究领域取得系列进展 . http：//www.cas. cn/syky/201609/t20160907_4574021. shtml[2016-09-07].

周程 . 2012. 杰出人才是怎样炼成的？——下村修荣获诺贝尔化学奖案例研究 . 科学学与科学技术管理，33（04）：166-172.

周程 . 2013. 从田中耕一获诺贝尔奖看科技创新与成果转化 . 科学与管理，33（01）：3-7+12.

周程，纪秀芳 . 2009. 诺贝尔奖级科技突破是怎样取得的？——田中耕一发明软激光解吸电离法案例研究 . 科学学研究，27（10）：1473-1479.

周程，张杰军，郑健 . 2009. 日本岛津制作所何以能出诺贝尔化学奖得主？. 中国软科学,（07）：75-82.

周方彤 . 2013. "上帝粒子" 追寻记 . 中国科技奖励,（10）：20-22.

周红令，陈仕伟 . 2012. 中国科学院增选院士的年龄思考——诺贝尔科学奖获得者比较分析 . 决策咨询,（04）：72-74.

周濂 . 2005. 2005 诺贝尔奖解读 . Newton 科学世界,（11）：57-61.

周树森 . 1993. 1992 年比利时科技发展综述 . 国际科技交流,（05）：31-34.

周伟娟 . 2013. 化蝶飞：一次化学研究的完美蜕变 . 中国科技奖励,（10）：23-25.

周羽娜 . 2012. 中国院士制度的问题与对策研究 . 重庆：西南大学硕士论文 .

朱安远，朱婧姝 . 2014. 纪念阿尔弗雷德·诺贝尔经济学奖获奖者概览（上）. 中国市场,（01）：115-121.

朱洁 . 2009. 氮杂环丙烷的不对称合成及其水解新方法研究 . 天津：天津大学博士论文 .

诸平 . 2015. 2015 年诺贝尔物理学奖得主：梶田隆章简介 . http：//wap. sciencenet. cn/blogview.aspx？ id=925967[2015-10-06].

祝铭山 . 2015. 中微子探测方法的 geant4 模拟及检测效率问题的若干研究 . 长春：东北师范大学硕士论文 .

左琳 . 2007. 华文平面广告创意形式和创意内容研究——基于《龙吟榜》上榜平面广告的内容分析 . 厦门：厦门大学硕士论文 .

B. Sadoulet，吴江海，熊亚南 . 1992. 粒子天体物理 . 世界科学，（06）：5-7.

Graham，Collins P，杨海 . 2001. 来自 SNO 的好消息 . 科学（中文版）(12)：6-7.

附录：创新聚集资源平台的参考资料摘编

一、巴黎高等师范学院

2012年的诺贝尔物理学奖获得者塞尔日·阿罗什长时间就职于法国最负盛名的教育科研机构——巴黎高等师范学院，并且担任过该校的物理系主任，获奖的研究也是从该校起步，并且其间的大部分研究是在该校完成的，他的研究团队大部分也是此校的师生。阿罗什在获奖后接受采访时称，学校提供的环境和氛围对他的研究帮助甚大。巴黎高等师范学院成为法国高等教育的浓缩，也是法国精英教育的代表。

巴斯德、萨特、傅里叶、罗曼·罗兰、福柯、伽洛瓦等一颗颗在法国科技史、文化史上闪耀的明星，都曾在巴黎高等师范学院求学。而现在，阿罗什也像前辈一样，把自己的名字永远镌刻在了巴黎高等师范学院的荣誉墙上。该校成立于1794年，是一所文理兼收的精英学府，拥有35个研究实验室，是法国的科研中心之一。由于是法国精英教育的标杆性圣地，巴黎高等师范学院在招收学生时向来慎之又慎，笔试之后，还要经过至少三轮面试。而这所学校每年最终所录取的学生也不过几十人，所以学校各级学生和外国留学生的总规模一直控制在2000人左右。在法国教育界一直流传着这样一种说法，只要拿到巴黎高等师范学院第一轮面试资格的学生，就可以到法国的任何大学和研究所上学。在巴黎高等师范学院的既往岁月中，诞生了无数的科学和人文艺术领域的大师，共计有10位来自物理、化学、经济学、文学领域的诺贝尔奖获得者和9位菲尔兹奖得主。从相对值看，巴黎高等师范学院是诺贝尔奖单产最高的大学；从绝对值看，巴黎高等师范学院是获得菲尔兹奖最多的大学。

（一）管理体制

法国现行的高教体制是综合大学和大学校并存的“双轨制”，大学校代表了法国的精英教育。巴黎高等师范学院的管理属于中央集权与大学自治双轨并行。法国国民教育部的科研总司统一集中管理高校，有关高教的大政方针、法律与行政管理命令，都由其制定，获得批准后，由其组织贯彻实施。其法律与政令的制定与实施还通过设在中央的若干高等教育咨询机构和中央派驻地方的行政机构——学区加以协调、完善与贯彻。在中央集权领导的基础上，法国高等教育又实行大学自治，给予高等学校在办校方针及资金支配、人事安排、教学与科研计划的制订等方面比较充分的自主权，尽力发挥高校自身的发展与完善能力。

（二）学校经费及来源

依据 1984 年的《高等教育法》，法国的大学自主决定预算。法国的大学具有较大的预算自主性，预算的批准不必事先征得国家的同意。自 20 世纪 70 年代末以来，法国高等教育经费的绝大部分实行公式拨款制，经费依据客观的标准自动地拨付。高校的拨款由三部分组成：第一部分是高校建筑和土地的面积拨款，第二部分是活动拨款，第三部分是辅助性的小时拨款，这种拨款是法国独有的。每个教学人员必须任教一定的时数，当一定学科的教学人员的总教学时数低于实际所需要的总教学时数时，就需要辅助性的教学时数。20 世纪 80 年代后，法国的高等教育财政引入了合同拨款政策。

（三）学科建设

巴黎高等师范学院的规模非常小，每年只招收约 200 名学生，却有 40 个学科，有些研究机构隶属于巴黎高等师范学院内部的一个院系，其中几个新的研究机构同时隶属于两个院系（认识学和生物，或者哲学、物理学和生物学），共同参与完全不同的两个院系的发展是活跃跨学科合作的一个具体方式。很多国家的研究机构看中了巴黎高等师范学院的优质人才资源，纷纷将研究室建在此。大量一流的研究室带来了大量先进的研究设备，并且更新得很快。而不同领域的科学研究为巴黎高等师范学院建设不同的学科创造了得天独厚的条件，为学科的发展提供了滋养。巴黎高等师范学院非常关注新学科的培植，往往前沿科学研究领域一出现，就能够很快地在这里发展成一个新学科。

（四）教师聘任制度

法国高等学校的教师属于国家A级公务员，地位较高、待遇丰厚、职业吸引力强。法国的政府和高等学校对教师的聘任非常慎重，程序也比较复杂。聘任高校教师主要由全国大学理事会负责。法国的高校教师分为正式教师和非正式教师两大类。正式教师主要由教授和副教授构成，少数高校有讲师、助教和实验师，法律、经济、政治和管理等专业教授的招聘主要通过大学和高中教师资格会考这一途径进行。巴黎高等师范学院的一个经验是让其他高等院校或法国国家科学研究院中经常更新的多种教学研究人员加入高等师范学校的队伍中。

（五）资源共享建设

巴黎高等师范学院保持学术前沿领先水平的一个重要途径就是通过汇聚巴黎科研小组和吸引新的科研小组来开展跨学科的研究。

巴黎高等师范学院既没有毕业证书发放给学业成绩合格的毕业生，也没有国家学历证书的授予权。于是经过预科、考试一路过来的佼佼者需在一所综合性大学进行注册以获得第二、第三段的文凭及博士文凭。这样的安排有利于学生有更多选择专业课程的机会，吸引最优秀的学生，并有利于学生在学习期间与综合性大学保持密切的联系。

（六）设备资源共享

巴黎的学校资源能够充分地共享，利用率很高。巴黎高等师范学院的实验室使用情况可以说明这一点，这里有众多的实验室，学校不可能承担所有实验室的基础建设，于是采用与其他机构合作建设的方式。更值得一提的是，各个实验室都是由不同机构出资建设的，有的是由法国科学及教育部拨款建设的；有的是与法国科学院共建的；有的是与研究所合办的；也有的是由企业出资建设的。但各实验室的资源高度共享，实验室之间也进行合作，如物理与化学实验室的合作、生物与化学实验室的合作等，师生可根据需要在任何一个公用的实验室内工作，也可以使用任何仪器设备。

（七）博士培养模式

攻读法国的新博士学位要从深入学习文凭和大学博士文凭获得者中选拔，法国的博士生培养分两个阶段进行，包括深入学习文凭阶段和撰写博士论文阶段。只有在取得深入学习文凭之后，才有资格继续注册攻读博士学位，开始撰写博士论文，因此，深入学习文凭阶段是攻读博士文凭的预备阶段。

博士论文如果在法国完成，可获得由法国教育部颁发的一项研究资金的资助。如果不在法国完成，经由巴黎高等师范学院达成的双边及欧洲协议可与其他外国大学进行密切的合作，该论文则为合作资助论文。

（八）法国的高等教育模式

法国的大学和学院教育分三个阶段，从第一阶段到第三阶段。每个阶段结束，成绩合格者都能得到国家授予的文凭。这个文凭并不意味着可以自动进入更高一阶段的学习，但能据此进入同阶段的其他学科学习。

（1）第一阶段（大学前2年）。中学毕业文凭持有者可进入大学第一阶段的学习，为期2年，成绩合格，可获得普通高校学业证明或科学与技术高校学业证明。

（2）第二阶段（大学第3年学士学位，大学第4年硕士学位）。

第一阶段毕业证书持有者可进入第二阶段学习，为期2年。第一年考试成绩合格，即可获得学士学位，大学毕业证书与学士学位证书并不是同期颁发的，学位证书还需进行1年别的考核。如继续学习1年，则可获得硕士学位。

第二阶段的另一种情况是，如果你是就读一些国家高等工程学院，或是大学里的工程学校或学院，则通常学习3年后，获取工程师文凭。

（3）第三阶段。第三阶段意味着进一步深造。第二阶段以上的文凭是进入此阶段的必要条件，但各学校又有各自不同的入学考核，最常见的是书面的入学动机和面试。

第三阶段的第一种情况是获取侧重于职业生涯的高等专业学习文凭，学制1年。

第三阶段的第二种情况是攻读博士。其中第一年学习结束，可获深入学习文凭，该文凭与侧重于职业生涯的高等专业学习文凭的区别是前者更明确地导向博士的研究。从第二年开始，历时2～4年，完成博士论文后，即可获得博士学位。

法国大学第三年颁发的学士文凭，是造成中法学制差异的诸多因素之一，因为在中国，学士文凭在四年大学毕业后才予颁发。所以，勉强来说，法国大学第四年颁发的硕士文凭既可等同于我国的本科学士学位，又可等同于我国的硕士学位；而法国大学第五年颁发的高等专业学习文凭或深入学习文凭，则至少等同于或高于我国的硕士学位。至于博士文凭，两国则相差不多。

总的来说，法国高等教育设 3 个基本文凭：经过 3 年学习，可获学士文凭；经过 5 年学习，可获新硕士文凭；经过 8 年学习，可获博士文凭。“3-5-8”学制取代了 20 世纪 80 年代以来实行的高等教育三个阶段的学制。新的大学第二阶段的学习增加了“职业实习组”和“欧洲大学学期”，有利于法国高等教育结构改革，便于与欧盟及其他国家的学制接轨和学位对等。

二、美国能源部创新机制剖析

索尔·珀尔马特进劳伦斯伯克利国家实验室的最初几年，带着自己的小组沿着一个非常新的点子研究了几年，但是一无所获。劳伦斯伯克利国家实验室的上级管理机构——美国能源部，也是美国物理学诺贝尔奖项目资金来源的重要部门——的管理机制是这个一开始很弱小的项目得以坚持下去的最关键因素，并最终催生出一个诺贝尔奖。

鉴于此，我们有必要对美国能源部的背景、创新成就和管理机制做详细的分析介绍。

（一）美国能源部基本状况

美国能源部是联邦政府的重要机构，是美国总统内阁的 14 个部之一。能源部的职责包括核武器研制、生产和维护、国家能源政策制定、能源行业管理、能源相关技术研发等。同时，能源部还是美国联邦政府在基础科学研究方面最主要的管理和资助机构，掌控 40% 以上的联邦政府用于国防和非国防科学研究的基金，是美国最大的科研资助部门，制订各项研究计划、组织评审各项研究计划申请，几十年来一直处于世界科技的前沿。

1934 ～ 2008 年，由美国能源部资助或是本人就在美国能源部下属实验室工作的科学家有 89 人成为诺贝尔奖得主，其中物理学奖 60 人、化学奖 22 人、生理学或医学奖 7 人，占美国全部获奖人数的 40%。

美国能源部及其前任机构下设多个国家实验室并有大型科学实验设施。同时，美国能源部对全国范围内的 300 多所大学和学院的科学研究人员提供资助。研究重点领域主要包括高能物理、核科学、等离子体科学、计算科学、材料科学，以及生物、化学、环境科学等。美国国家实验室在高等物理、核科学、等离子体科学、计算科学等领域的研究代表着当今世界的最高水平。

（二）美国能源部的创新管理机制

美国国家实验室归政府所有，美国能源部的科学办公室管理能源部的国家实验室。实验室由承包人运营，承包人可以是大学、企业和非营利机构等。双方根据美国能源部与实验室承包人之间的管理与运作合同行使各自的权利，履行各自的义务。该模式源于第二次世界大战期间的曼哈顿计划，由此形成了政府拥有实验室厂址、建筑物和设备，由大学或企业提供雇员和管理者来管理运营国家实验室的管理模式。这种模式的优越性及重要之处在于强调科学的独立性，科学家在很大程度上免受政治压力而只为国家利益工作，避免了在政府直接管理下易形成的官僚主义作风。此后该模式也成为维持、保有实验室高素质科学技术人员，并使他们能够完成国家重要任务的主要因素，从而在美国能源部及其前任所属国家实验室中被广泛地采用。

美国能源部的科学办公室是美国最大的一个物理学基础研究的国家部门，管理范围包括拥有世界最先进研究设备的物理学实验室。这些实验室里所进行的多学科和跨学科科学研究多属于大科学院课题。美国能源部 50% 的科研基金对美国大约 300 所研究型大学的研究人员、研究生、博士后的科研进行资助，其中包括半数以上的美国能源部所属的各大学的实验室。

（三）美国能源部的科研项目评估和资助流程

美国能源部对科研项目的资助预算的分解流程如下：根据当前的战略目标分解为若干个战略主题，再逐级细分，并设定各项年度绩效目标。例如，2014 年美国能源部根据战略规划设定的使命是“通过革新性科学技术方案应对美国面临的能源、环境与核挑战，从而确保美国的安全和繁荣”，并依此设定 4 个战略主题：能源、科学与创新、核安保、管理和运营卓越。以“科学与创新”为例，又分解为新兴技术、创新、科学教育、科学和技术 4 个项目，并设定相应的年度绩效目标。

而对实验室和项目的考核评估体系，有年度绩效目标、绩效分目标、绩效指标、绩效因子等。整个体系包含 8 项绩效目标及其分目标，第 1 ～ 3 项为科技绩效目标，第 4 ～ 8 项为管理运营绩效目标。

目标 1：完成使命的效率和效能；

目标 2：研究设施的设计、生产、建造和运营的效率和效能；

目标 3：科研计划管理的效率及效能；

目标 4：实验室领导能力及管理能力；

目标 5：安全、健康、环境保护持续保持良好状况并提高效能；

目标 6：为促使实验室使命的胜利完成，商务系统和资源的效率、效能及响应性；

目标 7：设施和基础设施的运营、维护、更新，以持续保持良好状态，并满足实验室的需要；

目标 8：保卫、保密管理和应急管理系统，使其持续保持良好的状态并提高效能。

大型实验室中达到或超过实验室运营预算的 1% 或 500 万美元以上的项目必须每年经过考核评估体系评估合格后，才能持续获得来年的预算。考核评估体系的大量数据采集来自日常运营中实验室相关技术人员和管理人员的评议，也有常规巡查中的同行专家和管理专家的评估，是对实验室自评的评估，既保证了考核的科学性，也能尽量减少对正常科研活动的干扰。

对于小型研究项目而言，则有更加弹性的考核评估方式，更加注重未来和发展潜力。例如，2009 年开始的能源创新中心计划，着重促进多学科的早期研究计划快速进展到可商业化、产业化的洁净能源，对基础研究领域的潜力投资非常重视。

年轻的索尔・珀尔马特研究小组刚加入美国劳伦斯伯克利国家实验室时，开始研究的最初几年没有成果，正是由美国能源部经过评估，确认该项目的科研价值和团队人员的能力之后，保持了对该项目的资助，才使得这个项目最终成功地迈向了诺贝尔奖。

三、超级神冈探测器

超级神冈探测器是日本东京大学建造的大型中微子探测器。其目标是探测质子衰变及寻找太阳、地球大气的中微子，并观测银河系内超新星的爆发。

（一）描述

超级神冈探测器位于飞驒市神冈町的茂住矿山 1000 米的地下。建在如此深的地层中是为了阻隔其他宇宙射线信号。该设施的主要部分是一个高41.4米、直径39.3米的不锈钢圆柱形容器，盛有5万吨高纯度的水。水箱容量被分成一个直径为33.8米和高度为36.2米的不锈钢上层结构的内部探测器（ID）区和包括其余结构的外部探测器（OD）区。容器的内壁安装有11 200个光电倍增管，用于探测高速中微子在水中通过时产生的切连科夫辐射。

（二）探测器

超级神冈探测器是用来研究从不同的来源产生的中微子切连科夫辐射的一个探测器，包括太阳、超新星、大气和加速器的质子衰变。实验开始于1996年4月，于2001年7月停车检修，这一段时期被称为“SK-Ⅰ”阶段。由于在维修过程中发生意外事故，该实验在2002年10月继续时只有原来一半数量的光电倍增管。为了防止再发生意外事故，所有的光电倍增管都被纤维增强塑料与丙烯酸的前窗覆盖。这一阶段从2002年10月到2005年10月，为整个重建而做再一次关闭的阶段，被称为“SK-Ⅱ”阶段。2006年7月，实验恢复了光电倍增管的完整数目，并在2008年9月停止实验而做电子设备的升级，这一时期被称为“SK-Ⅲ”阶段。2008年之后的时期被称为“SK-Ⅳ”阶段。

（三）历史

这台探测器最初名为“神冈核子衰变实验”，于1982年开始建造，1983年完工，圆柱形容器高16米，直径15.6米，装有3000吨水和大约1000只光电倍增管，目的是探测粒子物理学中的一个基本问题——质子衰变。1985年，探测器开始扩建，名为神冈核子衰变实验Ⅱ期，灵敏度大大提高。1987年2月，神冈探测器与美国的探测器共同发现了大麦哲伦云中超新星1987A爆发时产生的中微子，这是人类首次探测到太阳系以外的天体产生的中微子。

虽然神冈探测器最初的探测质子衰变的目标始终没有实现，但可以接收来自太阳的中微子，并且测量其入射的方向，研究太阳中微子缺失问题。20世纪90年代，神冈观测台耗资1亿美元建造了更大的探测器，名为超级神冈探测器，它的探测物质增加到了50 000吨高纯度的水。可以说，探测器在各方面都有了长足的改进。超级神冈探测器于1996年开始观测，其后自1998年起，超级神冈探测器开始发布探测结果。1998年，超级神冈探测器的领导者、日本科学家小柴昌俊发表了测量结果，给出了中微子振荡的首个确切证据，认为中微子在三种不同“味”之间是可以相互转换的，这也表明中微子是有质量的，而不是粒子物理标准模型中预言的零质量粒子。2002 年，超级神冈探测器证实反应堆中产生的中微子发生了振荡。这个探测结果在中微子天文学和粒子物理学中具有里程碑式的意义，小柴昌俊也因此获得 2002 年的诺贝尔物理学奖。

2001 年 11 月 12 日，超级神冈探测器的数千只光电倍增管由于发生连锁反应突然爆裂，随后工作人员重新排列了未损坏的光电倍增管，使其恢复了一部分工作能力，并加上了聚甲基丙烯酸甲酯保护壳，防止其进一步损坏。2005 年 7 月到 2006 年 6 月，超级神冈探测器重新安装了 6000 只光电倍增管。[①]

（四）相关研究

1. 太阳中微子

太阳的能量来自其内核质子之核聚变反应，其中 4 个质子产生 1 个氦原子与 1 个电子中微子，由此反应释出的中微子被称作太阳中微子。在太阳中心发生核聚变反应产生的光子需要花上几百万年才能抵达太阳表面，而太阳中微子则因为与其他物质的相互作用甚弱，仅需 8 分钟即可抵达地球。所以，我们可借由观测太阳中微子来得知太阳内部的即时状态，而不需等数百万年后光子的抵达。

1999 年，超级神冈探测器侦测到中微子振荡的强烈证据，成功地解释了太阳中微子问题，包括太阳在内的恒星是中微子的来源之一。这些电子中微子主要来自质子－质子链反应而形成较低的质量，而温度较低的恒星则会借由碳氮氧循环反应产生较重的电子中微子。

20 世纪 90 年代早期，由于神冈Ⅱ与 Ga 实验的初始数据的不确定性，没有任何单一的实验需要用太阳中微子问题的非天文物理作解释。但若同时分析 Cl、神冈Ⅱ及 Ga 实验的数据，就会发现一种无法利用微调标准太阳模型来解释的中微子通量模式。而这反过来激励了新一代的主动侦测器，包含超级神冈探测器、萨德伯里中微子观测站及太阳中微子实验。其中超级神冈探测器可侦测弹性散射事件。

① 超级神冈探测器 . https：//baike.baidu.com/item/%E8%B6%85%E7%BA%A7%E7%A5%9E%E5%86%88%E6%8E%A2%E6%B5%8B%E5%99%A8/3049247?fr=aladdin.

由于电子中微子散射造成的电流效应，该反应之电子中微子与重“味”中微子的相对灵敏度比约为 7 : 1。由于反弹电子的运动方向被限制在绝对前方，中微子的行进方向被保持在与反弹电子一致的方向上。以上结果表明了太阳中微子的缺失。

2. 大气中微子

大气中微子是由原生宇宙线（主要是质子）与地球大气相互作用而产生的衍生宇宙线。我们可将观测到的大气中微子分成四类。全部包含事件的所有路径皆包含在内层探测器内部，而部分包含事件则有路径从内层探测器中漏出；μ 子向上贯通事件产生于探测器底部的岩层，并向上贯穿探测器。μ 子向上停止事件亦产生于探测器底部的岩层，但其路径停止于内层探测器内部。

中微子观测数量之理论预测值并非随天顶角而改变，而是呈一定值。然而超级神冈探测器于 1998 年发现，从侦测器下方进来的 μ 子中微子（产生于地球另一侧）被观测到的数量是从侦测器上方进来的 μ 子中微子数量的一半。这个结果可被解释成中微子转变或振荡为其他种类的未侦测中微子，这个现象被称作中微子振荡。此发现表示中微子具有有限质量，并暗示标准模型需要被延伸。中微子在三种“味”之间振荡，而且各种中微子皆有其静止质量。2004 年的进一步分析显示，事件发生率是长度除以能量的函数，并有着正弦函数的对应关系，确认了中微子振荡理论。

3. K2K 实验

K2K 实验是一个从 1999 年 6 月进行至 2004 年 11 月的中微子实验。该实验被用于确认超级神冈探测器对 μ 子中微子振荡的观测数据，并首次在辐射源与侦测器皆受控制的情况之下得出了 μ 子中微子振荡的正面测量结果。超级神冈探测器在该次实验计划中的重要角色为“远侦测器”。K2K 实验的第二代计划为 T2K 实验。

4. T2K 实验

T2K 实验是一个由日本、美国、俄罗斯等 11 个国家参与的国际性合作中微子实验。T2K 实验的目标在于进一步了解中微子振荡的各项参数性质。T2K 实验寻找从 μ 子中微子转变为电子中微子的振荡，并在 2011 年 6 月宣布了首次实验观测的证据。超级神冈探测器在该次实验计划中的角色为“远侦测器”。超级神冈探测器记录高能中微子与水相互作用所产生的 μ 子和电子之切连科夫辐射。

5. 质子衰变

在标准模型中，质子被假设为绝对稳定。然而，一些大统一理论的候选理论预测质子可以衰变为较轻的高能带电粒子，如电子、μ 子、π 介子等。神冈探测器可协助排除一些候选理论，超级神冈探测器是现有最大的用于观测质子衰变的侦测器。

6. 成果

1987 年 10 月，一场超新星爆发出现在大麦哲伦星系。在此次事件中，超级神冈探测器第一次侦测到超新星中微子，超级神冈探测器侦测到了这些中微子的 11 场事件，这次观测证实了超新星爆发理论的正确性，并开启了中微子天文学之门。

1998 年，超级神冈探测器首次发现了中微子振荡的强烈证据，它观测到了 μ 子中微子转变为涛子中微子的现象，这显示中微子具有质量。梶田隆章在同年的中微子物理学・宇宙物理学国际会议上发表该结果，并因此研究获得 2015 年的诺贝尔物理学奖。

超级神冈探测器所得到的数据对质子平均生命期与其他罕见衰变模式及中微子性质做出了限制，如质子衰变成 K 介子的生命期上限为 5.9×10^{33} 年。

四、大亚湾核反应堆中微子实验

大亚湾核反应堆中微子实验是一个建于中国的中微子多国粒子物理合作研究项目。参加该项目的研究人员来自中国、美国、捷克。该项目中的美方由美国能源部高能物理能源办公室资助。

实验包括 8 个反中微子探测器，集中在有 6 个核反应堆的 1.9 千米内的 3 个地点。每个检测器包括 20 吨的液体闪烁剂（掺杂有钆的直链烷基苯）被光电倍增管和屏蔽包围。

一个更大的随后的实验——开平市的江门地下中微子天文台（JUNO）正在开发中，2015 年 1 月 10 日破土动工，预计将于 2020 年运行，它使用的探测器的丙烯酸球体内充满了 2 万吨液体闪烁剂，使用这样的探测器来探测反中微子。

（一）项目设施

项目的两个中微子探测器均设在大亚湾核电站，用于探测来自核电站反应堆群的中微子。

（二）研究人员

该项目团队为王贻芳所领导。

（三）中微子振荡

2012 年 3 月 8 日，大亚湾中微子实验国际合作组宣布，发现一种新的中微子振荡。

假若此结果成立，物理学者就可以开始研究中微子与反中微子之间的不对称性，从而尝试解释为什么宇宙中的物质多于反物质。大亚湾的研究员用此次实验得出的精确值击败了同时参与此项目的另外四个竞争团队，它们分别是日本的 T2K 实验、美国费米实验室的主注入器中微子振荡探索、法国的双绍斯实验及韩国的中微子振荡反应堆实验。

参与者邢志忠自评“不是诺贝尔奖量级，但很重要”。美国托马斯·杰斐逊国家加速器装置的麦基翁称此次实验的结果：“可以说是有史以来，来自中国的最重要的物理（实验）结果。”

（四）反中微子能谱

2016 年 2 月，大亚湾中微子实验团队发表论文表示，测量反中微子能谱获得令人惊讶的结果，在 5 兆电子伏能量附近，反中微子数量超过理论预期。这未曾预期到的实验结果暗示，当今的理论可能需要改善。

另外还发现，收集到的反电中微子数量比理论预测低 6%。这结果意味着有些反电中微子可能已变换成无法探测到的轻质量惰性中微子。

后　　记

在人类文明发展史的现代社会阶段，科技在推动文明进程、改变生存形态上的重要性快速跃升，重大的科学发现与技术发明能够显著影响历史轨迹。诺贝尔自然科学奖是现代社会设立的对科技重大成就进行奖励的世界性奖项，自1901年正式颁奖以来，已有数百位科学家获奖，其科学成果的影响力、评选的公正性均受到国际社会的高度认同。

今天，中国正处于向国际科技强国迈进的关键时期，但获得诺贝尔自然科学奖的成果还相当少。因此，根据中国古代先贤所说“他山之石，可以攻玉”的格言，解析诺贝尔自然科学奖获得者的经历、环境、智慧，无疑对规划现阶段的科技奋斗决策路径大有裨益。

2014～2016年，在中国科学院办公厅政策研究室的倡议与资助下，我们开始了“重大科技发现的规律研究——新世纪诺贝尔科学奖系列案例与国家比较战略”（ZY5-2015-03）委托课题的研究工作。之所以聚焦2000年以来的诺贝尔奖获奖成果，一是因为此前的成果已有多个研究团队进行了较为深入的梳理和总结，二是因为21世纪的获奖成果更能体现科技创新发展新阶段的特征。经过近4年的研究，形成了相关政策研究报告和成果，也就有了本书的出版。希望本书的出版可以让更广泛的读者分享和参考我们的研究心得。

感谢中国科学院办公厅政策研究室陶宗宝主任对我们开展研究工作的帮助和指导，感谢中国科学院办公厅原主任汪克强及毕勋磊博士对我们研究的支持。

书中的疏漏与不足之处也希望得到更多有识之士的批评指点。

汤书昆

2017年9月于中国科学技术大学